해빗 메카닉

해빗 메카닉

일과 인생의 톱니바퀴를 돌리는
작지만 강한 '슈퍼 습관'의 힘

THE HABIT MECHANIC

Fine - Tune Your Brain and Supercharge
How You Live, Work and Lead

존 핀 지음 | 김미란·원희래 옮김

카시오페아
Cassiopeia

* 이 책의 원제인 'THE HABIT MECHANIC'은 '습관 정비공'이라고 번역할 수 있지만, 실제로는 단순한 정비공이 아닌 습관을 창조하고 삶에 적극적으로 적용하는 주체적인 사람을 뜻한다. 그 본래 의미를 살리기 위해 '해빗 메카닉'이라는 원어를 그대로 사용하고 있음을 알린다.

* 영국 파운드화(£)의 환율은 2022년 10월의 평균 환율(1파운드=1,590원)을 기준으로 삼아서 번역했다.

* 영상물과 신문, 잡지 등은 《 》, 보고서와 논문 등은 「 」, 도서는 『 』로 표기하였다.

"수없이 많은 베스트셀러 자기계발서와 리더십 책을 읽어보았지만, 『해빗 메카닉』만큼 강력한 인상을 남긴 책은 없었다. 이 책은 '최고가 되는 법'의 마지막 조각이다. 『해빗 메카닉』은 당신이 성과를 올리고 리더십을 끌어올리는 데 도움을 줄 것이다. 이 분야에서 존 핀 박사만큼 통찰력과 직관력이 뛰어난 전문가를 본 적이 없다. 이 책은 분명 과학에 기반한 도구들로 내 사업이 번창하도록 도울 것이다. 나는 『해빗 메카닉』을 평생 소장하며 살펴볼 계획이다."

– 마이크 존스, 창업 기술 전문가

"올해가 지나기 전에 책 한 권을 산다면 반드시 『해빗 메카닉』이어야 한다. 이 책은 단순한 자기계발서가 아니라 인생을 위한 매뉴얼이다. 실용적인 현실 사례와 연구 자료들로 가득하다. 과학에 기초한 이 책은 당신의 습관을 바꾸고 삶을 바꿀 것이다. 또한 주변 사람에게 긍정적인 변화를 일으키고 깨달음을 줄 것이다."

– 조 헤링턴, 학습 개발 전문가이자 쓰라이브 그룹 설립자

"내가 자기계발 책을 어려워한 까닭은 실제로 행동할 수 있는 방법을 찾기 어려웠기 때문이다. 그런데 이 책은 정말 다르다. 간단하고 실행 가능하며, 설득력 있고, 효과적인 계획을 세우게 해준다. 읽기도 쉬워서 더 나은 일과 삶을 원하는 리더와 개인에게 정말 강력한 무기가 된다."

– 조너선 홀렛, 벤처 창업자이자 디젤유럽 전 사장

"『해빗 메카닉』은 최첨단 과학 이론을 바탕으로 한 실용적인 방법을 제안한다. 도전적으로 변화하는 일터에서 당신의 잠재력을 발휘하고 싶다면 이 책을 반드시 읽어야 한다. 분명 리더뿐만 아니라 직원들이 새로운 성공을 향해가는 데 필요한 습관을 개발할 수 있도록 도울 것이다. 모두를 최고의 길로 안내하는 책이다."

— 마이클 엘슨, 유닛 필름 & 텔레비전 상무 이사

"자기계발서 중독자임을 자인하던 내가 드디어 전혀 다른 책을 찾아냈다. 『해빗 메카닉』은 다르다. 이 책은 과학에 바탕을 둔 상태에서 간단하고 실용적인 도구들을 개발하고 제안한다. 이것들은 내 삶을 훨씬 더 편하게 만들어준다."

— 해리슨 에반스, 리즈대학 협력 관리자

"『해빗 메카닉』은 당신의 삶을 긍정적으로 변화시키는 방법을 실제로 보여준다. 어려운 과학에 바탕을 두지만, 아주 쉽게 실행에 옮길 수 있다. 이 책을 통해 배우고 적용한 습관 가운데 하나는 매일 '작은 동기부여 행동'을 찾아내는 것이다. 2분밖에 안 걸리지만, 나를 굉장히 기분 좋게 만든다. 이 책은 정말 삶을 변화시킨다!"

— 조앤 롤 딘 박사, 뉴욕시립대 메가 에버스 칼리지 경영대학원

"그동안 읽은 다른 책들과 달리 『해빗 메카닉』은 잠재력을 이끌어내기 위해, 최고에 다다르기 위해 무엇을 해야 하는지 알려준다. 이 책에 소개된 방법들은 성공을 위한 다용도의 스위스 군용칼 같다. 콘텐츠의 깊이가 놀랍다. 30년 전에 이 책을 읽었다면 좋았을 텐데!"

— 필 클라크, 위건 & 그레이트브리튼 전 럭비팀 주장, 주요 타이틀 12관왕

"이 분야에서 많은 것을 약속한 책을 수없이 읽었지만, 실제로 결과를 본 적은 드물다. 그러나 이 책은 다르다. 체계적인 과학에 기반을 두고 있어서 쉽고 대단히 실용적이다. 강력한 도구와 이해하기 쉬운 설명으로 계속해서 성장할 수 있게 해준다. 한 번만 읽어서는 안 되는 책이다."

— 나이젤 앳킨스, 영국 프리미어리그 축구팀 전 감독

"『해빗 메카닉』은 일과 일상에서 모두 적용할 수 있는 도구를 선물해준 훌륭한 책이다. 지금 나는 매일 최선의 나로 살아갈 수 있는 지식과 기술을 가졌다. 습관을 제대로 만든다는 건 놀랍고 위대한 일이다. 한번 시작해보라!"

— 앨리슨 화이트, KPMG 비즈니스 계발 및 협업 관리자

"『해빗 메카닉』은 나를 포함해 선수, 코치가 생각을 다르게 하고 성과를 올릴 수 있도록 즉각적인 해결책을 제시한다. 강력하고 실용적인 기술로 꽉 차 있다."

— 케빈 샤프, 영국 크리켓 코치

"내가 정말로 원했던 어떤 변화가 내 인생에서 일어날 수 있을지 늘 의아했다. 그런데 『해빗 메카닉』이 내게 그 해답과 도구를 주었다. 나는 이 책을 통해 최고가 되었다. 더는 막연함을 느끼지 않는다. 앞으로도 이 책은 내 곁에 있을 것이고, 분명 수많은 사람에게 도움이 될 것이다.

— 미셸 쇼트하우스, 관리자

"나는 20년 동안 세계 최고 수준의 선수들과 팀을 위해 전문 코치로 일해왔다. 『해빗 메카닉』을 읽는다는 건 세계 최고 수준의 개인 코치를 두는 것과 같다. 이 책은 일과 가정에서 최고의 내가 될 수 있도록 변화를 만들어준다. 목표 달성을 위한 남다른 습관을 가지고 싶다면 이 책을 강력히 추천한다."

— 마틴 블랜드, 리그 파트너십 관리자

"『해빗 메카닉』을 읽은 뒤 이 책의 우수함을 전파하고 내가 느꼈던 바를 설명하는 데 하루도 거른 날이 없다. 이 책은 반론의 여지가 없는 과학적 사실만을 다루며, 정말 간단하지만 큰 변화를 만들어낼 수 있는 효과가 뛰어난 방법을 가르쳐준다. 나는 매일 부정적인 것보다 긍정적인 것에 집중하며 하루를 마감했고, 훨씬 더 생산적인 사람이 되었다."

— 존 맥마흔, MCM 디지털 마케팅 에이전시 CEO

"이 책은 나를 우리 그룹에서 두각을 나타내는 사람으로 만들어주었다. 근무 시간에는 최대한 집중해서 업무 효율을 높일 수 있게 되었고, 퇴근 후에는 가족들과 알찬 시간을 보낼 수 있게 되었다. 물론 스트레스 지수도 많이 떨어졌다. 『해빗 메카닉』의 여정은 매혹적인 데다 즉각적인 보상을 약속한다. 난 이제 이 여정의 시작점에 있으며, 이 통찰력들이 내 미래를 어떻게 바꿔줄지 기대된다!"

— 필 홈스, 전 럭비 선수이자 PH스포츠그룹 설립자

"나는 교사와 리더로서 성과를 향상시킬 필요를 느꼈다. 그리고 존 핀 박사의 저서를 읽은 뒤 육체적·정신적으로 더욱 강인해질 수 있었다. 더 나은 모습을 원하는 사람이라면 반드시 『해빗 메카닉』을 읽어야 한다."

— 로버트 벨, 컨실리움 이볼브 아카데미 수석교사

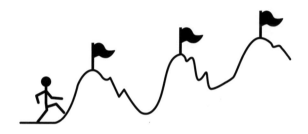

"모든 인생에는 오르막과 내리막이 있다.
해빗 메카닉이 되면 쉽고 빠르게 내리막에서 벗어나
오르막길로 접어들 수 있다.
더 쉽고, 빠르게!
당신이 해빗 메카닉이 되어야 하는 단 하나의 이유이다."

짐 맥케나 교수
영국 리즈베켓대학 카네기학부 교수,
세계적인 행동 변화 연구원

존 핀 박사의 『해빗 메카닉』을 소개하게 되어 기쁩니다. 책을 이제 막 보기 시작한 주변 사람들이 이 책의 도입부를 '독특하고', '실용적이고', '강력하고', '훌륭한 접근 방식'이라고 말하더군요. 그런데 실은 책 전체가 그렇습니다. 직장에서 많은 사람과 팀이 직면한 일상적인 문제를 해결하기 위한 가장 설득력 있고 효과적인 방법이 이 책에 가득합니다. 게다가 과학적이고 혁신적이죠. 쉽게 말해 이 책을 읽는다는 건 인생을 바꾼다는 겁니다.

『해빗 메카닉』은 행동이 모든 성과의 근본이라고 강조합니다. 이 책은 바람직한 행동 루틴이 습관으로 이어지는 방법을 단계별로 나누어 알기 쉽게 보여줍니다. 토대가 없는 열정과 노력은 모래 위에 집을 짓는 것이나 다름없습니다. 또한 『해빗 메카닉』은 널리 퍼져있는 세상의 모든 편견을 공격합니다. 바로 우리가 이미 적절하게 잘하고 있다는 과신과 그 과정을 가볍게 여기는 태도를 거부합니다.

코로나 이후 직장에서의 업무 방식에 많은 변화가 있었습니다. 일에 대한 개념이 복합적으로 변했고, 불확실성도 확실히 커졌죠. 이런 VUCA(Volatile, Uncertain, Complex, Ambiguous / 변동적이고, 불확실하며,

복잡하고, 모호한) 사회에서는 자기 관리를 잘하는 사람이 사회를 이끌어갈 수밖에 없습니다. 그런 점에서 『해빗 메카닉』은 자기 규제와 동기부여에 대한 편협한 시각을 완전히 뛰어넘습니다. 접근하기 쉽고, 실용적인 방식을 제안하며, 행동을 능동적으로 이끌어 나갈 수 있게 바꿔줍니다. 개인이 의미 있는 과제에 더 많은 시간을 할애할 수 있는 방법을 알려주죠.

『해빗 메카닉』에 소개된 습관 관리 방식을 사용하는 조직은 장차 사회에 엄청난 영향력을 끼칠 것입니다. 존 핀 박사는 기업이 '직원의 성장을 중심에 두는 조직'으로 나아가야 한다고 말합니다. 이런 조직 문화를 가진 기업은 톱다운 방식, 즉 계층 구조를 강화하는 기업보다 현대 사회에서 생존할 확률이 훨씬 더 높을 것입니다. 코로나 이후의 세상은 자기 결정권을 갖는 개인과 팀, 조직을 중심으로 돌아가게 될 것이기 때문입니다.

이 책은 실제로 슈퍼 습관을 만드는 사람들의 예시를 보여줍니다. 이러한 선례를 통해 목마른 사람들에게 동기를 부여하고, 성공을 꿈꾸는 기업에 비전을 제시합니다. 그리고 앞을 내다볼 줄 아는 고용주가 '현장에' 해빗 메카닉 정신을 심을 수 있도록 유도합니다. 또한 『해빗 메카닉』은 일상적인 시각, 전문가적인 분석, 실질적인 실행이라는 요소가 적절하게 결합된 책입니다. 일상적-전문적-실행적. 이 세 단계를 따라하는 것만으로도 당신은 적지 않은 변화를 경험하게 될 것입니다.

효과적인 실행 방법을 세심하게 제시하는 것 외에도 이 책의 구성 방식은 무척 매력적입니다. 각 장을 짧게 구성하여 늘 시간에 쪼들리는 현대인들이 빠르게 읽을 수 있도록 배려했습니다. 나아가 여러 단계로 나눈 목차는 직원 개발 교육에 맞춤으로 활용할 수도 있습니다.

수많은 리더와 조직의 운명을 성공으로 이끈 이 책은 이제 더 많은 사람의 성과를 끌어내고 삶을 변화시키기 위해 여러분 곁으로 다가왔습니다. 부디 이 책이 당신의 인생에 유의미한 파장을 일으키기 바랍니다.

존 핀 박사

코로나 전염병과 빠르게 변화하는 현대 사회가 여러분의 삶에 미치는 부정적인 영향은 무엇인가요? 제 고객들은 전보다 더 바쁘게 긴 시간을 일하게 되었다고 토로합니다. 그 여파로 마음의 여유가 사라지고, 예민해졌으며, 행복을 느끼지 못하는 날이 늘었다고 합니다.

왜 이런 일이 생겼을까요?

우리가 일하는 공간을 사무실에서 집으로 옮겼을 때, 보이지 않는 힘이 우리의 생각과 행동을 바꾸기 시작했습니다. 많은 사람이 고용주 또는 고객에게 자신이 얼마나 열심히 일하는지 보여줄 필요성을 느끼기 시작했죠. 그래서 일과 휴식의 구분 없이 더 많은 시간을 일하는 데 쏟아붓게 되었고, 이동량이 줄면서 체중이 불어나게 되었죠. 낮과 밤의 구분이 모호해져서 결국 뇌 기능이 저하되는 현상으로 이어졌습니다. 뇌 기능이 저하된다는 건 무슨 뜻일까요? 바로 같은 일을 하는 데 더 많은 시간이 필요하다는 얘기입니다.

그럼 어떻게 하면 더 잘할 수 있을까요?

우리는 모두 하루 24시간을 사용합니다. 그런데 누구는 건강, 행복, 성과를 달성하는 데 도움이 되는 일을 하고, 누구는 잠깐의 쾌락을 위해 휴대폰이나 TV를 봅니다. 인생이 바코드라고 생각해보세요. 흰

13

색 선은 도움이 되는 생각과 행동, 습관을 의미합니다. 제대로 잠을 자는 것, 집중해서 일하는 것, 긍정적인 방법으로 생각하는 것, 스트레스를 해소하는 것 등이 이에 속하죠. 반대로 검은 선은 몸과 마음을 지치게 하거나 쓸모없는 일을 의미합니다.

그리고 이 바코드는 당신의 가치입니다. 검은 선이 많을수록 가치가 떨어지는 것이고, 흰 선이 많을수록 가치가 올라가죠. 제가 아는 대부분은 그들이 코로나에 대처하는 동안 검은 선이 늘었다고 고백했습니다. 어떤가요? 당신은 검은 선을 제거할 필요성을 느끼지 않나요?

검은 선을 없애는 방법은 간단합니다. 해빗 메카닉 도구를 사용하십시오. 해빗 메카닉 도구는 여러분에게 동기를 부여하고, 수면 관리, 식단 관리, 스트레스 관리를 도와주며, 자신감, 집중력, 생산성, 성과, 리더십을 향상시키는 습관 도구입니다. 신경과학, 심리학, 행동과학이 결합된 이 습관 도구를 매일, 매주, 매달 정기적으로 사용하면서 제 고객들은 매일 1시간 이상 또는 한 달에 40시간 정도를 절약할 수 있게 되었다고 얘기했습니다. 우리는 좋은 습관을 만드는 데 단 몇 분을 투자해서 몇 시간을 벌 수 있습니다.

나날이 빨라지고 변화의 폭이 커지는 이 세상에서 그때그때 적응하기란 쉽지 않습니다. 하지만 우리는 유용한 습관을 가짐으로써 더 잘할 수 있고, 더 기분 좋은 하루를 보낼 수 있습니다. 당신이 원한다면 다른 사람의 삶에도 영향을 미칠 수 있습니다. 오직 나아지는 방향만 생각하십시오. 그리고 계속 읽으세요. 제가 당신의 삶을 유용하게 만들어주는 습관 만들기 방법을 차근차근 알려드리겠습니다.

목차

 제1장

우리는 모두 '해빗 메카닉'이 되어야 한다

 제2장

해빗 메커니즘 1단계
숨겨진 가능성 발견하기

제3장

해빗 메커니즘 2단계
습관 개발을 위한 뇌의 최적화

제4장

해빗 메커니즘 3단계
동기부여하고 강하게 통제하기

제5장

해빗 메커니즘 4단계
자신감을 키우고 생산력 끌어올리기

제 1 장

우리는 모두
'해빗 메카닉'이
되어야 한다

슈퍼 습관을 만들기 위한
빠른 첫걸음

내 이름은 존 핀이다. 이 책을 쓰고 있는 현재까지 회복력, 성과, 리더십 심리학 분야에서 20년 넘게 일해오고 있다. 관련 분야에서 박사를 포함해 세 개의 학위를 이수했다.

그동안 나는 최고의 나를 만들기 위해 노력했지만 실패하는 사람들을 수없이 보아왔다. 그러나 이것은 그들의 잘못이 아니다. 그건 2021년 BBC에서 방영한 다큐멘터리 《나쁜 인플루언서: 인스타의 대사기(Bad Influencer: The Great Insta Con)》에도 나왔듯이, 사람들이 잘못되었거나 위험하기까지 한 충고를 받아왔기 때문이다. 그 실상에 대해서는 뒤에 자세히 설명할 예정이다.

나는 누구나 기분이 더 좋아지고, 일을 더 잘하고, 원한다면 다른 사람을 더 잘 이끌 수 있게 만들기 위해 이 책을 썼다. 사람들이 가진 놀라운 잠재력을 일깨우기 위해 오랜 시간 집필에 매달렸다.

학위 이수 외에도 나는 훈련 및 코치 프로그램의 개발과 전파에도

2만 5,000시간을 보냈다. 그러면서 우리가 실질적으로 기분이 더 좋아지고, 일을 더 잘하고, 다른 사람을 더 잘 이끌기 위해서는 뇌를 미세하게 조정해야 한다는 사실을 깨달았다. 결론적으로 빠르게 변화하는 도전적인 세상에서 뇌를 조정할 수 있는 유일한 방법은 '해빗 메카닉(Habit Mechanic / 습관 정비공)'이 되는 것뿐이다.

나와 우리 팀은 개인과 팀 전체가 해빗 메카닉이 될 수 있도록 간단하면서도 실용적이며, 과학에 기반을 둔 다양한 도구를 개발했다. 그 도구들은 효과가 충분히 입증되었으며, 이미 1만 명 이상의 리더가 최고의 자리에 오르는 데 도움을 줬다. 사람들은 이 도구들을 통해 인생을 바꾸기 시작했다.

첫 '일일 TEA 계획' 세우기

가장 먼저 소개할 해빗 메카닉 도구는 '일일 TEA(Tiny Empowering Action / 아주 작은 동기부여 행동) 계획'이다. 이것은 최첨단 과학을 기초로 하지만 사용 방법은 간단하다. 하루 2분이면 우리는 매일 조금씩 더 나아질 수 있다.

1단계: 자기 평가하기

우선 자신에게 이렇게 질문해보자.

"나는 어제 최고의 내가 되기 위해, 그리고 목표를 이루기 위해 얼마나 최선을 다했는가?"

매우 그렇다는 사람도 있고, 전혀 그렇지 않다는 사람도 있을 것이다. 그러나 좀 더 정확하게 대답하는 게 좋다. 평가 기준을 1(전혀 노력하지 않음)부터 10(매우 많이 노력함)까지 세우고 표시해보자.

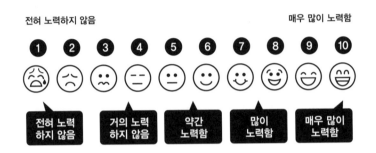

이것을 나는 '지능적 자기 관찰(Self-Watching)'이라 부른다. 내 경우를 예로 들자면, 나는 최고의 내가 되기 위해 얼마나 노력했는가를 평가할 때 잘 잤는지, 잘 먹었는지, 잘 운동했는지, 스트레스를 잘 관리했는지, 생산적이었는지, 또 타인에게 얼마나 도움이 됐는지를 따진다. 평가 기준은 각자 세우고 판단하면 된다.

2단계: 아주 작은 동기부여 행동 만들기

자기 평가를 끝냈다면, 인생을 좀 더 쉽게 만드는 아주 작은 동기부여 행동을 글로 적어본다. 나의 TEA는 이런 것들이다.

　　　　　　　제1장 우리는 모두 '해빗 메카닉'이 되어야 한다

- 뉴스는 하루에 한 번만 확인하기
- 점심시간에 5분 산책하기
- 아침에 과일 한 조각 먹기
- 하루를 마무리할 때 긍정적인 생각을 글로 남기기

당신은 어떤 동기부여 행동을 가지고 있는지 적어보자.

_____

_____

_____

3단계: 이유 설명하기

마지막으로 이런 동기부여 행동이 어떻게 내 인생을 최고의 길로 인도하는지 생각해보자. 나의 경우엔 이렇다.

- 뉴스를 하루에 한 번만 확인하면 정신이 덜 산만해지고, 더 많은 시간을 일에 할애할 수 있다.
- 점심에 5분간 산책하면 생산적인 오후를 보내기가 쉽다.
- 아침으로 과일을 먹으면 하루를 건강하게 시작할 수 있고, 다른 건강한 행동으로 이어진다.
- 하루의 끝에 긍정적인 생각을 글로 적으면 그날을 잘 마무리해서 차분한 상태로 잠들 수 있다.

3단계를 완성하면 아래와 같다.

1. 자기 관찰 점수: 10점 중 7점
2. TEA: 하루에 한 번만 뉴스 확인하기
3. 이유: 집중력이 높아지고 더 생산적일 수 있다

축하한다! 당신은 방금 첫 일일 TEA 계획을 완성했다. 이것으로 당신은 하루를 더 효과적으로 통제할 수 있는 실용적인 방법 하나를 획득했다. 물론 이건 속성 과외나 교묘한 속임수가 아니다. 어차피 그런 건 효과도 없다. 그 이유는 나중에 설명하겠다.

보이는 건 간단해도 해빗 메카닉 도구의 밑바탕에는 최첨단 신경과학, 행동과학, 심리학이 복합적으로 연결되어 있다. 최소한의 시간을 들여 최대의 긍정적 영향을 이끌어내도록 매우 치밀하게 설계되어 있다. 방금 설명한 이 도구는 이 책에서 소개할 여러 가지 해빗 메카닉 도구 중 하나일 뿐이다. 혹시 이 방법이 쉬워 보이지 않더라도 걱정할 필요는 없다. 연습으로 충분히 나아질 수 있다.

규칙적으로 일일 TEA 계획을 완성하면 '신경가소성(Neuroplasticity)'이라는 과정을 통해 당신의 뇌가 바뀌기 시작한다. 자신에 대해 한층 더 건설적으로 생각하게 되고, 최고의 내가 되기 위한 성공적인 계획을 세울 수 있게 된다. 이 책은 이러한 뇌 변화 과정을 자세히 다룰 것이다.

일일 TEA 계획에 대한 질문

아래는 일일 TEA 계획을 실행하는 데 도움이 될만한 질문과 답변을 정리한 내용이다. 먼저 일일 TEA 계획을 계획하고 실행한 선배들의 도움을 받아보자.

Q. '점심시간에 5분 산책하기'처럼 매일 실행할 수 있는 TEA에 집중해야 할까요?

A. 처음 시작할 때는 우선 아주 작은 성공을 이루는 데 목표를 두십시오. 하나의 습관으로 자리 잡았다고 느낄 때까지 똑같은 TEA에 집중하는 것이 좋습니다. 점심시간에 산책하기가 마치 점심 먹기 행위처럼 일상이 되어야 합니다.

그런 다음에 '하루의 마지막에 긍정적인 생각 적기'와 같은 새로운 TEA를 만드십시오. 한 번에 하나의 작은 습관을 완성하는 습관은 분명 당신의 인생을 더 나은 방향으로 이끌어줄 것입니다.

Q. 새로운 습관을 들이는 데 얼마나 걸릴까요?

A. 단순하게 대답할 수 없지만, 분명히 21일은 아닙니다. 습관은 복합적입니다. 우리가 말하는 한 가지 습관에는 몇 개의 습관이 서로 고리처럼 연결되어 있게 마련입니다. 어떤 습관은 다른 습관에 비해 비교적 만들기 쉬울 수 있습니다. 새로운 습관의 요소가 이미 당신이 개발한 습관에 들어가 있기 때문입니다. 또 다른 새로운 습관은 맨 처음부

터 시작해야만 합니다.

가장 간단한 기본 규칙은 연습을 잘하는 것입니다. 밤에 긍정적인 생각 적기를 30일 동안 연습하면 습관으로 발전할 것입니다. 하지만 그다음 30일 동안 소셜미디어만 본다면 소셜미디어 보기가 습관으로 자리 잡아서 당신의 저녁 시간은 허무하게 소비되고 말 것입니다.

정신 훈련은 신체 훈련과 같습니다. 훈련을 멈추면 그동안 연습으로 이뤘던 것들을 한순간에 잃게 됩니다. 사람들의 말처럼, '사용하십시오. 그렇지 않으면 잃게 됩니다'!

Q. '점심시간에 5분 산책하고, 자기 전에 긍정적인 생각을 글로 적기'와 같이 TEA를 한 가지 이상으로 만들어도 될까요?

A. 좋습니다. 그러나 둘 다 실행하기 힘들다면 습관이 몸에 밸 때까지 한 가지에만 집중하세요.

Q. 내가 해야 할 일에 대해 지나치게 생각하고 혼잣말을 한다면 어떻게 해야 할까요?

A. 당신이 해야 한다고 생각하는 일을 그냥 하십시오. 계속 시도하다 보면 자기에게 가장 잘 맞는 것이 무엇인지 깨닫게 될 것입니다. 나는 이것을 '개인적 탐색(Personal Research)'이라고 부릅니다.

Q. 자기 관찰 점수는 꼭 10점 만점을 받아야 할까요?

A. 아닙니다. 7, 8점 정도면 아주 잘하고 있다고 생각합니다.

제1장 우리는 모두 '해빗 메카닉'이 되어야 한다

일일 TEA 계획을 너무 깊이 생각할 필요는 없다. 조금씩 실행해 가며 자기에게 잘 맞는 방향으로 조정하면 된다. 그리고 일일 TEA 계획은 앞으로 소개할 도구 가운데 하나에 불과하다는 사실을 명심하라. 도구들은 서로 상호작용하도록 설계되었다. 일일 TEA 계획은 'FAM(Future Ambitious Meaningful / 야심 차고 의미 있는 미래) 이야기' 도구와 결합하면 훨씬 강력한 효과를 얻을 수 있다.

이 책의 어떤 도구도 규정되어 있지 않다. 모든 도구는 유동적으로 사용할 수 있다. 시행착오를 거쳐 내게 가장 잘 맞는 방식을 발견하면 된다.

왜 우리는
해빗 메카닉이 되어야 하는가

"슈퍼마켓에서 막 돌아왔어요. 초콜릿 비스킷을 하도 많이 사서 찬장 문이 안 닫히더라고요. 월요일부터 다이어트를 시작할 거였거든요. 그런데 문제는 1년에 52번의 월요일이 있다는 거예요. 이 말을 매주 하고 있어요!"

– 피터 케이, 코미디언

무엇을 하고 싶은지 아는 것과 그것을 실천하는 일은 별개다. 앎을 실천으로 바꾸기 위해 당신은 이 책을 펼쳐 들었고, 우리는 해빗 메카닉이 되는 기술을 알려줄 것이다.

다만 해빗 메카닉은 완벽하지 않다. 매일 조금씩 더 나아지기를 원할 뿐이다. 사소한 일상에서 얻은 승리가 쌓이면 큰 성과로 이어진다. 그리고 그 성과가 쌓여 당신의 인생을 송두리째 변화시킬 것이다.

그러나 그 변화로 가는 길에는 '실패'라는 암초가 곳곳에 자리 잡고 있다.

실패라는 촉매제

우리는 모두 실패를 경험한다. 물론 실패할 당시에는 기분이 좋지 않다. 하지만 이는 좋은 신호다. 우리가 더 나아지는 방법을 배울 수 있는 유일한 길이기 때문이다. 나 역시 수없이 많은 실패를 거듭했고, 지금도 계속 실패한다. 그리고 이러한 실패를 거울삼아 나를 자극시킨다. 실패가 없었다면 나는 해빗 메카닉이 되지 못했을 것이다.

내 인생 이야기를 좀 해보겠다.

나는 열아홉 살 대학생 때 내 인생에서 가장 중요한 럭비 경기를 치르고 있었다. 그날 영국 북부의 날씨는 춥고 습하며 바람이 불었다. 내가 하늘을 올려다보니 공이 나를 향해 무섭게 곤두박질치고 있었다. 나는 우리 팀 골라인에 섰다. 상대편 선수 두 명이 나를 바짝 쫓아왔고, 나는 그 공을 잡아야만 했다. 심장이 쿵쾅거리고 정신이 혼미했지만 실수해서는 안 됐다. 압박이 가해졌다.

그 경기는 학생국제대회에서 호주전을 치르기 전의 연습 시합이었다. 호주는 세계 최강 팀 중 하나였다.

나는 이전에 수백 번 공을 잡았는데, 이번만큼은 달랐다. '떨어뜨리면 안 돼. 떨어뜨리면 안 돼. 떨어뜨릴 것 같아' 하는 생각이 자꾸 들끓었다. 어떻게 됐을까? 내가 공을 잡아서 상대편 골라인을 뚫고 점수를 올렸을까?

아니다. 나는 공을 떨어뜨렸고 상대편이 점수를 획득했다. 내 자신감은 바닥을 쳤고 쥐구멍에라도 숨고 싶었다. 나는 교체되었고, 당연하게도 호주전에 선발되지 못했다.

나는 자책했다. 시합을 망쳤다는 자책이었다. 기술이 부족해서가 아니라 정신력이 약한 탓이었다. 그런데 스포츠심리학은 내 전공 중에서 가장 중요한 과목이었다. 분명히 나는 그 과목에 더 신경 썼어야 했다. 그러나 이 자책은 훗날 나를 자극하는 데 필요한 후퇴였음이 밝혀졌다.

몇 달이 훌쩍 지난 뒤 나는 오른쪽 다리 근육이 파열되어 더 이상 럭비처럼 격렬한 운동은 할 수 없게 되었다. 부상 없이는 훈련할 수 없었다. 그래서 나는 성과심리학 전문가가 되기로 결심했다. 다른 사람들이 잠재력을 발휘하도록 도울 계획이었다. 그리고 이 결심은 회사를 세우고 해빗 메카닉 훈련 프로그램을 개발하게 된 계기가 되었다.

'더 강인한 정신'의 창설

나는 '더 강인한 정신(Tougher Minds)'이라는 컨설턴트 회사를 창업했다. 여기서 '더 강인한 정신'이란 무슨 뜻일까? 장차 더 자세히 설명하겠지만, 당신이 하는 행동 대부분은 무의식적으로 일어난다. 마치 비행기의 자동조정장치처럼 움직이는 것이다. 그런데 이런 무의식적 사고는 건강과 행복, 성과에 그다지 도움이 되지 않는다.

이런 무의식적 행동을 일으키는 뇌 부분을 스스로 관리하려면 (가능한 가장 좋은 방향으로) '더 강해'져야 한다. 두뇌를 강화하고 단련시킴으로써 최고의 내가 되도록 만들어야 한다. '더 강인한 정신'이란 이런 것이다. 뇌를 스스로 관리할 수 있게 만드는 것!

최고가 되기 위한 새로운 접근법이 필요한 이유

당신은 최고의 자리에 오르기 위해 그동안 여러 가지 방법을 시도했다. 하지만 안타깝게도 그 방법들에는 두 가지 오류가 있다.

첫째, 당신의 뇌와 습관이 실제로 어떻게 작동하는지를 연구한 최첨단 과학에 절대 뿌리를 두고 있지 않다.

둘째, 당신이 잠재력을 실제로 발휘할 수 있게 해주는 복합적인 행동과학에 절대 근거를 두고 있지 않다.

마찬가지로 속성으로 배우는 팁이나 요령도 뇌를 바꾸거나 지속 가능한 최고의 내가 되도록 설계되지 않았다. 심각하게 말하자면, 이러한 속성 팁이나 요령이 알려준 방법들은 오히려 우리를 잘못된 길로 이끌고 잠재적으로 위험하게까지 만든다. 그러므로 우리가 변화에 성공하지 못했던 이유는 우리 잘못이 아니다. 잘못되었던 건 우리가 받았던 조언과 훈련이다.

잘못된 조언과 훈련은 전형적으로 지식과 기술의 형태를 띠고 있다. 지식을 먼저 흡수하고, 기술을 익혀서 성공하는 방식이다. 하지만 지식과 기술 습득에는 한계가 있다. 지식은 꾸준히 생산되고, 사람이 습득할 수 있는 기술의 양은 정해져 있기 때문이다. 이때 실패를 경험하게 되면 오히려 자신의 능력에 대해 부정적으로 인식할 수 있다.

무슨 말인지 예를 들어보자. 현대인 대다수는 건강한 생활방식이 성공하는 데 큰 영향을 미친다는 사실을 알고 있다. 건강한 생활방식을 이어가기 위해 과일과 채소를 많이 섭취해야 한다는 것도 안다. 하지만 그 지식이 반드시 행동으로 이어지지는 않는다. 패스트푸드는 늘 가깝고, 건강식은 멀다. 이렇게 영국에서는 잘못된 식습관 때문에 해마다 6만 4,000명의 사람이 사망하며, 경제적 손실도 약 117조 원에 달한다. 지식이 행동으로 이어지지 않은 결과다.

잠을 자는 것도 비슷하다. 대부분 숙면이 정신 건강과 신체 건강에 중요하다는 사실을 알지만, 어떻게든 밤마다 늦게 자려고 발버둥을 친다. 그러고는 아침마다 피곤에 찌든 얼굴로 세상을 저주한다.

우리는 우리가 해야 한다고 알고 있는 것을 하지 않는다. 대신 습관대로 행동한다.

게다가 우리가 사는 세상은 변덕스럽고 불확실하고 복잡하고 모호하다. 우리는 이런 세계를 VUCA라고 부른다. 변동적이고, 불확실하며, 복잡하고, 모호한 세상에서는 매일 다른 사람이 당신에게 부정적 습관을 끊임없이 주입하려 든다. 유혹, 걱정, 스트레스 방치하기, 성급하게 판단하기, 자책하기로 이어진다. 이런 부정적 습관이 당신을 영원히 통제하게 두고 싶다면 당장 이 책을 그만 읽어도 좋다. 그러나 부정적 습관을 뿌리 뽑을 수 있는 간단하면서도 실용적인 방법을 알고 싶다면 이 책을 계속 읽어나가길 바란다.

해빗 메카닉은 어떤 사람인가

해빗 메카닉은 신경과학, 심리학, 행동과학에서 나온 강력한 통찰력을 사용해 기분을 통제하고 일을 더 잘하는 방법을 깨우친 사람이다. 실용적인 도구를 사용해 뇌를 바꾸고(신경과학+심리학), 환경(행동과학)을 설계해서 더 쉽게 슈퍼 습관을 만들고 최고를 향해 다가가는 사람이다. 해빗 메카닉이 되기 위한 첫 번째 관문은 아래와 같은 '미 파워 훈련(Me Power Conditioning)'에 익숙해지는 것이다.

> **미 파워 훈련:** 걱정, 지나친 자기비판, 일 미루기 등 자기 성공을 방해하는 행위와 관련된 부정적 습관을 멀리하기 → 유익한 새로운 습관 길들이기

어떤 해빗 메카닉은 다른 사람이 잠재력을 발휘하도록 돕고 싶어 한다. 그래서 그들은 '팀 파워 리더'가 되는 방법을 익혀 더 좋은 리더십 습관을 개발하는 데 투자한다. 미 파워 훈련과 팀 파워 리더십 습관은 다른 사람에게 도움을 주는 해빗 메카닉이 되기 위한 토대이다.

해빗 메카닉이 되는 법을 배우는 것은 조각 퍼즐 맞추기와 비슷하다. 그러나 당신은 모든 조각을 이미 가지고 있기 때문에, 나는 그것을 어떻게 맞추면 되는지만 보여줄 예정이다.

험난하고 도전적인 세상에서 최고의 자리에 오르기 위해 우리는 적극적으로 '해빗 메카닉 마인드'를 가져야 한다. 당신의 인생을 올라

갔다 내려갔다를 반복하는 여정으로 생각하라. 인생의 저점을 지나고 있을 때 당신은 의도적으로 새로운 습관을 만들어서 그곳을 빠르게 벗어나야 한다. 인생의 고점에 있을 땐 당신을 훨씬 더 높은 곳으로 가도록 몰아붙인 다음, 그곳에 가능한 한 오래 머물 수 있게 하는 새로운 습관을 개발하라. 모든 인생에는 오르막과 내리막이 있고, 그에 맞는 습관이 필요하다.

해빗 메카닉으로 거듭나고 긍정적인 새 습관을 갖게 되면 과연 어떤 일이 벌어질까? 첫째, 시간을 절약할 수 있다. 둘째, 스트레스를 쉽게 관리할 수 있다. 셋째, 학습 성과가 높아진다. 넷째, 성과를 위한 리더십과 팀 문화가 발달한다. 결정적으로 해빗 메카닉이 되면 인생이 쉬워진다. 당신이 무엇을 하도록 설계되었고, 뇌를 미세하게 조정하는 방법이 무엇인지 알면 인생은 수월해질 수밖에 없다.

이 책을 읽는 방법

나는 이 책을 간단히 네 개의 단계로 나누어 집필했다. 무턱대고 읽기보다는 전체적인 맥락을 고려하면서 읽으면, 이해하고 적용하기가 훨씬 수월할 것이다.

1단계: 당신 안에 숨겨진 잠재력을 발견하다

당신 안에 숨겨진 잠재력을 소개하고, 사용 방법을 알지 못하는 것이 어떻게 약점이 되는지 설명할 것이다. 또한 유명 운동선수의 성공 스토리 뒤에 감춰진 과학의 비밀을 공유할 것이다. 이 스토리들은 해빗 메카닉이 된다는 게 어떤 의미인지 깨닫게 해줄 것이다. 더불어 '해빗 메카닉 지능(Habit Mechanic Intelligence)'을 개발함으로써 당신은 당신이 지닌 잠재력을 이해하게 될 것이다.

2단계: 잠재력을 끌어낼 뇌 과학 비밀을 풀어내다

다음으로 미 파워 훈련에 집중할 것이다. 그리고 '등대 같은 뇌(Lighthouse Brain) 모델'과 뇌의 작동 방식에 대해서도 배울 것이다. 회복력을 높이기 위한 감정 조절 사용법도 소개할 예정이다.

3단계: 해빗 메카닉 기술을 개발하다

다음으로 '해빗 메카닉 공구함(Habit Mechanic's Tool Kit)'의 사용법을 보여줄 것이다. 이 단계에서는 동기부여를 강화하고, 습관을 분석하고, 행동과학을 활용해 새로운 습관을 형성하는 간단하고 실용적인 기술을 알려줄 계획이다.

새로운 습관이 생기면 우리는 아래와 같은 이점을 얻을 수 있다. 기분이 좋아지고, 워라밸이 개선되며, 성과가 크게 올라간다. 효율적이고 효과적으로 일하기 때문에 시간을 절약할 수 있고, 수면과 뇌 건강이 눈에 띄게 좋아진다. 결과적으로 자신감이 올라가서 압박 속에서도 성과를 내는 사람으로 변모할 수 있다. 창조성과 문제해결능력이 올라가는 건 덤이다.

4단계: 해빗 메카닉 도구를 활용하다

4단계는 앞서 개발한 해빗 메카닉 도구를 실제 생활에 적용시켜 개인의 자신감을 키우고 생산력을 끌어올리는 단계다. 몸과 마음의 활성화 수치를 통제해 가장 효율적으로 성과를 올릴 수 있는 상태를 유지하고, 유용한 습관 개발의 노하우를 습득함으로써 성공으로 나아가는 디딤돌을 마련할 것이다.

이 밖에도 책 속에는 세계적으로 성공한 사람들의 이야기도 실려 있다.

집요한 노력으로 첫 여성 노벨상 수상자이자 유일하게 두 가지 과학 분야(물리, 화학)에서 노벨상을 받은 획기적인 과학자 마리 퀴리Marie Curie, 매일 습관을 모니터링하면서 실력을 끌어올린 테니스 스타 노박 조코비치Novak Djokovic, 지적인 목표 설정의 힘을 중요시했던 작가 조앤 K. 롤링Joan K. Rowling, 마이크로소프트 창업자 빌 게이츠Bill Gates, 골퍼 로리 맥길로이Rory Mcilroy와 조지아 홀Georgia Hall, 발명가 일론 머스크Elon Musk 등 무수한 해빗 메카닉의 스토리가 펼쳐질 예정이다.

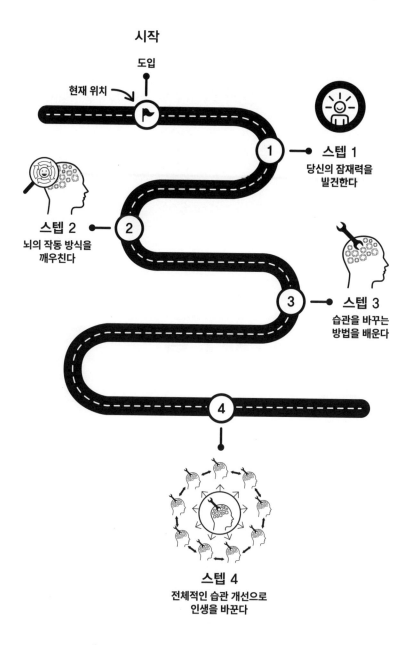

시작

도입

현재 위치

스텝 1
당신의 잠재력을
발견한다

스텝 2
뇌의 작동 방식을
깨우친다

스텝 3
습관을 바꾸는
방법을 배운다

스텝 4
전체적인 습관 개선으로
인생을 바꾼다

| 앞으로 이 책을 통해 당신이 알게 될 것들 |

제 2 장

해빗 메커니즘 1단계
숨겨진 가능성
발견하기

성공한 스포츠 전설 뒤에
숨겨진 과학의 힘

사람들은 될 리 없다고 말했다. 그들은 절대 불가능하다고 거듭 말했지만, 1954년 5월 6일 로저 배니스터Roger Bannister는 1마일(약 1.6킬로미터)을 4분 이내에 달린 최초의 선수가 되었다. 세계 정상급 육상선수들과 코치들은 1880년대 이후로 깨지지 않은 4분의 벽을 돌파하기 위해 노력했지만, 차츰 불가능한 일이라 여기기 시작하던 참이었다.

그러나 1950년대에 1마일을 4분 이내에 주파하기 위해 시도했던 육상선수는 배니스터뿐만이 아니었다. 웨스 산티, 존 랜디도 역시 그 기록을 좇고 있었다. 그런데 왜 배니스터는 성공하고 다른 선수들은 실패했을까?

배니스터에게 육상은 단지 취미였다. 그의 원래 직업은 의사였다. 옥스퍼드대학에서 호흡기를 연구하는 학자이기도 했다. 그는 대학 연구실에서 실험 참가자가 러닝머신에서 달릴 때 산소 수준이 성과에 어떤 영향을 끼치는지를 연구했다. 당시에는 최첨단 연구였다. 미국 작가 닐 배스컴이 『퍼펙트 마일』에서 언급했듯이 "혹사를 견디는 인간 신체의 능력에 대한 실험 가운데 배니스터가 했던 정도를 뛰어넘는 건 없었다".

배니스터는 의학과 생리학에 대한 연구를 거치며 인간이 1마일을 4분 이내에 주파하는 게 물리적으로 가능하다는 사실을 깨달았다. 물론 그는 빨리 달리기 기술에는 관심이 없었다. 그의 관심은 오직 과학에 있었다. 이런 점에서 배니스터는 확실히 지금 우리가 스포츠 과학이라고 부르는 영역의 선구자이다. 그는 마치 자동차 엔지니어가 자동차 엔진의 작동 방식을 알고 싶어하는 것처럼 신체 내부 작동 방식과 인체가 훈련에 어떻게 반응하는지를 알고 싶어했을 뿐이다.

이와 반대로 그의 경쟁자들은 훈련이 신체에 어떻게 영향을 끼치는지에 대한 이해가 부족했다. 배니스터의 경쟁자들은 과학자들이 '블랙박스(Black-Box) 접근법'이라고 부르는 방식을 채택하고 있었다. 과학에서 말하는 블랙박스 접근법이란 신체 내부의 작동 방식(예를 들어 뇌의 기능)을 실제로는 알지 못한 채 복합적인 시스템이나 과정을 조사하고 시험하는 것을 의미한다.

입력 → ❓ → 결과물

예를 들자면 이런 식이다. 당신은 상사로부터 핀잔을 들었다(입력). 이것이 스트레스를 받게 하고 화가 나게 했다(결과물). 그러나 당신은 핀잔을 들은 게 당신의 뇌와 신체에 어떤 일을 일으켰는지 실제로는 알지 못한다. 그저 핀잔이 당신을 화나게 했다는 정도만 생각할 뿐이다.

배니스터의 경쟁자들은 그들이 하는 훈련의 형태(입력)와 그들이 달성한 달리기 기록(결과물)에만 초점을 맞추었다. 훈련이 신체 내부 작동 방식에 미치는 효과를 과학적으로 측정하지 않은 것이다. 그들은 훈련을 블랙박스처럼 여겼다.

이렇게 정밀한 과학적 통찰력이 배니스터에게 경쟁적 우위를 갖게 했다. 그는 경쟁자들보다 훨씬 효율적·효과적으로 훈련을 했고 기록을 몇 초 단축할 수 있었다. 그러니까 배니스터는 해빗 메카닉이었다.

신체 내부 작동 방식을 연구하면서 배니스터는 달릴 때 산소를 잘 보존해야 한다는 사실을 유일하게 깨달았다. 산소 보존을 잘하기 위해 그는 새로운 습관을 만들었다. 산소 소비를 최적화하는 특별한 주법을 만들었고, 그 주법이 몸에 밸 때까지 끊임없이 연습했다. 훈련 습관도 바꿨다. 1마일을 4분 이내에 주파하려고 할 때 가해지는 신체적 요구를 훈련에 똑같이 적용해서 새로운 훈련 방식을 고안해냈다.

배니스터는 해빗 메카닉이 되고자 하는 우리에게 다음과 같은 교훈을 준다.

1. 먼저 당신의 뇌와 습관의 작용방식을 이해하라.

2. 그런 다음 잠재력을 발휘하는 데 필요한 새로운 습관을 만들어라.

제2장 숨겨진 가능성 발견하기

배니스터처럼 새로운 습관을 들이면 누구나 잠재력을 최대한 발휘할 수 있다. 물론 그러기 전에 당신에게 어떤 잠재력이 숨어있는지부터 알아내야 한다.

당신이 발견하지 못한
잠재력의 모든 것

"환경(양육)은 우리가 한때 유전적일 수 있다고 믿었던 것처럼 결정론적일 수 있다. 그리고 게놈(자연)은 우리가 한때 환경만이 가능하다고 믿었던 것처럼 가단성(깨지지 않고 늘어나는 성질)이 있다."

– UCLA의 최첨단 자연 양육 연구 결과 요약 중

위 문장을 이해하지 못해도 괜찮다. 지금부터 내가 하는 설명을 들으면 이해하게 될 테니까 말이다. 군이 어려운 인용문을 옮겨 적은 이유는 이 책의 아이디어들이 비록 간단해 보여도 이해하기 쉽지만은 않은, 대단히 복합적인 과학적 통찰력에 기반을 두고 있다는 사실을 말하기 위해서다. 나는 모든 사람이 이 강력한 과학을 접함으로써 혜택을 받고 인생을 쉽게 만들 수 있을 거라 믿는다.

인간은 본능적으로
배움을 추구하도록 설계되어 있다

배니스터 이야기에서 가장 중요한 건 학습에 관해 던지는 교훈이다. 이 교훈은 그 어느 때보다 중요하다. 우리가 인식하든 못 하든 우리는 모두 학습 전쟁에 있기 때문이다. 우선, 왜 학습이 배니스터의 이야기에서 가장 중요한지 설명하겠다.

1마일을 4분 이내에 주파하기 위해 웨스 산티, 존 랜디, 로저 배니스터는 더 빨리 달리는 법을 배워야 했다.

그렇다면 우리는 어떻게 배우는가? 훈련하고, 연습하고, 반복하고, 연구하고, 수정하고, 경험하고, 관찰을 하면서 배운다. 배니스터가 수집한 특별한 과학적 통찰력은 그의 학습을 강화했고, 그에게 경쟁적 우위를 주었다. 그는 자신의 훈련을 경쟁자보다 더욱 능률적이고 효과적으로 만들 수 있었다. 즉, 그는 경쟁자보다 러닝타임을 단축하는 방법을 '학습'할 수 있었다.

이제 우리 인생의 배움에 관해 생각해보자. 현대 과학은 명백하다. 우리는 태어나자마자 할 수 있는 게 별로 없다. 오로지 경험과 행동, 연습을 통해 걷기, 말하기, 문제해결 같은 인생에 필요한 기술을 익힌다. 여기에는 아기가 태어나서 최초 몇 시간에서 며칠 동안 거울신경세포의 도움을 받아 학습하는 미소 짓기와 같은 기본 행위도 포함된다.

유아 때도 학습이 이뤄진다는 통찰력의 예가 있다. 전문성 개발에 관해 300여 권의 책을 쓴 저명한 교수이자 운이 좋게도 내가 함께 공부하기도 한 교수 안데르스 에릭슨 Anders Ericsson 이 쓴 책 『1만 시간의 재발견(Peak)』에 나온다.

"생후 9개월에 부모가 책 속의 그림을 가리켰을 때 집중했던 영아가 덜 집중했던 영아보다 5세 때의 어휘 수준이 훨씬 높다."

우리는 항상 배운다. 인간은 그렇게 하도록 설계되어 있다. 이 책을 읽는 지금도 배우고 있다. 뉴스와 가십거리, TV, 소셜미디어, 인터넷, 일상에서 오늘 배웠던 것을 떠올려보라.

나아가 현대 과학은 의도적 또는 집중적 연습을 통해 어떤 기술이든 향상될 수 있음을 보여준다. 무엇이든 연습할 때 우리의 뇌는 변화한다. 우리의 기술과 능력을 향상시키는 것은 바로 이런 변화다. 뇌가 변화하는 과정을 '신경가소성'이라고 부른다. 우리 뇌에는 약 천억 개의 신경세포가 있고, 그것들은 지점토처럼 늘어나는 성질이 있다. 즉, 우리의 능력은 고정된 게 아니란 의미다. 우리는 올바른 연습 방법과 연습량으로 어떤 것이든 개선할 수 있다.

주의할 게 있다! 이 연구는 과거에 잘못 이해되었기 때문에 그 의미를 명확하게 바로잡을 필요가 있다. 연습으로 누구나 세계 최고가 될 수 있다는 의미는 아니다. 집중적인 연습을 통해 무엇이든 개선할 수 있다는 의미다. 예를 들어, 속옷 브랜드 스팽스의 창업자 사라 베이클리는 영업 연습을 통해 판매자로서의 능력을 개선시켰고, 그 덕분에 자수성가한 억만장자가 될 수 있었다. 판매자로서 세계 최고가 된 건 아니지만, 덕분에 다른 기회를 얻을 수 있었다는 얘기다.

조금 더 깊이 들어가보자. 학습은 간단하게 몇 단계 과정으로 나눌 수 있다. 제일 먼저 새로운 정보에 주의를 기울인다. 예를 들어 일곱 명의 새로운 가족을 만났을 때 당신은 그들의 이름을 묻는다. 그 이름들은 단기 기억장치에 저장되고 한 번에 다섯 개에서 일곱 개의 정보 조각으로 보관된다. 하지만 30초 이내에 이 이름들을 반복하지 않으면, 당신의 단기 기억은 그 정보를 버릴 것이다. 그리고 버려진 정보는 흔적도 없이 사라진다.

반대로 정보가 사라지기 전에 혼자 되뇌거나, 적거나, 다른 누군가에게 언급하는 식으로 반복하면 이 정보는 하나의 기억으로 바뀌기 시작한다. 다시 말해 뇌는 당신이 학습한 새 정보를 나타내는 신경학적 연결을 형성하기 시작한다. 정보를 반복할수록 신경학적 연결선은 더욱 굵어진다. 가느다란 거미줄이 튼튼한 케이블로 바뀌는 모습을 떠올리면 좋다.

그러나 정보 사용을 중단하면 전선은 거미줄처럼 얇아지다가 결국 사라질 것이다. 예를 들어 당신이 초등학생이었을 때는 반 친구 이름을 모두 알았을 것이다. 그러나 나이를 먹고 더는 보지 않게 되면서 이름에 주의를 두지 않자 그들의 이름과 연결되어 있던 뇌의 신경세포는 죽고 말았다. 반대로 꾸준히 연락을 주고받는 친구의 이름과 연결된 신경세포는 그렇지 않다. 반복적인 학습을 통해 건강한 상태를 유지하고 있다.

이처럼 학습은 공부나 독서를 통해서만 얻어지는 게 아니다. 우리는 의도했든 하지 않았든 항상 학습하고 있다.

지식에서 기술로, 기술에서 습관으로

빨리 달리는 방법을 배우기 위해 배니스터는 먼저 산소의 역할에 대한 지식을 획득했다. 그런 다음 새로운 주법과 훈련 기술을 개발하기 위해 이 지식을 사용했다(기술을 실행으로 옮기는 것을 '행동하기'라고 하자). 그리고 그는 기술이 습관이 될 때까지 반복했다. 행동을 변화시키는 모든 학습은 지식에서 기술로, 기술에서 습관으로 가는 경로를 따라간다.

지식   기술   습관

무언가를 개선하는 일은 지식을 습득하는 것에서부터 시작한다. 처음 말을 배웠을 때 당신은 책, 교사, 부모로부터 지식을 얻었다. 그런 다음 계속 입술과 혀를 움직이며 말하기 기술을 연마했다. 그리고 어느 순간부터는 습관이 되어 의식하지 않아도 쉽게 말을 할 수 있게 되었다. 그만큼 말하기를 위한 신경세포가 많이 자랐다는 뜻이다.

말하기 연습을 떠올리며 지식에서 기술로, 기술에서 습관으로 이어지는 장면을 상상해보자. 이때 뇌의 신경세포는 점점 얼어붙으면서 단단한 얼음 덩어리로 변한다. 얼음 덩어리가 어는 즉시 습관은 만들어진다. 그러나 습관을 멈추면 신경세포는 사용되지 않아서 약해지고 결국 얼음 덩어리는 녹게 된다.

그런 다음 얼음 덩어리를 가지고 특정한 활동에 대한 능력을 나타내는 이글루를 쌓는다고 가정해보자. 예를 들어 전문 판매사원을 위한 이글루가 있다.

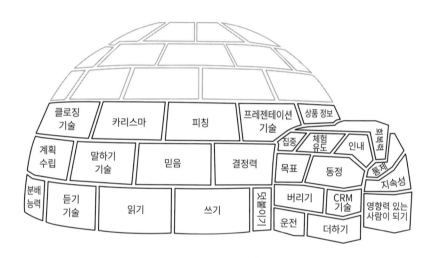

이글루가 완성될수록 판매량은 점점 늘어나고 성과도 올라간다. 그러나 다음 단계로 나아가기 위해서는 더 얼려야 할 얼음 덩어리가 늘 동시다발적으로 존재한다. 전문 판매사원이 더 높은 위치로 올라가려면 신체적 건강도 챙기고, 배움도 게을리하지 말아야 하며, 리더십도 꾸준히 연구해야 한다. 회사에서는 최상의 집중력을 발휘하고, 가정에서는 자녀들과 적극적으로 소통해야 하며, 언제 필요할지 모르므로 종종 골프 연습도 해둬야 한다.

지식 - 기술 - 습관 개발 과정은 우리가 나아지길 원하는 삶의 어느 영역에나 적용할 수 있다. 대표적으로 우리는 더 행복해지는 법을 배울 수 있다. 이때 제일 먼저 필요한 것은 행복하다는 게 무엇인가에 대한 새로운 지식이다. 간단히 말하면 이런 식이다. 우리가 진정으로 행복하다고 느끼기 위해서는 우선 우리 뇌가 제대로 작동하게 해야 한다. 잠을 잘 자고, 좋은 식습관을 가지고, 꾸준히 운동하고, 대인관계가 원만할 때 행복할 가능성이 높다. 다음으로 쾌락(단기적 만족)과 개인의 성취와 성장을 모두 경험해야만 한다. 후자의 더 크고 의미 있는 목표를 추구하기 위해서는 단기적 만족을 보류시켜야 할 수도 있다. 이는 때로 고통과 권태, 스트레스가 따라올 수 있다는 뜻이다.

단기적 만족과 개인적 성장의 균형 잡기

즐거움과 개인의 성장 사이의 균형을 맞추기란 쉬운 일이 아니다. 우리의 뇌는 이 두 가지를 자연스럽게 연결시키지 못하기 때문이다. 뇌는 생존을 위한 쾌락과 문제해결, 도전에 집중하도록 설계되어 있다. 개인적 성장은 항상 후순위라는 얘기다.

예를 들어, 나는 이 책을 다 쓰고 나면 개인적 성취감을 느끼고 장기적으로 더 행복해지리란 것을 안다. 그러나 글을 쓰는 과정은 스트레스가 매우 심하고 지금 당장 단기적 행복을 줄 수 있는 일도 많다. 아무리 집필에 집중하려고 해도 이런 생각이 자꾸 떠오르는 건 멈출 수가 없다.

'이건 너무 힘들어. 일요일 오후에 사무실에서 글을 쓰고 있어선 안 돼. 집에서 두 발 쭉 펴고 가족이랑 편안하게 일요일 점심을 즐겨야지. 그래, 집에 가자!'

다행인 건 우리 모두 사고를 통제하는 방법을 배울 수 있고, 목표를 성취하는 데 사용할 수 있다는 사실이다. 그래서 나는 곧바로 생각을 수정한다.

'포기는 쉬운 선택이야. 이 책을 마감하면 다른 사람들의 기분이 매일 더 좋아지고, 일도 잘하게 될 거야. 무엇보다도 이 원고를 완성해서 출판하게 되면 나는 행복할 거야. 책을 쓸 수 있다는 건 행운이야. 포기하지 않는 나 자신을 자랑스럽게 여기자. 오늘은 여러 일요일 중 하루일 뿐이니 가족도 이해할 거야.'

카페에서 정말 맛있어 보이는 케이크를 발견했을 때도 마찬가지다. 나는 속으로 이렇게 생각한다.

'맛있어 보인다. 먹으면 기분이 좋아질 것 같아.'

그러나 나는 다이어트 중이고, 케이크를 먹게 되면 체중 감량이라는 목표를 이루는 데 방해가 될 것이다. 그래서 대신 이렇게 생각한다.

'케이크를 먹으면 당장은 기분이 좋겠지만, 이번 주 체중 감량 목표를 이루지 못하면 훨씬 오래 기분이 안 좋을 거야. 케이크를 먹지 않는 게 개인적인 성취감을 올려주고 자부심을 느끼게 해.'

더 도움이 되는 방향으로 생각하는 건 모두가 배울 수 있는 기술이다. 이렇게 생각을 바꾸는 것만으로도 유혹에 넘어가고, 자책하고, 부정적 생각에 매달리는 일을 막을 수 있다. 무언가를 판단할 때 쾌락과 성장의 프레임으로만 보지 말고 '어떤 게 도움이 될까' 하고 먼저 생각하는 연습을 하라. 그 연습이 습관이 되면 우리의 인생은 한결 나은 방향으로 진행된다.

일일 3:1 성찰

'더 도움이 되는 쪽으로 생각하기'에 사용할 수 있는 해빗 메카닉 도구에는 '일일 3:1 성찰'이 있다. 매일 하루를 마무리하면서 그날의 만족도를 높여주는 일들을 생각하는 것이다. 방법은 간단하다. 오늘 경험했던 일 가운데 정서적으로 안정감을 주는 일이나 내일 개선할 수 있는 부분을 3개 적어보자. 아니, 3개 이상이어도 좋다. 그게 도움이 된다면 다른 사람에게도 얘기를 꺼내서 함께 나눠보자. 예를 들면 이런 식이다.

- 오늘 아침 가족과 함께 아침을 먹을 수 있었다.
- 지금 일하는 회사가 좋다. 여기서 일하게 된 건 행운이라고 느낀다.
- 아이들의 숙제를 도와줄 수 있었다.

내일 실행할 목표를 설정할 수도 있다.

• 오늘보다 10분 더 걷기

도움이 되는 생각을 계속 적다보면, 지식(일일 3:1 성찰 방법 알기)에서 기술(일일 3:1 성찰 적기)로, 최종적으로는 습관(습관적으로 더 도움이 되는 쪽으로 생각하기)으로 이동하게 된다.

유전적 능력에 대한 오해와 진실

유전자는 어떤 일을 더 잘할 수 있는 가능성을 높여주지만, 과학적 연구에 따르면 유전자는 가단성이 있다. 사람들은 '원초적 유전 물질'을 가지고 있는데 그것이 그들의 유전자형이다. 그러나 이것의 신체적 표출(신장, 잡기 능력, 스트레스 관리 방법 등)은 환경적 상호작용(연습)에 영향을 많이 받아서, 결국 그 영향이 반영되어 능력으로 발휘된다. 이를 우리는 '후생유전학'이라고 부른다.

과학은 우리의 환경이 유전자만큼 발달에 큰 영향력을 끼칠 수 있음을 보여준다. 당신이 어떤 것을 얼마나 잘하는지는 본성(유전자) 대 양육(연습)의 대결 구도가 아닌 본성 더하기 양육의 결과다.

그런데 어떤 사람은 누가 봐도 유전적으로 다른 사람보다 똑똑하지 않은가? 이런 식으로 질문하는 이유를 나는 이해한다. 예를 들어, 학교에 사라, 리사, 제인이라는 세 명의 여학생이 있다고 가정해보자. 사라는 항상 최고 성적을 받는다. 리사는 평균 정도의 성적이다. 제인은 반에서 성적이 바닥이다. 그렇다면 사라가 리사와 제인보다 훨씬 똑똑하다고 결론 내리기 쉽다. 그리고 리사가 제인보다는 똑똑할 거라고 믿는다. 그러나 이건 그렇게 단순하게 판단할 수 있는 문제가 아니다.

우선 옥스퍼드사전의 정의를 이용해서 지능의 의미를 살펴보자. '지식과 기술을 습득하고 적응하는 능력'이라고 나온다. 다시 말해 지능은 학습한 다음 그 내용을 사용할 수 있는 개인의 능력을 뜻한다. 따라서 학습과 지능은 상호 연결되어 있다.

그렇다면 사람마다 학습 능력은 제각각일까? 어느 정도는 그렇다. 때로는 누군가가 다른 사람보다 더 빨리, 쉽게 배우는 장면을 목격할 수 있는데 이는 특정 요인이 학습을 강화하기 때문이다. 그 특정 요인에는 유전자(본성)적인 면도 있고, 환경(양육)적인 면도 있다. 사라(상위 성적)와 리사(평균 성적), 제인(하위 성적)에 대해 좀 더 알아보자.

사라 이야기

사라의 유전적 특징과 생활환경은 리사와 제인보다 읽기, 쓰기에 훨씬 유리했다. 사라의 아버지는 숙련된 교사였고, 사라에게 읽기와 쓰기 기술을 아주 어릴 때부터 연습시켰다. 그리고 사라는 자기 여동생에게 읽기와 쓰기를 가르쳐야 했다. 사라의 타고난 집중 스타일은 읽기, 쓰기, 학업에 완벽히 맞았다. 참고로 우리는 사람마다 각자 다른 학습 스타일을 가지고 있다. 어떤 이는 높은 집중력을 요하는 학구적 학습에 최적화되어 있고, 어떤 이는 넓게 보고 판단하는 학습에 최적화되어 있다.

제2장 숨겨진 가능성 발견하기

리사 이야기

리사의 유전적 특징과 생활환경은 사라와 제인보다 대인관계 기술(듣기, 공감하기, 남을 웃게 만들기 등)에 유리했다. 리사의 부모는 맞벌이로 일했다. 이는 리사가 어려서부터 방과 후에 어린 동생들을 돌보며 세 번째 부모 역할을 해야 했다는 의미다. 또한 그녀의 집안은 대가족이어서 주말이면 가족들이 한데 모여 시간을 보냈다. 리사는 사촌들과 자연스레 어울리며 할아버지, 할머니, 친척 어른들의 이야기를 들었다. 리사의 타고난 집중 스타일은 다른 사람의 말을 경청하고 공감하는 걸 쉽게 해주었다.

제인 이야기

제인의 유전적 특징과 생활환경은 사라와 리사보다 테니스를 잘 치는 데 집중되어 있었다. 제인의 어머니는 매우 실력 있는 테니스 코치였다. 집 옆에 테니스 코트가 있었고, 아이들이 어릴 때부터 테니스를 가르쳤다. 제인과 남동생은 평일 밤, 주말 가리지 않고 함께 테니스를 쳤다. 그녀는 나이에 비해 키가 크고 힘도 센 데다 타고난 집중 스타일이 테니스에 매우 적합했다.

결과적으로 사라, 리사, 제인은 모두 똑똑하다. 그들은 단지 서로 다른 것을 연습하는 데 시간을 보내서 각기 다른 부분의 지능을 발달시켰을 뿐이다. 만약 제인이 정말 공부를 열심히 했다면, 사라나 리사보다 학업적으로 더 높은 성과를 거둘 수 있었을까? 내 경험상 이것은 정말 도움이 되지 않는 질문이다. 제인이 해빗 메카닉 지식과 기술을 알고 배웠다면 지금 자신을 넘어설 수 있었을까? 이것이 더 나은 질문이며, 우리가 알고 있는 한 대답은 '그렇다'이다. 해빗 메카닉 지식과 기술을 가지고 있었다면 세 명의 여학생은 각자 출발점이 어떻든 삶의 모든 측면에서 더욱 나아지고 자신감을 가질 수 있었을 것이다.

10가지 지능적 요인

일단 뭔가를 배울 기회가 생기면, 10가지 요인(유전적 특성과 환경적 요인이 혼합되었지만 모두 바뀔 수 있음)이 우리의 학습을 북돋거나 방해할 수 있다고 나는 오랜 연구 끝에 결론 내렸다. 그리고 그것을 '10가지 지능적 요인(10 Intelligence Factors)'이라 부른다. 그 10가지 지능적 요인은 아래와 같다.

① ('나는 배울 수 있다'라는 믿음을 포함한) 학습 동기
② 식단, 운동, 수면(DES / Diet, Exercise, Sleep) 습관
③ 학습 중 감정 상태
④ 학습 중 활성화 수치
⑤ 주의력 스타일
⑥ 작업 기억과 기억 회상
⑦ 뇌 친화력과 학습 자료의 질(또는 정보 암호화 방식)

⑧ 교사(들)의 기술

⑨ 이전 학습의 양과 질(이미 배운 내용은 어떤 것들이 있는가?)

⑩ 현재 학습의 양과 질(집중 연습을 많이 하고 있는가?)

10가지 지능적 요인은 뒤에서 더 자세히 설명할 것이다. 그 전에 여기서 중요하게 말하고 싶은 점은 우리는 모두 학습을 방해한다고 느끼는 요인을 없앨 수 있다는 사실이다. 아니, 방해요인을 학습 촉진제로 바꾸는 방법을 배울 수 있다.

가장 좋은 방법은 당신의 '해빗 메카닉 지능', 새로운 좋은 습관을 위해 해빗 메카닉 지식과 기술 습득 및 적용하는 능력을 향상하는 것이다. 이 책을 읽는 게 바로 그 행위 중의 하나다.

영국 운동선수 제시카 에니스 힐Jessica Ennis-Hill은 육상 7종 경기에서 여러 번 세계 챔피언과 올림픽 금메달을 땄다. 그런데 동료인 전 세계 챔피언 마이클 존슨과 한 BBC 인터뷰에서 그녀는 어렸을 때 육상 7종 경기라는 종목을 들어본 적도 없었고, 그 분야에서 뛰어난 선수가 되고 싶다는 열망도 없었다고 밝혔다. 그녀의 인생을 가장 화려하게 빛내준 분야에 대해 전혀 지식이 없었던 것이다. 그녀는 타고난 7종 경기 선수가 아니었다. 다만 그녀는 놀라울 정도로 열심히 노력했다.

이 장에서 내가 소개한 얘기들은 모두가 세계 챔피언이 될 수 있다고 말하지 않는다. 현재 능력이 어떤 수준이든 인생의 모든 영역에서 연습으로 향상시킬 수 있다고 말한다.

그것이 에니스 힐이 세계 챔피언이 되기까지의 과정이다. 오랜 기간에 걸쳐 그녀는 점진적으로(한 번에 아주 조금씩) 7종 경기 실력(또는 지능)을 세계 최고 수준이 될 때까지 끌어올렸다. 아마도 10가지 지능적 요인 중 전부는 아니어도 대부분이 그녀에게 도움이 되는 방식으로 작용했을 것이다. 바로 이것이 그녀가 (육상 7종 경기에 대한 지식-기술-습관의 순으로 이동하며) 7종 경기 능력을 향상하는 걸 쉽게 만들었을 것이다.

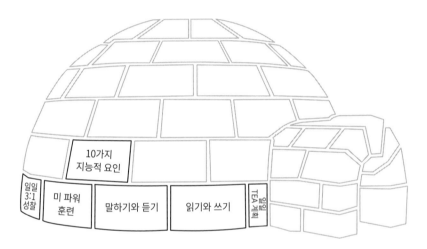

| 해빗 메카닉이 되기 위한 당신의 습관 지능 이글루 |

제2장 숨겨진 가능성 발견하기

우리는 모두
학습 전쟁 중이다

문제가 하나 있다. 우리의 학습 능력은 일정한 반면, 세상은 너무 빠르게 변화한다. 이런 세상에서 당신의 가장 큰 장점은 어느 순간 가장 큰 단점이 될 수도 있다. 이렇게 변동성(Volatile), 불확실성(Uncertain), 복잡성(Complex), 모호성(Ambiguous)이 높은 상태를 우리는 VUCA라고 부른다. 참고로 이 단어는 미군에서 처음 사용되었다. 그런데 이런 세상에서도 단 한 가지 변함없는 게 있다. 바로 변화다.

다음은 최근 우리의 일상과 직장에서 발생한 중대한 변화의 몇 가지 예다.

- 새로운 접근 방식(기민함, 하이브리드, 유연성)은 우리가 일하는 방식을 바꿔놓았다.
- 휴대폰, 소셜미디어, 화상 회의 시스템은 소통하고 사교하는 방식을 바꿔놓았다.

- 온라인 상점은 우리의 쇼핑 방식을 바꿔놓았다.
- 비접촉식 결제, 온라인 뱅킹, 손쉬운 신용대출은 개인 재정 포트폴리오를 바꿔놓았다.
- 타인의 인생을 편집 버전으로 보여주는 소셜미디어가 사람들의 자기애를 조장하고, 불안과 스트레스를 증폭시키고, 자신감을 떨어뜨렸다.

이런 변화의 근본 원인은 당연히 기술의 급속한 발전이다.

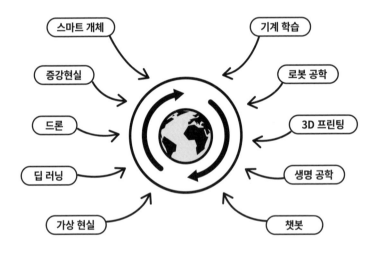

기술에 적응하기 위해 우리의 삶은 전과 전혀 다른 양상으로 전개되었고, 그 혼란스러움에 많은 낙오자가 발생하기도 했다. 스트레스는 일상화되었고, 많은 사람이 아래와 같은 행동을 하기 시작했다.

제2장 숨겨진 가능성 발견하기

- 자책하기

- 스트레스 받기

- 주의 산만해지기

- 불안함 느끼기

- 수면 부족

- 운동 부족

- 정크푸드 많이 섭취하기

- 빚지기

- 더 이기적으로 변하기

무언가를 연습하면 우리 뇌는 변화한다는 점을 기억하라. 뇌는 현재 연습하고 있는 것이 설사 우리에게 도움이 되지 않거나 해를 끼치는 것이라 해도 그것을 더 잘하기 위한 방법을 학습한다.

도움이 되지 않는 것들을 배우고 싶은가? 물론 아닐 것이다. 그러나 VUCA 세상과 그 세상을 운영하는 사람들은 도움이 되지 않는 것을 배우기 쉽게 만들고 있다. 현실에서 우리는 세상에서 가장 강력한 사람들과 학습 전쟁을 치르고 있다.

관심을 가로채가는 사람들

기업은 돈을 벌기 위해선 관심을 받아야 한다는 사실을 잘 알고 있다. 그것이 '관심 경제(Attention Economy)'다.

휴대폰, 소셜미디어, 인터넷 등 우월적인 기술력을 바탕으로 한 방해 요소들은 계속해서 우리의 관심을 장악하고 있다. 그로 인해 성인의 평균 집중 시간은 약 8초로 2000년에 비해 약 4초 줄어들었다. 영국의 방송 통신 규제 기구 '오프컴(Ofcom)'의 2021년도 보고서에 따르면 영국 성인의 경우 TV와 온라인 영상 시청으로 하루 6시간 정도를 소비하고 있다고 한다. 전년도에 비해 47분 증가한 수치다.

이러한 문제는 『나의 빛을 가리지 말라(Stand Out of Our Light)』에서 중요하게 다루어졌다. 이 책은 옥스퍼드대학의 인터넷연구소에서 박사학위를 받은 전 구글 광고 전략가 제임스 윌리엄스 박사가 썼다.

제임스 윌리엄스는 휴대폰과 기타 전자장치가 사람들의 정신을 산만하게 만들고, 의미 있고 성취감 느끼는 삶을 사는 데 실패하게 만든다고 주장한다. 그는 정보가 차고 넘치는 시대에 우리의 주의력이 얼마나 희소한 자원이 되어가는지 강조하며, 특히 관심 경제를 이끌어나가는 사람들이 그 해로움을 알고 있으면서도 침묵으로 일관한다고 고발한다. 예를 들어, 인터넷은 광고로 돈을 벌기 때문에 기업들은 앱과 사이트에 사람들이 늘 붙어있도록 만들어야 한다. 그렇지 않으면 돈을 벌 수 없다. 사람들이 그들의 시간과 의식적 관심을 가능한 많이 소비할수록 기업에는 보상이 돌아온다는 얘기다.

실제로 우리의 관심은 계속해서 가로채기당하고 있다. 더 많은 예를 살펴보자.

소셜미디어

이 기업들은 왜 당신이 그들의 서비스를 사용하기를 원할까? 당신을 행복하게 만들기 위해서일까? 아니면 광고주들에게 당신으로부터 수집한 데이터를 팔 수 있기 때문일까?

스트리밍 서비스

스트리밍 서비스를 더 많이 사용할수록 구독을 계속 이어갈 확률은 높아진다. 최근 미국의 패션잡지《베니티페어》는 이들 회사 중 한 곳의 CEO가 '회사의 진짜 경쟁자는 잠'이라고 말한 것을 인용해 보도했다. 그는 "사람들은 너무 보고 싶은 쇼나 영화가 생기면 밤새 그것을 보기 때문에 우리는 실제로 잠과 경쟁한다. 그리고 우리가 이기고 있다!"라고 말했다.

인터넷 소매업체

그들은 당신이 행복하기를 원할까? 아니면 당신이 가능한 많은 돈을 써주길 원할까?

슈퍼마켓

그들은 당신이 건강하기를 원할까? 아니면 건강하지 않아도 수익이 큰 식품을 사도록 의도적으로 진열할까?

이렇게 우리는 우리를 속여서 건강, 행복, 성과에 전혀 도움이 되지 않는 것들을 연습하게 만드는 방해 요소에 둘러싸여 있다. 당연히 우리가 이런 것들을 의식적으로 하는 건 아니다. 단순히 기분을 전환하기 위해 했던 것들이 어느덧 습관이 되었을 뿐이다.

실제로 우리의 뇌는 특정 영역이 다른 영역에 비해 더 쉽게 배우도록 설계되었음이 밝혀졌다. 그리고 불행하게도 우리 삶을 더 어렵게 만드는 것들은 배우기 쉬운 데 반해, 행복과 성공적인 삶으로 이끄는 것들은 배우기가 어렵다. 학습 전쟁에서 계속 속고, 지고 있는 것이다!

이제 우리는 어떻게 대응할 수 있을까? 이 전쟁에서 이기기 위해 무엇을 할 수 있을까?

학습 전쟁에서 이기고 인생의 장벽을 뚫는 방법

다행인 점은 빠른 기술 변화가 우리의 삶을 불행으로 내몰았듯이, 과학을 통해 다시 행복을 되찾을 수 있다는 것이다. 많은 사람이 도움이 되지 않는 행동을 멈추려고 하지만 결국 실패하고 만다는 사실을 잘 알고 있다. 어느 정도 성공을 이루었지만, 진정한 잠재력을 끌어내는 데는 역부족인 경우도 많다. 이것이 당신의 모습이라면 그건 당신의 잘못이 아니다. 당신이 받은 조언이 별로였기 때문이다. 너무 오랫동안 당신의 뇌는 블랙박스처럼 취급되어왔다.

이제 이런 방식은 버려도 된다. 대신 최첨단 과학을 사용하여 4분 이내 주파를 위한 자기만의 달리기 기술을 배워보자. 다시 말해, 당신은 장기적 목표를 달성하고, 불가능해 보이던 장애물을 극복하고, 일과 삶을 성공과 번영으로 이끌 수 있다. 때로는 모든 게 불가능하게 느껴질 수도 있지만, 삶을 더 통제함으로써 그것들을 성취할 수 있다.

이제 나는 당신에게 해빗 메카닉이 되는 법을 알려줄 것이다. 방법은 쉽게 배울 수 있으며, 내부 역학(뇌와 습관이 작동하는 방식, 학습을 강화해 이를 바꿀 수 있는 방법)을 이해하면 진정한 잠재력의 자물쇠를 풀 수 있을 것이다.

내가 해빗 메카닉 훈련법을
개발하게 된 이유

존 핀은 누구고 왜 그의 말을 믿어야 하는지 의문이 들 수도 있다. 이 질문에 답하기 위해 내가 어떤 과정을 거쳐 오늘의 지식을 얻게 되었는지 먼저 설명하는 게 좋겠다. 몇 개의 직업을 거치며 어떤 통찰력을 얻게 되었는지, 연구 및 컨설팅 과정에서 어떤 성과를 보였는지도 함께 소개하겠다.

통찰 1: 실패를 기폭제로 사용하기

앞서 나는 럭비 선수로서 실패를 겪고 다른 사람이 잠재력을 실현하는 걸 돕는 데 집중하기로 했다. 그 뒤 대학에서 스포츠심리학, 생리학, 운동 제어(인간의 기술 습득 방법), 영양학에 관해 파고들었고, 정신 기술 훈련에 매료되어 골퍼가 성적을 향상하기 위해 심상을 어떻게 활용하는지에 대한 논문을 작성했다. 논문은 다행히 최고 성적을 받았고, 나는 내가 선택한 석사 과정을 지속적으로 공부할 수 있게 되었다.

　　　　　　　　　　　　　　　　제2장 숨겨진 가능성 발견하기

그렇게 나는 내 인생의 첫 번째 장애물을 극복했다.

통찰 2: 블랙박스 접근법에서 벗어나기

스포츠심리학 석사 과정을 공부하면서 운 좋게도 세계 최고의 심리 과학자들에게 수업을 들을 수 있었다. 그중 일부는 NASA를 위해 연구를 수행하고 있었고, 일부는 신경과학을 스포츠에 접목시키는 연구를 진행하고 있었다. 또 다른 사람들은 영국 선수들이 최신 시설에서 최적화된 훈련을 통해 금메달을 따고 세계 기록을 깨도록 도왔다.

이때 나를 설레게 했던 것은 '기능적 자기공명영상법'(fMRI)이라고 불리는 새로운 기술이 널리 보급되고 있다는 사실이었다. 사상 최초로 연구자들이 인간의 뇌 속을 실시간으로 들여다볼 수 있게 된 것이다.

이때까지도 심리학자들은 인간의 행동을 이해하기 위해 블랙박스 접근법에 집중해왔다. 즉, 기존의 심리학 이론들(인간의 뇌 속에서 무엇이 벌어지고, 사람들이 왜 그런 행동을 하는가에 관한 이론들)이 실제로 인간의 뇌 안에서 일어나는 일을 보지 못한 채 정립되어왔다는 얘기다. 믿기 힘들겠지만, 블랙박스 접근법은 오늘날까지도 여전히 지배적이다. 이는 큰 문제이며, 내가 이 책에서 거듭 강조하는 이유다.

석사 과정을 공부하는 동안 내가 진행한 아이디어와 연구들은 블랙박스 접근법과는 다른 형태로 이루어졌다. 이는 내 경력에 큰 자랑이 되었고, 나는 그때 스승이었던 훌륭한 과학자들에게 영원히 감사할 따름이다.

나는 장래에 성과심리학 분야에서 일하고 싶었고, 그런 이유로 석사 과정 동안 대단히 집중했다. 운동선수들과 함께 연구한 것들을 실행에 옮기고, 정신 기술 훈련을 다루는 신경과학을 더욱 깊이 파고들어 응용심리학 실력을 키웠다. 내가 가기로 한 경력 아래에 과학이라는 믿을 수 있는 견고한 토대가 쌓이고 있었다.

통찰 3: 또 다른 배움을 향한 동기부여

석사 과정을 마친 뒤 나는 엘리트 스포츠 세계로 바로 뛰어들었다. 세계 최고의 축구 및 럭비팀을 고객으로 둔 어느 성과 분석 기업의 컨설턴트로 일을 시작했다. 이 회사는 주로 하위 리그 팀의 고용주들과 계약을 하고 선수들에게 훈련 경험을 제공했다. 내가 맡은 팀은 영국 프로 축구팀 스컨소프 유나이티드였다. 나는 팀과 좋은 관계를 구축했고, 마침내 1군 코칭스태프가 되어 심리학과 분석 기술을 사용해 선수들을 훈련시켰다.

2006~2007시즌 초반에 우리는 적은 예산으로 인해 승리보다는 패배를 더 많이 기록했다. 우리는 약체였다. 그러나 온갖 악조건에도 불구하고 우리는 리그에서 우승했고 승격했다.

통계는 흥미로운 사실을 보여준다. 우리는 경쟁팀들보다 선수 연봉이 약 50퍼센트 덜 들었다. 우리가 리그 포인트 1점당 든 비용은 대략 4,000만 원이었다. 2위 팀은 약 1억 원이 들었고, 3위 팀은 약 6,500만 원이 들었다. 이렇게 싸게 리그 포인트를 획득할 수 있었다는 사실이 놀라웠다.

성과에 얽힌 또 다른 흥미로운 이야기가 있다. 스컨소프 유나이티드는 선수 영입과 재능 육성 분야에서 매우 큰 성공을 경험했다. 우리는 더 큰 팀에서 젊은 선수들을 영입했고 큰 수익을 남기며 트레이딩했다. 어떤 선수는 데려왔던 팀에 95퍼센트의 수익률로 되팔기도 했다. 선수 재능을 키우는 건 대단히 복합적인 일이다. 쉽게 이룰 수 있는 성취가 아니기에 더욱 뿌듯했다. 또한 리그 승격 경험은 팀 내 리더십이 얼마나 중요한지 깨닫게 하는 계기가 되었다. 그때부터 나는 리더십 발달과학에도 관심을 가지기 시작했으며, 박사 공부도 시작하게 됐다.

박사 과정에서 나는 탁월한 리더십의 기초뿐만 아니라 감정 조절과 그것이 인간의 잠재력 발휘를 위한 정신적 회복력으로 어떻게 연결되는지를 연구했다. 더 중요한 사실은 세계 최고의 행동과학 및 행동 변화 전문가 짐 맥케나Jim McKenna 교수와 함께 일하기 시작했다는 점이다.

나는 영국에서 가장 재능 있는 운동선수들과 그들의 뛰어난 훈련 코치들을 연구하고 함께 일했다. 내 목표는 젊은 선수들이 잠재력을 발휘하는 데 무엇이 도움을 주고 무엇이 방해하는지 설명하는 것이었다. 그리고 나는 이 분야의 이전 연구와 달리 신경과학과 행동과학을 활용했다. 나는 인간의 뇌 안에서 무슨 일이 일어나고 있는지 이해하고 싶었다.

통찰 4: 프리샷 훈련 시스템 개발

"골프 코치들이 다른 골퍼들에게 압박 속에서 생각을 통제하는 법을 가르치도록 도와줄 수 있습니까?"

영국과 아일랜드 프로골퍼협회가 골프 연수생들을 위한 골프 심리학을 개설했을 때 협회가 우리에게 요청한 의뢰였다. 우리는 PGA 코치진을 도와줄 수 있다고 확신했지만, 색다른 접근법이 필요했다.

이때까지 나는 축구, 럭비, 크리켓, 골프, 테니스, 육상 등 프로 스포츠 분야에서 세계 일류 코치 및 운동선수들과 일하며 많은 경험을 쌓아온 상태였다. 동시에 응용 작업, 대학 강의, 이미지 연구와 박사 공부도 계속하고 있었다. 공부하면 할수록 나는 코칭과 성과심리학 분야에 사용되어온 블랙박스 접근법이 효과적이지 않다는 사실을 깨달았다. 블랙박스 접근법은 뇌가 실제로 작용하는 방식을 전혀 따라가지 못했던 것이다.

나는 PGA의 의뢰를 새로운 훈련 방법을 시도할 기회로 삼았다. 신경과학과 행동과학 분야에서 배운 것을 연습에 적용해보고 싶었다. 나는 연구 끝에 '프리샷 훈련 시스템(Pre-Shot Training System)'이라 불리는 도구를 만들었다. 선수들이 더 좋은 생각 습관을 개발하고 압박 속에서도 성과를 높일 수 있도록 코치들이 지도할 수 있게 돕는 시스템이었다.

이 방법에는 물질적 도구를 활용했는데, 선수들은 커다란 색깔 상자를 바닥에 두고 머릿속으로 프리샷 루틴, 즉 샷을 하기 전에 반복적으로 하는 생각이나 행동을 계획하게 했다. 결과는 즉각적이었다. 선수들은 색깔 상자를 사용해 보이지 않는 생각을 현실로 나타냈다. 압박 속에서 어떻게 해야 한다는 것을 단순히 아는 대신 프리샷은 그 생각들을 즉시 연습할 수 있게 했다. 그 덕분에 선수들은 아는 것(지식)을 행동하기(기술)로, 다시 그것을 습관으로 옮길 수 있었다.

프리샷은 PGA 훈련에서뿐만 아니라 다른 스포츠 영역에서도 채택되었다. 일부 대학에서는 그것을 응용 스포츠심리학과 코칭 과목에 포함시켰다. 세계 정상급 선수와 일하는 사람들은 지금도 프리샷 훈련 시스템이 그들이 사용해본 정신 훈련 시스템 가운데 최고라고 말한다. 그 과정은 내 경력에서 다음 프로그램을 개발하는 데 매우 중요한 역할을 했다.

통찰 5: 모두에게 스포츠심리학 기술을 가르치는 건 어떨까

"스포츠심리학은 선수들의 성공뿐만 아니라 내 직업과 인생에도 이득이 되었다. 그렇다면 이 기술을 젊은 사람들에게 가르치는 건 어떨까?"

올림픽 은메달리스트 콜린 모이니한Colin Moynihan은 내가 임명된 하버데셔스 성과심리학 펠로우십 창설에 영향을 끼쳤다. '하버데셔스'는 런던을 대표하는 12대 기업 중 하나다. 그들은 교육 재단 사업을 통해 학교와 청소년을 지원하는 오랜 전통을 가지고 있다. 이 사업의 일환으로 같은 네트워크 안에 있는 학교가 전문가의 지원을 받을 수 있도록 연구비를 제공한다.

2012년 런던 올림픽을 얼마 앞두고 하버데셔스의 다음 연구비를 어디에 지원할지 논의가 진행되고 있었다. 영국 올림픽 협회 회장 모이니한은 영국 정부의 전 체육부 장관이자 올림픽 메달리스트였고, 전하버데셔스 스쿨 학생이었다. 그는 젊은이들에게 스포츠심리학 기술을 가르쳐야 할 필요성을 느꼈고, 실제로 추진했다.

하버데셔스에 성과심리학 장학금이 생겼고 내게 그 일이 맡겨졌다. 나는 영국 최고의 사립학교 중 하나인 하버데셔스 몬머스 스쿨에 성과심리학을 적용하기로 했다.

나는 강의, 컨설팅 업무, 박사학위를 포함한 광범위한 영역에서 연구를 통해 개발한 모든 것을 끌어모았다. 이건 전국 신문사에서 관심을 가질 만큼 매력적인 프로젝트였다. 운이 좋게도 나는 (데이비드 비커스와 케이트 칼라한과 같은) 출중한 사람들과 함께 일할 수 있었다. 신분야를 개척하는 것이나 마찬가지여서 아마 이들이 없었더라면 프로젝트는 실패했을지도 모른다. 그들에게 받았던 지원과 멋진 프로젝트를 진행할 수 있는 기회를 얻은 점에 대해 영원히 감사할 것이다.

이 프로젝트에서 나에게 가장 흥미로웠던 부분은, 유용하지만 이해하기 복잡한 과학을 전달하는 실용적이고 쉬운 언어를 창조하는 일이었다. 나는 젊은 사람과 나이 든 사람 모두(부모, 교사, 코치) 내가 창조한 언어를 사용해서 '더 잘할 수' 있게 되기를 바랐다. 이 언어는 사람들의 뇌 작동 방식을 이해하고, 더 나은 습관을 만들고, 스스로 동기 부여하고, 스트레스를 관리하고, 자신감을 키우고, 집중하고, 학습을 최적화하고, 압박 속에서도 성과를 내고, 더 나은 리더가 되기 위한 법을 다룬다. 이 언어 및 그와 관련한 기술들은 훗날 '더 강인한 정신'의 토대를 이뤘고, 해빗 메카닉이 된다는 것이 어떤 의미인지 그 본질의 바탕이 되었다.

통찰 6: 뇌의 원리와 행동과학을 사용해 잠재력을 끌어내는 방법을 가르치는 건 어떨까

전통적 훈련 방법과 비교하여, 최첨단 과학을 바탕으로 한 훈련이 엄청난 영향을 끼치는 모습을 보았을 때 스스로 던졌던 질문이다. 전통적인 방식은 성과는커녕 햄스트링 부상만 남길 가능성이 높았다. 하지만 더 놀랐던 건 대부분의 사람이 아직도 블랙박스 접근법으로 훈련을 하고 있다는 사실이다. 세계 최고가 되겠다고 말하는 사람들이 인간의 두뇌 작동 방식(신경과학)이나 지속 가능한 변화를 만드는 능력에 영향을 주는 요인들(행동과학)에 관심을 두지 않는다는 건 정말 끔찍하게 놀라운 일이었다.

뇌의 진화, 뇌의 구조, 신경가소성, 성숙함에 대한 통찰력은 대부분 훈련 방법에서 진지하게 고려되지 않았다. 설사 이런 통찰력을 고려한 소수의 훈련 방식이 있다고 해도 최첨단 행동과학을 기반으로 하고 있는지 의문이다.

'과학은 훈련을 이길 수 없다'고 말하는 사람들을 조심하라. 진실이 아니다. 당장 성과를 내기 위해서는 훈련이 나을 수도 있다. 하지만 일류에 다다를 수는 있어도 최고가 될 수는 없다. 과학은 인간이 완벽하게 다른 방향으로 생각하고 나아갈 수 있도록 돕는다. 그 핵심 개념을 간단하게 소개한다.

신경가소성

우리 뇌는 신경가소성이라고 불리는 과정을 통해 항상 변하고 있다. 최근까지도 과학자들은 인간의 신체적 성장이 멈추면 뇌의 성장도 멈춘다고 여겼다. 인간의 기술과 능력은 이때 이후로 고정되고 오히려 퇴화한다고 믿었다. 그리고 아직도 대부분 사람이 그렇다고 믿는다.

뇌는 위협에 더 예민하다

인간 행동에 동기를 부여하는 가장 중요한 원칙은 '위협은 최소화하고 보상은 최대화하는 것'이다. 하지만 위협을 최소화하려는 인간의 욕망은 보상에 대한 욕망보다 훨씬 강하다. 부정적 감정을 감지하는 두뇌 회로의 규모를 따졌을 때 1개의 부정적 감정을 중화하기 위해 최대 11개의 긍정적 감정이 필요하다는 연구 결과가 있다. '긍정적 감정을 하나 준 다음 부정적 감정 하나를 주고, 그런 다음 또 긍정적 감정을 준다'는 낡고 오래된 관리 기술은 과거에 우리가 감정을 얼마나 잘못 알고 있었는지를 보여준다.

사회적 욕구와 생존 욕구는 같은 신경 회로를 거친다

다른 사람에게 나쁘게 보이고 싶지 않다는 사회적 욕구와 음식과 물을 찾는 기본적 생존 욕구는 둘 다 같은 신경 회로 과정을 거친다. 그렇다. 이것은 '매슬로우의 욕구 단계(1단계: 생리적 욕구, 2단계: 안전 욕구, 3단계: 사회적 욕구, 4단계: 존경 욕구, 5단계: 자아실현 욕구)'가 틀렸다는 의미다. 왜냐하면, 타인과 긍정적 관계를 맺고자 하는 욕망은 우리의 가장 기본적 욕구이기 때문이다. 하지만 많은 사람이 여전히 매슬로우의 욕구 단계를 절대적으로 신봉한다.

우리는 습관에 따라 움직인다

우리의 사고와 행위 대부분이 무의식적 혹은 습관에 의해 일어난다. 실제로 현대 과학은 우리가 하는 행동 가운데 적어도 98퍼센트가 무의식적이거나 반(反)무의식적이라고 말한다. 우리는 습관에 따라 움직이는데도 훈련, 자기계발, 코칭을 할 때 우리의 뇌가 논리적인 것처럼 취급한다. 우리가 옳다고 '알고 있는' 것을 하고 있다고 생각한다. 완전히 틀렸다! 우리는 습관적으로 생각하고 움직일 뿐이다. 이 밖에도 새로운 과학의 핵심 개념은 많다. 뒤에서 더 소개하겠다.

그렇다면 이런 새로운 과학적 발견을 고려하지 않은 과거의 훈련은 정말 비효과적인 걸까? 그렇다! 적어도 새로운 과학을 접목했을 때만큼은 효과적이지 않다. 과거의 훈련법은 좋은 의도로 만들어지긴 했지만, 궁극적으로 우리가 VUCA(변동적이고, 불확실하며, 복잡하고, 모호한) 세상에서 성공적이고 지속 가능한 변화를 위해 해야 할 일에 대해서는 비효율적인 조언을 한다. 예를 들어, 과거 접근법은 스트레스를 줄이기 위해 무엇을 해야 한다고 말해줄 것이다(지식을 줌). 그러나 스트레스 관리 방법을 아는 것과 좋은 스트레스 관리 습관을 형성하는 것은 매우 다르다.

통찰 7: 해빗 메카닉이 되도록 돕는다

위의 모든 것을 고려해서, 나는 일과 개인의 삶에서 사람들이 더 나아질 수 있도록 돕고 싶다. 그것이 내가 해빗 메카닉 훈련법을 만든 이유다.

해빗 메카닉 훈련법은 낡은 자기계발과 코칭 방법을 사용하지 않고, 최첨단 신경과학과 행동과학, 심리학에서 입증된 통찰력을 사용해 회복탄력성을 높이고 성과 중심의 습관을 개발하는 데 중점을 둔다. 하나의 습관이 다른 습관으로 이어지고, 결국엔 잠재력을 끌어올리는 슈퍼 습관으로 발전하는 유기적인 형태를 띈다. 그리고 그 슈퍼 습관은 다른 긍정적인 습관을 잠금해제시킨다. 그야말로 최고의 습관이다.

최고의 습관만 내 것으로 만들 수 있다면 말 그대로 인생을 변화시킬 수 있다. 내가 가진 최고의 습관 중 하나는 일일 TEA 계획 완성하기다. 하루 2분이면 되는 이 간단한 습관만으로도 나는 내 인생의 많은 것을 변화시켰다. 행복과 편안함뿐만 아니라 다른 사람에게 영향력을 미치는 사람이 되었다.

내가 개발한 또 다른 최고의 습관이 있다. '긍정적인 하루 성찰의 기록'은 스트레스를 관리하는 능력을 강화하고 수면의 질을 개선했다. '아침에 일어나서 제일 먼저 운동하기(걷기나 달리기)'는 하루의 생산성 수준을 바꿔놓았다. '달마다 지능적으로 세운 목표 활동을 완성함'으로써 일에 대한 동기부여도 훨씬 강해졌다.

불행하게도 어떤 습관은 사람들의 건강, 행복, 성과에 불균형을 일으킨다는 사실도 발견했다. 도움이 되지 않는 습관을 군이 잠금해제하기 때문에 나는 이것을 '파괴적인 습관'이라 부른다. 작은 파괴적인 습관 하나는 다른 도움이 되지 않는 습관을 빠르게 활성화시킨다.

예를 들어, 많은 현대인이 밤늦게 먹는 파괴적인 습관을 가지고 있다. 밤에 늦게 먹으면 오랜 굶주림에 대한 보상으로 너무 많이 먹게 되고, 잠을 설치게 된다. 그러면 다음 날 집중력이 떨어져서 생산력도 저하되고, 스트레스 수준을 증가시켜 또 다른 폭식으로 이어지게 만든다. 체중 증가는 덤이다. 이 모든 파괴적인 행동이 너무 늦게 먹는 습관 하나로 인해 빚어진다.

여기 사람들이 파괴적인 습관이라고 말하는 다른 예들이 있다.

- 긴장을 풀기 위해 저녁마다 술 한두 잔을 마신다. 때로는 한 병으로 이어지기도 한다.
- 일할 때 스마트폰을 바로 옆에 두고 이메일을 수시로 확인한다. 연락이 올 때마다 바로 확인하고 답장한다.
- 점심시간에 밥을 먹고 바로 책상에 앉아서 업무를 시작한다. 몸이 나른하고 졸리지만 커피를 마시면서 버틴다.

어떤가? 당신은 파괴적인 습관을 가지고 있지 않다고 말할 수 있는가? 그나마 다행인 건 이 책에 최고의 습관과 파괴적인 습관을 모두 발견할 수 있는 도구가 들어있다는 사실이다. 그러나 읽은 내용을 실천으로 옮겨야만 찾을 수 있다. 실천을 통해 당신을 실제로 방해하는 게 무엇인지, 성과가 높아지게 하려면 어떻게 해야 하는지 알게 될 것이다.

제 3 장

해빗 메커니즘 2단계

습관 개발을 위한
뇌의 최적화

뇌의 작동 원리를 밝히다

우리는 각자 자신의 행복을 위해 성과를 올리고, 최고의 자리에 오르고자 노력하는 사람들이다. 하지만 모두가 성공하는 건 아니다. 특히 수동적인 자세로 VUCA(변동적이고, 불확실하며, 복잡하고, 모호한) 세계를 살아가는 사람은 외부 환경이 자신을 통제하도록 그냥 두는 경우가 많으며, 점점 도움이 되지 않는 일에 익숙해져 간다. 나는 오른쪽 페이지에 있는 그림의 왼쪽 편을 'VUCA 세상 훈련(VUCA World Conditioning)'이라고 부른다. 학습 전쟁에서 지고 싶다면 바로 저 위치에 서면 된다.

반면 저울의 반대편에 서 있는 사람을 보라. 최고의 내가 되기로 선택한 사람은 미 파워 훈련(Me Power Conditioning)에 적극적이다. 미 파워 훈련은 해빗 메카닉의 핵심이다.

미 파워 훈련을 잘하기 위해서는 우리의 사고 체계를 이해할 필요가 있다. 우리는 어떤 일을 생각하고, 관심을 가지고, 학습으로 이어간

제3장 습관 개발을 위한 뇌의 최적화

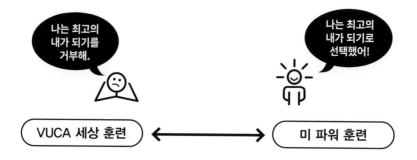

다. 다시 말해, 관심은 학습을 일으킨다. 먼저 우리가 어떻게 사고하는지 잠시 생각해보자.

시간을 잃어버리는 사람들

아래의 간단한 작업을 해보면, 당신이 어떻게 사고하는지 더 잘 이해할 수 있다.

헤드폰을 쓰고 있다고 상상해보자. 두 손으로 귀를 감싸는 것도 괜찮다. 그리고 헤드폰의 모습을 자기에게 설명해보자. 그것은 큰가, 작은가? 무슨 색인가? 어떤 노래가 흘러나오는가?

이제 당신이 머릿속에서 어떤 식으로 혼잣말하는지 확인해보라. 만약 혼잣말하고 있지 않다면 어떻게 말하고 있는가? 머릿속으로 혼잣말하지 말아야겠다고 혼잣말을 하고 있지는 않은가? 지금 이 생각을 또 혼잣말로 하지는 않았는가?

이 실험의 목적은 우리가 항상 사고하고 있다는 점을 확인하는 데 있다. 그 사실을 인지하는 것이 미 파워 훈련 과정에서 중요한 부분이다. 우리 뇌는 항상 켜져 있다. 즉, 뇌는 계속해서 주의를 기울이도록 설계되어 있다.

그러나 우리가 주의를 기울일 수 있는 시간은 원래 짧다. 게다가 현대 사회에서는 다양한 기계 장치가 주변을 둘러싸고 있어서 주의를 기울일 수 있는 시간이 점점 더 짧아지고 있다. 우리의 뇌는 한 가지에서 다른 한 가지로 점프하는 '개구리 뇌'처럼 변해가고 있다.

특히 뇌는 단기적 만족(쾌락)을 가져다주는 것에 주의를 기울이도록 설계되어 있다. 이런 특성이 진짜 큰 만족과 실현(개인의 성장)을 가져다주는 장기적 목표의 달성을 가로막는다. 쓸데없는 것을 생각하고 행동할수록 우리는 그 쓸데없는 것을 더 잘하게 된다는 사실을 꼭 기억하라.

이렇게 도움이 되지 않는 행동들(사고와 행동)은 일의 효율성을 떨어뜨린다. 휴대폰과 이메일은 우리를 쉽게 방해해서 5분이면 할 수 있는 일을 10분 동안 하게 만든다. 그 사실을 깨닫고 자책하는 데 버리는 시간은 덤이다.

하루가 끝났을 때 우리는 30분이란 시간을 잃어버렸다는 걸 알게 된다. 그리고 한주가 끝났을 때는 3시간을 잃어버린다. 잃어버린 시간은 절대 되돌릴 수 없다. 잃어버린 시간 탓에 우리는 직장에서 더 오래 일해야 할 것이고, 또 사랑하는 사람과 보내는 시간은 줄어들어서 결국 더 많이 자책하게 될 것이다. 악순환의 고리에 걸려들고 마는 것이다.

이렇게 되어선 안 된다. 당신의 시간을 되찾고 일과 가정 사이의 균형을 잡아줄 미 파워 훈련이 절실하다.

당신은 하루를 어떻게 사용하는가

누구에게나 하루 24시간이 주어진다. 그 시간 동안 우리는 건강, 행복, 목표한 성과를 성취하는 데 도움이 되는 일을 하고 있거나(생각하고 있거나), 반대로 그것에 도움이 되지 않는 일을 하고 있을 수도 있다.

아래의 그림처럼 하루를 바코드라고 생각해보자. 흰색 선은 적절한 수면, 집중해서 일하기, 자신에게 긍정적으로 말하기, 스트레스 관리 기술 연습하기 등 도움이 되는 생각과 행동을 나타낸다. 반대로 검은색 선은 자책하기, 건강에 안 좋은 음식 먹기, 미루기, 늦게까지 안 자기 등 건강과 행복, 성과에 도움이 되지 않는 행동과 생각을 하는 때를 나타낸다. 최고의 내가 되기 위해선 도움이 되지 않는 행동들을 인지하고 점진적으로 검은색 선을 없애야 한다.

시간

다만 긍정적인 생각은 반드시 도움이 되고, 부정적인 생각은 도움이 되지 않는다는 편견은 버려야 한다. 예를 들어, 당신이 개선하기 위해 노력하고 있는 일에는 부정적인 피드백을 받는 게 오히려 도움이 될 수 있다. 물론 올바른 방식으로 준 피드백일 경우다. 반대로 매일 아침 도넛을 먹는 생각은 당장은 긍정적으로 느껴지지만, 체중 감량이나 건강하게 먹기라는 목표를 달성하는 걸 방해하기 때문에 유용하지 않을 수 있다.

그런데 도움이 되지 않는 걸 생각하고 행동하기가 왜 그렇게 쉬운 걸까? 이것을 이해하기 위해서는 우리의 뇌가 어떻게 작동하는지 알아볼 필요가 있다. 이해를 돕기 위해 쉬운 모델부터 중간 모델, 복잡한 모델까지 서로 연결된 세 가지 모델을 보여줄 것이다.

HUE와 의지력의
균형 감각

우리가 무엇을 하고 싶은지 혹은 무엇을 성취하고 싶은지는 알 수 있지만, 그것을 이루는 건 또 다른 문제다. 그 이유를 알기 위해 나는 뇌의 작동 방식에 관한 이야기를 들려줄 예정이다. 이 이야기의 개념은 앞으로 이 책에 나올 모든 개념의 기초가 될 것이다. 개념은 튼튼한 토대가 되어 당신, 또는 당신과 당신 팀이 잠재력을 어떻게 발휘할 수 있는지 정확히 이해할 수 있게 도울 것이다. 나는 심리학, 신경과학, 행동과학을 쉽게 이해하도록 이 이야기를 만들었다.

우선, 뇌 안에 등대 하나가 있다고 상상하라. 거기에 두 명의 인물이 살고 있다. 첫 번째는 HUE이다. '끔찍하게 쓸모없는 감정들(Horribly Unhelpful Emotions)'을 나타낸다. 두 번째는 의지력이다. 그리고 의지력은 HUE의 안내자이자 멘토이다.

HUE는 등대 관제실에서 일한다. 위협을 감지하는 것이 그의 역할이자 첫 번째 본능이다. 등대에서 무심하게 빛줄기를 내보내며 당신의

| **등대 같은 뇌 모델** |

사고, 감정, 주변 환경을 살피고 있다. 빛줄기는 과거의 실수나 후회를 살피기도 한다. 미래에 일어날지도 모를 최악의 경우를 고려한 시나리오도 비춘다. 그리고 즉각적인 문제도 찾는다.

HUE의 두 번째 본능은 기분을 좋게 만드는 쉽고, 새롭고, 신나는 일을 찾는 것이다. HUE는 단기적 만족을 주는 행동과 그런 경험을 좋아한다.

등대에는 훈련실이 있다. 의지력은 잠재력을 실현하는 방법을 배우기를 좋아해서 대부분 시간을 훈련실에서 공부하고 학습하며 지낸다. HUE가 문제를 발견하거나 단기적 만족을 위한 기회를 포착하면 때때로 의지력에 도움을 요청한다. 뇌가 아무 문제 없이 제대로 작동하고 있을 때, 의지력은 HUE가 발견한 문제를 해결하고 도움이 되지 않는 충동은 관리하도록 지도한다. 나아가 의지력은 비슷한 문제가 다시 발생했을 때, HUE가 그것을 좀 더 쉽게 다루도록 훈련시킨다.

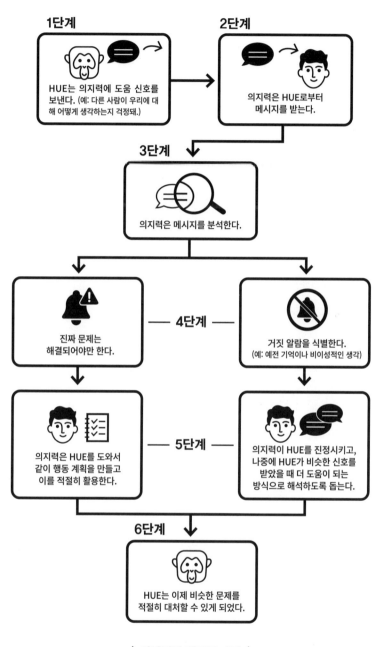

1단계

HUE는 의지력에 도움 신호를 보낸다. (예: 다른 사람이 우리에 대해 어떻게 생각하는지 걱정돼.)

2단계

의지력은 HUE로부터 메시지를 받는다.

3단계

의지력은 메시지를 분석한다.

4단계

진짜 문제는 해결되어야만 한다.

거짓 알람을 식별한다. (예: 예전 기억이나 비이성적인 생각)

5단계

의지력은 HUE를 도와서 같이 행동 계획을 만들고 이를 적절히 활용한다.

의지력이 HUE를 진정시키고, 나중에 HUE가 비슷한 신호를 받았을 때 더 도움이 되는 방식으로 해석하도록 돕는다.

6단계

HUE는 이제 비슷한 문제를 적절히 대처할 수 있게 되었다.

| 의지력의 멘토링 과정 |

HUE와 의지력의 균형 감각

의지력이 자신의 임무를 적절히 수행할 때 HUE는 진정하고 아래의 행동을 수월하게 해낸다.

- 좋은 DES(식단, 운동, 수면) 습관 만들기
- 스트레스 잘 관리하기
- 쓸모없는 생각 시간 줄이기
- 자신감을 탄탄하게 키우고 유지하기
- 집중하고, 생산적으로 일하고, 창의적으로 생각하고, 문제해결에 능숙해지기
- 압박 속에서도 좋은 성과 내기
- 더 나은 리더 되기
- 더 나은 팀원 되기

그러나 앞서 말했듯이 끔찍하게 혼란스럽고 바쁜 현대 사회는 우리를 압도하는 새로운 문제들을 자꾸 만들어낸다.

- TV나 휴대폰을 보다가 제대로 된 수면과 휴식을 취하기 어렵다.
- 소셜미디어를 보면서 자꾸 내 인생과 다른 사람의 인생을 비교하게 된다. 물론 기분은 늘 좋지 않다.
- TV를 보면서 건강에 나쁜 음식을 먹고, 필요하지 않은 물건을 사고, 없는 돈을 소비한다.
- 자꾸 휴대폰을 보다가 10분 걸리는 작업을 20분에 걸쳐서 하게 된다.

일주일 동안 이 과정이 누적되어 결국 몇 시간을 낭비하고 만다.

　

　이러한 문제들은 결국 HUE와 의지력의 불균형을 초래한다. HUE는 과도하게 활성화되고, 의지력은 쉽게 압도되고 지친다. 이는 건강하고, 행복하고, 최고의 내가 되는 걸 매우 힘들게 만든다.

　학습 전쟁에서 이기고, 최고의 내가 되어, 다른 사람도 그렇게 되도록 돕기를 원한다면 가장 먼저 해야 할 일은 HUE와 의지력이 효율적이고 효과적으로 협력하게 만드는 것이다. 두 강력한 자산이 균형을 이루게 만드는 것이다.

　이를 위해 우리 뇌의 내부 활동을 더 깊이 파헤쳐보자.

살리는 습관 VS 망치는 습관

확실한 건 우리 뇌 안에는 등대가 없다는 사실이다! 등대는 다소 복잡한 뇌 작용 과정을 알기 쉽게 하려고 지어낸 이야기다. 그럼 뇌 안에서 진짜 무슨 일이 일어나는지 좀 더 자세히 알아보자.

HUE

HUE(끔찍하게 쓸모없는 감정들)는 뇌에서 대뇌변연계 영역을 관장한다. 나는 이 영역을 APE 뇌(Alive Perceived Energy Brain / 생존 지각 에너지 뇌)라고 부른다. 이는 신경과학자 폴 맥린Paul MacLean의 '삼위일체 뇌(Triune Brain)'의 은유와 호모사피엔스(인간)는 유인원이라는 사실에서 일부 영감을 받았다. 폴 맥린은 뇌를 '파충류의 뇌(소뇌)', '포유류의 뇌(변연계)', '인간의 뇌(신피질)'로 나누었다 APE 뇌는 우리가 생존을 우선시하도록 이끈다.

제3장 습관 개발을 위한 뇌의 최적화

의지력

의지력은 전두엽 피질, 또는 HAC 뇌(Helpful Attention Control Brain / 주의력 통제 뇌)를 관장한다. 우리는 의지력을 사용해서 APE 뇌를 관리하고 더 좋은 습관을 기를 수 있다.

APE 뇌는 에너지 절약을 최우선으로 누기 때문에 변화를 방해한다. APE 뇌를 좀 더 이해하기 위해 아래의 글을 소리 내어 읽어보기 바란다.

"캠브지릿대학의 연구 결과에 따르면, 한 단어 안에서 글자가 어떤 순서로 배되열어 있지는 중요하지 않고, 첫 번째와 마지막 글자가 올바른 위치에 있는 것이 중요다하고 한다. 나머지 글자들은 완전히 엉진망창의 순서로 되어 있을라지도 당신은 아무 문제 없이 이것을 읽을 수 있다. 왜냐하면, 인간의 두뇌는 모든 글자를 하하나나 읽는 것이 아니라 단어 하나를 전체로 인식하기 때이문다."

글자들이 마구 섞여 있는데도 당신은 의미를 이해할 수 있다. 우리의 사고와 동작(행동)이 무의식적이기 때문이다. 우리는 주로 추측하고 예측한다. 실제로 과학은 적어도 우리 행동의 98퍼센트가 무의식적 또는 반무의식적이라는 걸 보여준다. 행동은 습관이라는 의미다.

우리 뇌에는 1조 개 이상의 미세한 생물학적 가동 부품이 있어서 우리가 무의식적으로 행동하고 생각하는 데 관여한다. 그래서 위의 문장에 쓰인 각 단어를, 애써 시간을 들여 의식적으로 읽을 필요가 없었던 거다. 뇌는 각 단어를 그림처럼 받아들이기 때문에 글자들이 올바른 위치에 있지 않더라도 여전히 의미는 통하게 된다.

습관은 사고와 행동을 더욱 에너지 효율적으로 만들기 때문에 우리는 습관에 따라 행동하도록 진화했다. 즉, 우리의 행동 대부분이 생각 없이 나온다는 얘기다.

우리의 뇌는 행복하도록 설계되지 않았다

습관은 우리가 하는 일과 생각하는 방식을 지배한다. 세상의 경험은 우리가 주의를 기울이는 습관에 달려있다. 만약 우리가 인생에서 겪은 실패와 좌절에만 주의를 기울인다면 그것이 우리의 현실이 된다. 마찬가지로 우리가 얼마나 환상적인지, 그리고 무엇도 우리의 잘못이 아니라는 생각에 주의를 기울인다면 그것이 우리의 현실이 된다.

가족, 친구, 동료, 팀, 조직 모두가 습관에 따라 움직인다. 그리고 내가 앞서 설명한 신경가소성이란 것으로 인해 가장 많이 연습하는 행동이 가장 지배적인 습관이 된다. 물론 어떤 습관은 최고의 내가 되는 데도움이 되며, 어떤 습관은 도움이 되지 않는다.

그런데 안타깝게도 우리는 건강하고, 행복하고, 최고의 내가 되도록 설계되지 않았다. 최소한 지금은 그렇다. 호모사피엔스는 약 30만년 동안 존재했다. 따라서 APE 뇌에 의해 움직이는 원시적 본능은 우리가 21세기 삶에서 행복하고 최고가 되도록 설계되지 않았다는 걸 의미한다.

대신 우리는 생존하도록 설계되었다. 살아남기 위해 우리는 생존에 필수적인 모든 것을 가장 우선시한다. 평소에는 물건이 풍부해서 잘 모르지만, 코로나 같은 전염병이 돌면 슈퍼마켓 선반이 얼마나 빨리 비워지는지 떠올려보라. 놀라울 정도로 사람들은 빠르게 움직인다.

우리는 또한 본능적으로 안전을 염려한다. 큰 소리가 나거나 낯선 사람이 너무 가까이 다가올 때, 또는 공포 영화를 보고 난 뒤에 작은 소리나 그림자에 얼마나 민감하게 반응하는지 떠올려보라.

대인관계 역시 생존과 밀접하게 연관되어 있다. 사회적 지위, 또래 압력, 소셜미디어의 사용을 떠올려보라. 타인과의 의사소통, 협력, 동맹은 우리의 생존을 지원한다. 인간은 행성에서 가장 크거나 강한 동물이 아니지만, 팀이 되어 지능적으로 일하는 데는 가장 뛰어나다. 그래서 팀워크는 인간이 생존할 수 있는 무기가 되어왔다. 역사적으로도 팀이나 종족에서 쫓겨난 사람은 생존 가능성이 현저히 줄어들고, 유전자를 물려줄 가능성도 줄어들었다. 인생의 성공은 나에게 중요한 사람들이 나를 어떻게 보는가와 밀접히 연결된다. 그래서 우리는 다른 사람이 나를 어떻게 생각할지 너무 많이 걱정한다.

마지막으로, 주요 에너지원인 음식은 항상 쉽게 구할 수 없었기 때문에 우리의 뇌는 에너지를 절약하기 위해 늘 고군분투했다. 그래서 때때로 운동하는 대신 앉아서 TV 보는 것을 더 즐기고 정신적으로 힘든 일은 회피하게 된다. 생각을 열심히 하면 에너지를 많이 소비하니까 말이다. 새로운 기술을 배우거나 어려운 업무를 수행하는 것보다 익숙한 업무를 계속하는 편이 정신 에너지도 덜 든다. 선호하는 음식에서도 이 점을 엿볼 수 있다. 뇌는 사과보다 도넛을 먹는 것이 더 효율적이라는 걸 안다. 둘 다 먹는 행위에는 에너지가 드는 게 같지만, 도넛에는 더 많은 칼로리가 들어있기 때문이다.

나를 망치는 생존 습관 리스트

APE 뇌로 인한 행동 결과를 '생존 습관 리스트'라는 제목으로 아래와 같이 정리해보았다.

- 너무 많이 걱정하기
- 부당하게 자기를 비판하고 자책하기
- 유혹에 빠지기
- 쉽게 집중력 흐트러지기
- 미루기
- 쉽게 포기하기
- 속단하기
- 쉽게 스트레스 받기

이런 습관은 다른 습관과 똑같이 작동한다. 더 많이 연습할수록 더 능숙해진다. 예를 들어, 걱정을 더 잘하고 싶다면 습관적으로 걱정을 하면 된다. 운이 좋으면 걱정 세계 챔피언이 될 수도 있다. 연습하면 할수록 걱정과 관련된 뇌의 신경세포가 더 많이 성장하고 강화되기 때문이다.

학습 전쟁에서 이러한 유형의 습관은 점점 더 문제가 되고 있다. VUCA(변동적이고, 불확실하며, 복잡하고, 모호한) 세상에는 정말 걱정할 일도 많고, 자책할 일도 많기 때문이다. 관심을 빼앗아가는 것도 너무 많다. 개인적으로 정신을 바짝 차리지 않으면 '나'라는 자원을 아무렇지도 않은 일에 낭비해버릴 수 있다. 그리고 '개인'의 낭비는 '가족'과 '팀'의 낭비로 이어진다. 모두가 소셜미디어만 보는 팀이 있다고 생각해보라. 상상조차 하기 어렵다.

이쯤에서 흑백 바코드를 다시 생각하자. 흰색 선은 도움이 되는 습관을 나타내고, 검은색 선은 도움이 되지 않는 습관을 나타낸다. 그야말로 행복과 불행의 장벽이다. 어떤 습관을 가져갈지는 이제 당신 손에 달려있다.

지능적 자기 관찰 방법 활용하기

도움이 되지 않는 습관을 식별하기 위해서는 '지능적 자기 관찰'이 필요하다. 이것은 자신에 관해 생각하고, 도움이 되지 않는 행동을 정확하게 식별하는 체계적인 과정이다. 우리는 습관에 따라 움직이도록 설계되었기 때문에 지능적 자기 관찰을 실행하기 어려울 수 있다.

이해를 돕기 위해 간단한 'APE(생존 지각 에너지) 뇌 테스트'를 만들었다. 여기에 정답이나 오답은 없다. 단지 지금 자신에 대한 당신의 생각만 쓰면 된다. APE 뇌 테스트 같은 자기 관찰을 많이 연습할수록 자신을 더 잘 이해하게 될 것이다. 나는 한 달에 한 번 정도 이런 테스트를 실행해서 APE 뇌를 최상의 상태로 유지한다. 지능적 자기 관찰도 많이 연습할수록 더 잘하게 된다.

본인의 관점에서 테스트하거나, 도움을 주고 싶은 다른 사람을 대신해서 테스트할 수도 있다. 각 항목에 1부터 10까지 점수를 매긴다. 여기서 1은 '절대 그렇지 않다', 10은 '항상 그렇다'이다.

번호	항목	점수
1	DES(식단, 운동, 수면)에 대해 반성하고, 이러한 부분을 매일 개선할 계획이다.	
2	하루가 끝나면 항상 잘한 점과 내일 개선할 점을 성찰하고 강조한다.	
3	매 주말에는 잘한 짐을 되짚어보고, 다음 주에 어떻게 더 개선할 수 있을지 계획을 세운다.	
4	때때로 나의 미래에 대해 생각한다. 노력해서 주요 목표를 이루기 위해 중기, 단기 목표를 설정한다.	
5	중요한 일과 생활 활동을 추가하여 정기적으로 연간 및 월간 달력을 갱신한다.	
6	내가 스트레스 받고 있다는 사실을 알고, 스트레스를 줄이기 위해 정확한 계획을 세운다.	
7	자신감 수준을 모니터링하고, 자신감이 낮은 영역은 확실히 높인다.	
8	내 감정이 도움이 되지 않을 때를 인식하고 잘 통제할 수 있다.	
9	생산성을 향상하기 위한 계획을 명확히 세운다.	
10	도움이 되지 않는 생각에 연연하는 시간을 줄일 수 있는 계획을 세운다.	
11	리더로서 나의 성과를 향상시킬 수 있는 계획을 명확히 세운다.	

| APE 뇌 테스트 |

점수를 합해서 잘하고 못 하고를 따지는 건 의미가 없다. 다음 단계를 어떻게 준비할 것인지를 생각하는 게 더 중요하다. 바로 아래의 지시를 따라 움직여보자.

① 오늘 조금 더 노력하면 최고의 내가 되는 데 도움이 될 것 같은 영역에 동그라미를 친다.
② 이 영역을 개선하기 위해 다르게 할 수 있는 작은 것 하나를 적어본다.
   (팁: '덜 스트레스 받기'라는 말은 너무 모호하다. 더 구체적으로 적어야 한다. '일과가 끝나면 일일 3:1 성찰 적기' 같은 식이다.)
③ 이유를 적는다.
   (예: '스트레스를 풀고, 스위치를 끄고, 잠을 잘 자고, 내일 최고의 내가 되는 걸 더 쉽게 해줄 것이다.')

선택한 영역의 개선 방법이 확실하지 않더라도 걱정하지 마라. 뒷부분에서 APE 뇌 테스트를 주제로 더 얘기를 나눌 계획이다.

해빗 메카닉을 위한 성공의 열쇠는 지속 가능한 습관을 기르는 방법을 배우는 것임을 기억하라. 해야 할 일을 아는 것과 그것을 실제로 하는 것은 전혀 다르다. 더 새롭고 지속 가능한 좋은 습관을 기르는 데 필요한 것이 무엇인지 연속적으로 생각해야 한다. 그러는 데는 '미 파워 위시리스트(Me Power Wish List)'가 분명 도움이 된다.

APE 뇌 테스트를 통해 APE 뇌가 현재 당신의 삶에 제기하는 가장 중요한 문제가 무엇인지 확인했을 것이다. (다음 달에 다시 했을 때는 생활환경과 습관이 약간씩 달라져 점수가 변할 수 있다.) 그렇다면 이제 만들고 싶은 새 습관이 무엇인지 미 파워 위시리스트를 작성해보자. 방법은 아래와 같다.

미 파워 위시리스트 만들기

미 파워 위시리스트는 기본적으로 가장 자주 사용하고 확인하기 편리한 곳에 적어두는 게 좋다. 노트북이나 휴대폰 메모장, 또는 모니터 옆에 손으로 작성해서 붙여두어도 괜찮다. 그리고 최대한 간결하게 작성한다. 아무리 꿈이 원대해도 현실적으로는 한 번에 하나의 아주 작은 변화만 가져올 수 있기 때문이다. 습관도 작은 습관부터 만든 다음 큰 습관으로 나아가는 게 가능하다. 원한다고 해서 모두 한 번에 쉽게 이룰 수 있다면 왜 '위시리스트'라고 이름을 붙였겠는가.

나는 수년에 걸쳐 개발한 일일, 주간, 월간 습관 목록을 가지고 있다. 이 습관 목록은 미 파워 위시리스트에서 시작해 지금은 뇌 속에 굵은 케이블로 자리 잡았다. 아는 것(지식)이 행동(기술)으로, 행동이 다시 습관으로 연결된다는 사실을 꼭 기억하자.

미 파워 위시리스트의 예는 바로 다음 페이지에 있다.

미 파워 위시리스트의 예

일일

- 오전 6시 30분 달리기(너무 어렵다면 대신 5분 걷기를 해도 좋다)
- 본격 운동: 팔굽혀펴기 40개+윗몸일으키기 40개(너무 어렵다면 팔굽혀펴기 1개부터 시작할 수 있다)
- 스트레칭하기
- 노트북 메모장에 일일 TEA 계획 올리기
- 의지력 촉진제 사용하기(예: 휴대폰 확인 횟수 줄이기, 휴대폰 앱 끄기, 전원 끄기, 주중에는 뉴스 안 보기, 밤에는 이메일 확인하지 않기)
- 2리터 물 마시기
- 하루에 약 12킬로미터 뛰기나 걷기를 목표로 삼기
- 하루를 마무리하며 긍정적 성찰 및 표현하는 글쓰기 하기
- 오늘의 미 파워 위시리스트 목표 완성하기

주간

- 구조적 주별 성찰
- 뇌 상태를 점검하고 사전에 주간 계획 짜기
- 주간 미 파워 위시리스트 목표 완성하기

월간

- 습관 검토
- FAM 이야기 계획 검토
- 팀 파워 리더십 검토

주의력을 통제하면
인생이 풀린다

이 책에서 전두엽 피질은 HAC(주의력 통제) 뇌를 뜻한다. 우리는 APE(생존 지각 에너지) 뇌를 관리하는 데 HAC 뇌를 사용할 수 있다. 그리고 HAC 뇌는 의지력이 관장한다. 의지력은 집중력을 빼앗아가는 일들과 유혹에 저항할 수 있도록 도와주는 저항군, 한마디로 APE 뇌에 맞서는 첫 번째 방어선이다.

회복력이란 무엇인가

당신의 뇌가 주의력을 통제하는 과정은 두 단계를 거친다.

1단계

쓸데없는 생각을 하거나 집중하는 데 방해되는 행동을 하고 있는지를

판단하기 위해 정기적으로 내 모습 관찰하기

(예: 지나치게 자책하고 있는 나를 인지함)

<u>2단계</u>

원하는 목표를 이루는 데 도움이 되는 일에 다시 집중하기

(예: 자신에 대해 더 긍정적인 느낌을 주는 생각에 집중함)

이때 주의력을 다시 끌어올리는 가장 강력한 방법은 내 생각을 기록하는 것이다. 쉽게 말해 생각이나 계획을 글로 적는 것이다.

바로 앞 장에서 당신은 1단계와 2단계를 모두 거쳤다. APE 뇌 테스트(1단계)를 통해 도움이 되지 않는 행동을 발견하고, 그 아래의 지시(2단계)를 따라 자신에게 더 도움이 되는 일을 하는 데 주의를 집중했다. 이렇게 1단계와 2단계 과정을 거치면서 아마 당신은 다시 에너지가 회복되는 것을 느꼈을 것이다.

회복력이 좋아지면 내 몸과 정신에 어떤 변화가 찾아올까? 우선 신체적으로 건강해지는 걸 느낄 수 있다. 꾸준한 운동 루틴으로 체력이 올라가고, 그만큼 끈기도 생긴다. 그러면서 자신감이 올라가고, 더 창조적으로 생각할 수 있게 되며, 효율적이고 효과적으로 일을 하게 된다. 그리고 마침내 훌륭한 문제해결사가 되어 압박 속에서도 성과를 내는 리더, 다른 사람에게 긍정적인 영향력을 미치는 리더가 될 수 있다.

당신이 회복력을 활성화하기 위해 뇌의 주의력을 통제한다는 건 실은 감정을 관리하는 행위와 같다. 이 과정을 나는 HACing이라고

제3장 습관 개발을 위한 뇌의 최적화

이름을 붙였는데, HACing의 과정에서 감정이 수행하는 역할을 사회 과학자들은 감정적 자제(Emotional Self-Control)라 부르고, 신경과학자들은 감정 조절(Emotional Regulation)이라고 부른다. 과정 설명에 어떤 용어를 사용하든 결과는 동일하다. 사람들은 감정 관리를 통해 인생에 도움이 되는 회복력을 얻는다.

회복력은 스위스 군대용 칼과 같다

1960년대부터 저명한 과학자들이 주의력 조절(감정 조절) 과정을 활발하게 연구하면서 설득력 있는 연구 자료들이 많이 쏟아져나왔다. 로이 바우마이스터Roy Baumeister 교수는 세계에서 관련 연구를 가장 많이 진행한 사회심리학자 가운데 한 명이다. 그는 650개 이상의 출판물을 내고, 40권의 책을 저술했으며, 논문은 다른 학계에서 20만 회 이상 인용되었다. 그는 우리가 감정을 잘 관리할 때 아래와 같은 경험을 할 가능성이 매우 크다고 말한다.

- 교육적으로 성공하기
- 정신적, 육체적 건강 향상
- 더 행복한 감정 느끼기
- 창의력 향상
- 주변인에게 관심 받는 사람 되기

- 더욱 끈끈한 부부관계와 대인관계 맺기

- 더욱 신뢰받기

- 음주와 마약 중독 가능성 낮추기

- 범죄 발생 가능성 낮추기

- 덜 학대받기

- 더 오래 살기

- 인생의 성공을 즐기기

거의 종합선물세트나 다름없다. 요컨대, 우리가 뇌의 주의력을 효과적으로 통제할 수 있다면(감정을 관리할 수 있다면) 더 중요한 일을 하고, 더 나은 인생을 살아갈 수 있다. 그러기 위해서는 명심해야 할 것이 있다. HACing의 첫 단계는 도움이 되는 행동과 도움이 되지 않는 행동을 인식하는 것이라는 사실이다. 우리는 생각과 행동을 자기 관찰하기 위해 의지력을 사용한다. 그런 다음, 우리가 도움이 되지 않는 일을 하고 있음을 알게 되면 의지력을 사용해 의도적으로 더 유용한 일로 주의를 전환할 수 있다.

또 중요한 점은 의지력은 제한된 자원이라는 사실이다. 언제까지고 의지만으로 생각과 행동을 통제할 수는 없다. 이때 반드시 필요한 게 행동과학과 통찰력을 바탕으로 한 '슈퍼 습관'이다. 습관은 의지력이라는 자원의 효율성을 극대화시켜주며, 더 오래 영향력을 행사할 수 있도록 도와준다. 그 슈퍼 습관을 개발하는 방법에 대해서는 조금 뒤에 다시 살펴보자.

잠재력을 실현하는 핵심 키워드: 감정 조절

주의하라! 이번 장에서는 무거운 과학을 가능한 한 쉽게 이해할 수 있도록 안내할 것이다. 해빗 메카닉과 일반적인 습관 중독자의 가장 큰 차별점은 최첨단 과학을 토대로 한다는 점이다. 당신이 이 책에서 말하는 슈퍼 습관을 가지느냐, 가지지 못하느냐는 오직 습관 형성 기술의 과학적 토대를 이해하느냐 못하느냐에 달려있다.

그럼 시작해보자.

앞서 말한 HACing(감정을 관리하는 행위)보다 내가 선호하는 과학적 명칭은 '감정 조절'이다. 효과적인 감정 조절은 높은 성과를 유도하고 행복을 가져다준다. 능숙한 감정 조절은 해빗 메카닉이 되기 위해 반드시 필요한 능력이다. 바버라 프레드릭슨Barbara Fredrickson 교수의 연구에 따르면 감정은 '우리에게 행동하도록 명령하는 즉각적인 생물학적 신호'이다. 감정이 주의력을 통제하며, 주의력에 따라 학습의 결과가 달라진다는 얘기다.

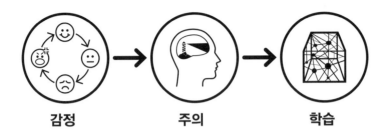

감정   주의   학습

감정 조절 능력은 학습 능력을 이끄는 엔진이다. 학습 전쟁에서 이기고 싶다면 당신이 먼저 집중해야 할 목표는 감정 조절 능력을 향상시키는 것이다.

감정 조절의 뇌 영역은 도움이 되는 쪽과 도움이 되지 않는 쪽 모두 연습을 통해 강화할 수 있다. 여기서 안 좋은 소식은 감정 조절을 더 못하는 방법도 배울 수 있다는 사실이고, 좋은 소식은 당신은 이미 해빗 메카닉 도구(일일 TEA 계획, 일일 3:1 성찰, APE(생존 지각 에너지) 뇌 테스트 등)를 사용해 감정 조절 기술을 향상시키면서 습관을 만들기 시작했다는 사실이다.

빠른 감정 조절과 느린 감정 조절

감정 조절과 관련된 특정 신경 회로를 연구한 내용에 따르면 하나의 큰 감정은 점 단위의 작은 감정이 모여 결정되는 것으로 밝혀졌다. 그래서 하나하나의 감정을 의식하려고 노력하면 충분히 큰 감정을 통

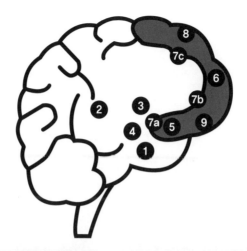

핵심 내용

① 1~3은 감정의 전의식(前意識)과 관련한 뇌 영역을 가리킨다.

② 1~7b는 하의상달식 회로(큰 폭발소리를 들으면 두려움을 느끼게 되는 것처럼 본능이 우리에게 어떤 감정을 전달하는지와 관련됨)와 관련한 뇌 영역을 가리킨다.

③ 4~9는 상의하달식 회로(중얼거리며 혼잣말하면 마음이 진정되는 식으로 생각이 감정을 만드는 것)와 관련한 뇌 영역을 가리킨다.

감정 조절에 관여하는 피질 변연계 및 전두엽 피질 영역

1. 편도체
2. 시상
3. 보상계(복측선조체)
4. 해마-해마상융기주위(부해마)
5. 안와전두엽 피질
6. 배내측 전전두엽 피질
7a. 슬하 전대상회
7b. 입쪽 전대상회
7c. 전대상회

측면 전전두엽 피질계

8. 전전두엽 피질
9. 복외측 전두엽 피질

| 감정 조절 시스템을 나타낸 신경계 그림 |
(필립스, 라두쎄, 드레베츠의 그림을 각색)

제할 수 있는데, 이를 '외현적 감정 조절' 또는 '느린 감정 조절'이라고 한다. 반대로는 무의식적이며 힘이 들지 않는 감정 조절이 있다. 이를 '암묵적 감정 조절' 또는 '빠른 감정 조절'이라고 한다.

감정은 빠른(암묵적) 시스템과 느린(외현적) 시스템이 함께 작동하면서 조절된다. 여기서 중요한 사실은 감정 조절의 일부 요소를 자동화할 수 있다는 것이다. 다시 말해, 감정 조절을 도움이 되는 습관으로 바꿀 수 있다는 의미다.

여전히 이해가 안 돼도 걱정하지 마라. 과학을 잘 이해해야만 감정을 조절하고 해빗 메카닉이 될 수 있는 것은 아니다. 이제 좀 더 구체적으로 어떻게 감정을 조절할 것인지 얘기해보자.

감정이 흘러내리지 않도록

감정은 생각과 느낌이 더해져 표출된다. 감정을 관리하는 첫 번째 단계는 감정을 더 잘 인지하는 것이다. HUE(끔찍하게 쓸모없는 감정들)의 첫 번째 본능은 등대의 탐조등을 사용해 위협과 문제를 찾아 매달리는 것이다. 그러나 우리는 언제, 왜 이런 일이 일어나는지 완벽하게 알지 못하기 때문에 부정적인 감정 상태가 필요 이상으로 오래 지속될 수 있다.

이런 문제를 보다 효율적으로 처리하기 위해 우리는 의지력을 사용해 자기 관찰을 할 수 있다. 예를 들어, 하루가 끝날 때 잠시 짬을 내어 생각과 느낌(감정)을 살피고 그것이 최고의 내가 되는 데 도움이 되는지를 가늠해볼 수 있다. 만약 도움이 되지 않는다면 대책을 세워야 한다. 감정이 터진 후에는 그것을 완벽하게 조절하기까지 시간이 걸리지만, 상황을 앞서 대비하면 감정을 더 빨리 조절해서 쓸데없는 생각으로 시간을 낭비하는 일도 막을 수 있다.

크리스티나 보겔Kristina Vogel은 신기록을 보유한 전직 독일 사이클 선수다. 그녀는 올림픽 게임에서 2개의 금메달, 1개의 동메달과 11개의 세계 타이틀을 획득했다. 그녀는 진정한 글로벌 스타이자 챔피언이었다.

그러나 안타깝게도 27세 나이에 독일 콧부스에 있는 경륜장에서 훈련 중 사고로 척추와 가슴에 심각한 부상을 입었다. 2018년 6월의 그 사고로 보겔은 하반신 마비가 되어 다시는 걷지 못했다. 그녀는 BBC 스포츠 웹사이트에서 사고 후의 감정을 언급했다.

"다시는 걷지 못할 거란 걸 금방 깨달았어요. 그래도 어쩌겠어요. 눈물은 도움이 되지 않잖아요. 이 시련을 받아들이고 최선을 다하기로 했죠."

BBC 기자의 질문에 보겔은 사고 직후의 순간을 설명했다.

"숨 쉬어, 숨 쉬어, 숨 쉬어'라고 말하고 나서 확인했어요. 내가 어디에 누워있는지, 상태가 어떤지 보았죠. 신발을 벗었을 때 걸을 수 없다는 것을 알았죠."

"'왜 나야?'라고 묻는 것은 소용없잖아요. 저는 큰 도움 없이 일상생활을 하게 되길 바라요. 시합에서 썼던 힘을 이제 일상생활에 평생 사용해야겠어요."

2019년 크리스티나 보겔은 BBC와 후속 인터뷰를 가졌다.

"인생에서 가장 힘든 역경이겠지만 어쩌겠어요? 매일 침대에 누워서 아무것도 안 하시겠어요? 아니면 현실을 받아들이고 할 수 있는 것을 이루시겠어요? 여기 있다는 사실만으로도 저는 여전히 행복해요. 지금보다도 상황이 더 나빠질 수도 있었잖아요. 심지어 팔마저 못 쓸수 있었어요."

그리고 이렇게 덧붙였다.

"인생에서 고대할 수 있는 새로운 목표와 새로운 것에 관해, 그리고 전 세계 사람들로부터 지지를 받은 덕분에 개조한 차와 새로운 휠체어, 문틀이 넓고 넘나들기 쉬운 새집을 갖게 되어서 얼마나 운이 좋은지 모르겠어요."

자기감정을 통제하고 조절할 줄 아는 세계 챔피언다운 면모라고 볼 수 있다. 보겔은 인생을 바꾼 사고의 의미를 성공적으로 재평가했다. 그녀는 상황이 얼마나 더 안 좋을 수 있었는지 생각했고, 현재의 의미를 높이 평가했다. 그리고 개인의 목표를 어떻게 조정할지 자문하며, 스포츠 영역에서 자신에게 남아있는 기회가 있는지 확인했다.

만약 보겔이 잠깐이라도 절망에 빠졌다면 어땠을까? 한 번 터진 감정은 물과 같아서 쉽게 담거나 닦아낼 수 없다. 그런 점에서 보겔은 진정 챔피언이었다. 상황을 철저하게 이성적으로 판단했으니 말이다. 보겔처럼 당신도 현재 상황을 훨씬 더 도움이 되는 방식으로 생각하는 방법을 배울 수 있다.

파나스를 활용한 구체적 감정 파악하기

감정을 이해하는 또 다른 유용한 방법이 있다. 심리학자들은 '파나스(PANAS / Positive and Negative Affect Schedule)', 즉 '긍정적 감정과 부정적 감정 평가'라는 도구를 사용해 사람들의 감정과 기분을 모니터링한다. 당신의 감정이 정확히 어떤 것인지 모를 때, 아래의 도구를 활용해보자. 감정을 정확히 알면 더 세심하게 감정을 통제할 수 있다.

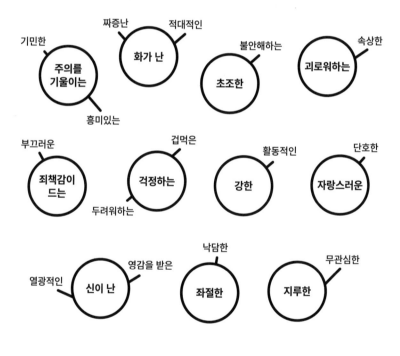

**주요 감정과 하위 감정으로 조직된
파나스 검사지 항목의 감정들**

직장에서 연봉 협상을 진행 중이라고 상상해보자. 당신은 매우 자신감 있다. 친구와 가족에게 급여가 인상될 거라고 말해왔다. 그러나 상사에게서 당신은 다른 말을 듣는다. 예상한 바와 실제로 일어난 일 사이에 큰 단절이 발생했다.

이때 HUE의 자연스러운 반응은 당신을 화나게 하는 것이다. 그런 다음 사람들을 실망시킨 것에 대한 죄책감이 들기 시작할 수 있다. 점점 두려워진다. 그런데 당신의 가족은 정말 당신이 그들을 실망시켰다고 생각할까?

위의 반응은 당연하다. HUE의 첫 번째 본능은 위협과 문제를 돌이켜 생각하는 것이기 때문이다. 그러나 당신이 바로 여기서 개입할 수 있다.

1단계

의지력을 사용한다. 우선, 도움이 되지 않는 생각과 감정을 식별한다. 이 과정은 감정의 초점을 두려운 감정에서 당신이 부정적인 생각에 연연하고 있다는 사실로 이동시킨다. 이제 당신은 한 걸음 물러서서 상황을 멀리 볼 수 있다. 초점을 다시 맞추고 당신의 사고를 재구성할 수 있다.

2단계

당신의 의지력을 발휘해 현 상황에서 이득이 될만한 측면을 찾는다. 예를 들자면, 내년에 연봉을 올리려면 무엇을 해야 할지 이제 알게 되었다. 또는 당신에게는 다른 직장이 더 적합하다는 사실을 깨달을 수도 있다. 이제 당신의 미래가 흥분되기 시작한다. 가족에게 다시 자랑스러운 사람이 될 수 있다는 사실을 깨닫는다. 당신이 더 강해졌다고 느끼기 시작한다.

이렇게 되기까지 며칠 또는 몇 주가 걸릴 수도 있다. 그러나 핵심은 생각을 능동적으로 관리하고 의도적으로 더 도움이 되는 방향으로 돌리는 데 있다. 이렇게 하면 감정과 생각을 관리하고 삶을 더 잘 통제할 수 있다. 이것이 바로 성공적인 감정 조절의 본질이며 해빗 메카닉의 중심이다.

스트레스 상황에 직면하면 스트레스 받는 것을 피할 수 없다. 그러나 해빗 메카닉은 스스로 감정 상태를 어느 정도 통제할 수 있다는 걸 알고 있고, 또 분명 다른 사람보다 통제를 잘하기도 한다. 같은 스트레스 상황에서도 스트레스 받는 양이 다르다는 얘기다.

선제적으로 도움이 되지 않는 생각에서 빠져나와 도움이 되는 생각으로 주의를 전환하면 시간을 절약할 수 있다. 몇 주 동안 연연했을 부정적 감정을 하루, 한 시간, 심지어 몇 분 만에 제거할 수 있다. 그리고 그 덕분에 우리는 건강, 행복, 성과 목표를 훨씬 쉽게 달성할 수 있다. 스트레스 때문에 우울증과 정신질환을 호소하는 사람들이 늘고 있다는 점을 고려하면 이는 매우 고무적으로 느껴지는 일이다.

쾌락과 해빗 메카닉 발달의 균형

행복이란 무엇일까? 행복의 의미에 대해 나는 크게 두 가지 방향으로 생각한다.

하나는 쾌락주의적 접근이다. 우리는 단기간에 기분이 좋아지는 일을 함으로써 쾌락을 추구하고 고통, 권태, 스트레스를 피할 수 있다. 긍정적인 감정을 경험함으로써 행복 상태에 도달하는 데 초점을 맞춘다.

다른 하나는 장기적 접근이다. 이것은 더 크고 의미 있는 목표를 추구하기 위해 단기적 만족은 미루는 데 초점을 맞춘다. 이때 고통, 지루함, 스트레스와 같이 때로는 부정적 감정을 느끼기도 하지만, 결국은 도움이 되는 감정을 느낀다. 예를 들면 글쓰기에 집중하기 위해 휴대폰을 확인하려는 욕구를 억제하는 것과 같다. 좋아하는 TV 프로그램의 다음 에피소드를 당장 보고 싶은 마음을 억제하고 제시간에 잠자리에 드는 것도 그렇다. 매일, 매주, 매월 계획하고 성찰하는 행위가 항상 즐겁지만은 않겠지만, 애초의 계획대로 해내는 것이다.

이제 우리는 전자의 행복을 '쾌락'이라 부르고 후자의 행복을 '해빗 메카닉의 발달'이라고 부를 것이다.

한편 행복해지려면 먼저 뇌가 잘 작동해야 한다. 질 좋은 수면, 영양가 있는 식단, 지속적인 운동 습관과 긍정적인 대인관계를 유지해야 한다. 그다음 쾌락과 해빗 메카닉 발달의 균형을 차근차근 맞춰야 한다.

물론 균형 유지는 쉬운 일이 아니다. HUE는 삶에 대한 몰입도, 성취감, 만족감에 매우 부정적 영향을 미칠 수 있다. 문제는 우리가 쾌락을 추구하기 위해 빠지는 활동이 HUE에게 큰 보상일 될 수 있다는 점이다. 다시 말해 쾌락적 활동은 중독이 되어 건강과 행복, 최고가 되는 일에 부정적 영향을 끼침에도 불구하고 그만둘 수 없다는 의미다. 마치 수시로 휴대폰을 들여다보는 일이 좋지 않다는 걸 알면서도 멈출 수 없는 것처럼 말이다.

문제는 이런 경험이 몰고 온 쾌락의 기분이 빠르게 사라지면서 우리의 행복감은 그 경험 이전의 수준으로 되돌아가거나 더 낮아진다는 사실이다. 짧은 행복 뒤에 긴 불행이 찾아오는 것이다. 게다가 항상 기분 좋기를 원하는 것(쾌락)들은 질 좋은 수면, 영양가 있는 식단, 지속적인 운동 습관, 긍정적인 대인관계와 늘 충돌을 일으킨다.

무엇이 우리를 더 행복하게 만들까

결론적으로 행복한 감정을 오래 유지하려면 쾌락의 비중은 줄이고 해빗 메카닉의 발달을 늘려야 한다. 그러려면 자신을 한계까지 밀어붙이면서 최고점과 최저점을 왔다 갔다 해야 한다. 그 과정에서 약점이 드러나기도 하지만 장점 또한 발견되기 때문이다. 이렇게 의도적으로 발달을 꾀하는 사람은 결국 더 높은 성과와 더 높은 수준의 행복을 경험한다.

당신이 생존하고, 타인의 생각에 집중하고, 에너지를 보존하기 위해 멈춰있도록 부추기는 HUE를 경계하라. 해빗 메카닉이 되기 위해 하는 일들은 전부 즉각적인 만족과는 거리가 멀다. 스스로 성장하기 위해 몰아붙이고 도전하는 것은 힘든 일이다. 때로는 약점을 드러내기도 하고, 때로는 실패하기도 할 것이다. 그때마다 HUE가 손을 내밀겠지만 절대 포기해서는 안 된다.

해빗 메카닉이 되는 가장 좋은 방법은 감정 조절 기술과 습관을 개발하는 것이다. HUE가 쉽게 다가오지 못하게 정서적으로 안정된 상태를 유지해야 한다. 부정적인 감정이 쌓이지 않도록 털어내거나 긍정적으로 변화시키는 습관을 들여야 한다. 감정 조절 기술을 익히는 방법으로는 앞서 소개한 일일 TEA 계획 세우기와 일일 3:1 성찰을 추천한다. 내가 해빗 메카닉 도구(Habit Mechanic Tools)라 부르는 더 간단하고도 실용적인 감정 조절 도구들은 뒤에서 소개하겠다.

해빗 메카닉 도구는 자전거 안전장치와 같다. 말 그대로 이것은 해빗 메카닉이 되는 방법을 배우는 데 필요한 도구들이다. 그리고 장차 더 숙련되고 더 도움이 되는 습관을 기를수록 해빗 메카닉 도구는 필요가 없어질 것이다. 그러나 습관이 무너지는 것을 알아차렸을 때, 인생이 힘든 시기를 맞았을 때, 언제든 다시 의지할 수 있도록 도구는 대기하고 있을 것이다.

제3장 습관 개발을 위한 뇌의 최적화

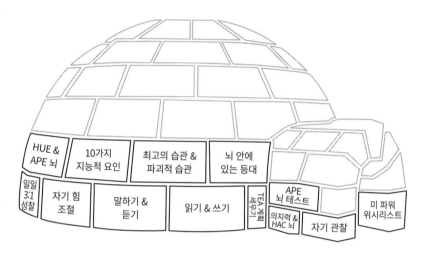

| 해빗 메카닉이 되기 위한 당신의 습관 지능 이글루 |

제 4 장

동기부여하고
강하게 통제하기

미래 비전을 그리는
FAM 이야기 빙산

이번 챕터에서는 HUE(끔찍하게 쓸모없는 감정들)를 올바른 길로 안내하기 위해 더 강한 의지력으로 훈련하는 방법을 소개하겠다. 의지력을 훈련하면 유용한 습관을 만들고 유지하는 게 더 쉬워진다. 당신이 행동하고 생각하는 모든 것의 적어도 98퍼센트는 습관이라는 사실을 명심하라. 앞서 우리의 뇌 안에 등대가 있고 훈련실이 있다고 말했다. 의지력은 당신을 최고로 만들기 위해 대부분 시간을 그곳에서 깨우치고 학습하며 보낸다.

의지력이 학습에 활용하는 핵심 도구는 FAM 이야기 작성, TRAIT 사이클 분석, 최고의 습관 만들기 등이다. 이 핵심 도구들을 이용해 훈련실의 선반을 채우고, 그때그때 필요한 것을 꺼낸다고 상상해보라. 이 간단하고 실용적인 도구는 기분을 좋게 하고 더 나은 성과를 유도하는 매일, 매주, 매월 습관 만들기에 유용하다. 그리고 아래의 분야에서 괄목할 만한 성장을 이끌어낼 것이다.

- 해빗 메카닉 지능을 더 발전시키기
- 일과 삶의 균형 맞추기
- 학습 능력과 변화 능력 개발하기
- 동기를 마구 북돋기
- 습관 분석하기
- 더 좋은 습관을 쌓기(DES(수면, 식난, 운동), 에너지 관리, 스트레스 관리, 집중 등)

제대로 된 훈련을 하려면 계획서가 필요하다. 계획서는 지금 하는 행동의 자동성을 깨고 더 나은 습관을 만드는 데 도움이 될 것이다. 일일 TEA 계획 세우기 또는 일일 3:1 성찰과 같은 도구를 이미 사용하기 시작했다면, 당신은 이미 계획서의 힘을 느꼈을 것이다.

기억은 단지 30초 동안만 지속되는 반면 HUE의 지속력은 매우 강력하다. 우리는 종종 '휴대폰 안 보기'라는 목표를 세우지만, 글로 적지 않기 때문에 말 그대로 깜빡하고 금세 휴대폰을 매만진다. 무슨 일을 하든 계획을 작성하고 입력하는 건 목표 달성에 훨씬 강력한 힘을 보탠다. 과학적 용어로 말하자면, 계획서는 당신의 신피질 스위치를 켜게 한다. 그러면 목표를 지키려는 힘이 훨씬 커지고, 차례로 감정 조절 습관은 강화된다.

나는 워크북, 다이어리, 그리고 해빗 메카닉 플래너에 계획을 적는다. 노트북이나 휴대폰의 메모 앱에 입력하기도 한다. 음성 메모나 오디오 녹음을 사용한 적도 있다. 글쓰기만큼 효과적이지는 않았지만 나름 효과를 본 사람들도 있다. 여러 가지 방법을 시도해보고 어떤 유형의 계획서가 자신에게 가장 적합한지 파악하기 바란다.

동기부여와 개인 추진력을 발동하는 방법

골프 2015 마스터스를 앞두고 스포츠웨어 대기업 나이키는 골프 황제 타이거 우즈Tiger Woods와 로리 맥길로이가 등장하는 TV 광고를 공개했다. 이 광고는 열정적인 젊은이에서 성공적인 프로 골퍼로 성장하는 매킬로이의 모습에 초점을 맞췄다. 매킬로이가 성장할 때 우즈가 어떻게 끊임없는 영향과 영감을 주었는가를 강조했다. 아홉 살의 매킬로이는 심지어 우즈에게 북아일랜드의 젊은 골퍼가 "그를 쫓고 있다"고 편지를 쓰기도 했다.

세계 챔피언 골퍼가 되겠다는 매킬로이의 동기는 그가 진짜 세계 최고의 골퍼가 되는 데 큰 역할을 했다. 다행인 건 우리도 목표를 달성하기 위해 동기부여를 사용하는 방법을 배울 수 있다는 사실이다.

해빗 메카닉이 되어 유용한 새 습관을 만들려면 동기부여를 제대로 하는 게 매우 중요하다. 우리는 동기부여를 '노력의 방향과 강도'로 정의한다. 노력의 방향과 강도는 동기부여에 필수적인 '목표'를 필요로 한다. 일단 목표를 설정하면 우리는 그것을 성취하는 방향으로 노력과 에너지를 지시하고 집중할 수 있다.

다트를 던진다고 상상해보라. 당신의 목표는 타겟이고, 던지는 행위는 노력을 나타낸다. 목표가 얼마나 중요한지는 당신이 다트를 던지는 데 얼마나 큰 노력을 기울이는가로 가늠할 수 있다.

APE(생존 지각 에너지) 뇌 테스트를 완료하면 바꾸고자 하는 특정 부분(수면 개선, 스트레스 관리, 생산성 등)을 표시할 수 있다. 하지만 특정 부분을 목표로 삼고 나면 금세 이런 생각이 들기도 한다.

'정말 이 부분을 개선할 수 있을까?'

대답은 '할 수 있다'이다. 우리에게는 학습이라는 초능력이 있기 때문이다. 우리는 삶의 모든 영역에서 개선 방법을 배울 수 있다. 그런데도 또 이런 생각이 든다.

'정말 이 목표를 위해 노력할 가치가 있을까?'

이 질문에 대한 답을 찾으려면 아래의 이야기를 읽어봐야 한다.

오프라 윈프리가 진행하는 인터뷰에서 『해리 포터(Harry Potter)』 작가 조앤 K. 롤링은 그녀가 출판 작가가 되려는 장기적인 꿈을 어떻게 유지했는지 설명했다. 그녀는 초기에 고군분투한 이야기를 꺼냈다. 영감을 얻기 위해 끈질기게 매달렸고, 결국 어린 마법사의 이야기에서 답을 찾았다. 그러나 끈기는 더 필요했다. 출판 계약을 하기 전까지 『해리 포터』는 출판사 열두 곳에서 거절을 당했다. 『해리 포터』 시리즈가 역사상 가장 많이 팔린 아동도서이자 가장 높은 수익을 올린 영화 중 하나라는 점을 떠올리면 이는 놀라운 일이다.

롤링의 이야기는 동기부여의 중요성을 강조한다. 의미 있는 목표는 끈질기게 매달려 그것을 달성하게 하는 강력한 힘을 가지고 있다.

짐 콜린스Jim Collins와 제리 포라스Jerry Porras의 저서 『성공하는 기업들의 8가지 습관(Successful Habits of Visionary Companie)』에 자세히 나와 있듯이 세계에서 가장 성공한 기업들은 과학자들이 BHAGS(Big Hairy Audacious Goals / 크고, 위험하고, 대담한 목표)라고 부르는 것을 가지고 있었다. 분명하고, 장기적이고, 야심 찬 목표가 기업의 성공을 만들어낸 것이다. 만약 우리가 이루려는 것에 대한 명확한 비전이 없다면, 매일 잠재력을 유지하며 일하기 어렵다는 게 공통된 의견이다.

동기부여를 위해 BHAGS를 사용해서 성공한 사람들의 더 많은 예가 있다. 이들의 공통점은 다른 사람이 자신의 운명을 지시하거나 통제하도록 내버려두지 않는다는 것이다. 대신 그들은 삶에서 통제 가능한 요소를 찾아 능동적으로 활용했다.

- 포드 자동차의 창업자 헨리 포드는 부자가 아니어도 모두 가질 수 있는 차를 만들고 싶었다.
- 로리 맥길로이는 어렸을 때 프로 골퍼가 되어 메이저 대회에서 우승하겠다는 미래 목표를 세웠다.
- 테슬라의 일론 머스크는 실제로 실현하기 10년 전에 전기차를 만드는 방법과 깨끗한 전기를 공급하는 인프라에 대한 청사진을 발표했다.
- 테니스 선수 자매인 비너스와 세레나 윌리엄스는 우연히 역사상 가장 위대한 선수가 된 것이 아니다. 그들은 어릴 적부터 분명한 비전을 가지고 있었다.

그러나 미래에 대한 명확한 비전의 중요성을 아는 것만으로는 안 된다. 목표를 달성하는 것은 또 다른 일이다. 문제는 HUE가 바로 10분 뒤에 일어날 일에만 관심이 있고, 연말이나 10년 후에 일어날 일에는 관심이 없다는 사실이다.

나는 단기, 중기, 장기 목표를 세우고 이들을 서로 연결하기 쉽게 'FAM 이야기'라는 특별한 목표 설정 시스템을 개발했다. 미래의 야심차고 의미 있는 이야기, 즉 FAM 이야기는 동기부여를 더 잘 통제하도록 설계되었다.

이야기에는 상상을 초월하는 힘이 들어있다

미국 작가이자 학자인 조너선 갓셜Jonathan Gottschall은 인간을 '스토리텔링 동물'이라고 부른다. 그는 인간이 이야기하게 설계되었다고 믿는다. 신경생물학적 관점에서 우리는 이야기는 뇌가 기억하기 쉽고, 그렇기 때문에 개인과 사회에서 매우 중요하단 사실을 인지하고 있다.

우리는 뇌에 강력한 자전적 기억 센터를 가지고 있다. 그 뇌는 지식과 기억을 시작, 중간, 끝이 있는 이야기로 구성하는 것을 매우 좋아한다. 실제로 대부분 사람은 사실의 열거와 사실을 포함한 흥미로운 이야기 가운데 후자를 더 잘 기억한다. 시험공부를 하는 사람들에게 머릿속에 특별한 공간을 설정하고, 장소와 외울 것을 연계해서 집어넣는 '기억의 궁전'을 활용하라고 권장하는 것도 이런 까닭이다.

해빗 메카닉은 미래의 삶에 대한 긍정적 이야기를 창조한다. 이야기는 변화를 만들고, 목표를 성취하는 데 한 걸음 더 다가가게 만든다. 그리고 내가 만든 FAM 이야기 빙산은 해빗 메카닉이 사용할 수 있는 강력한 도구 가운데 하나다.

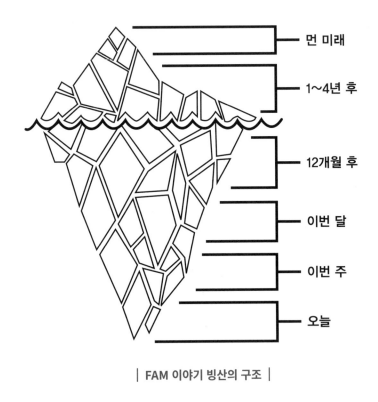

| FAM 이야기 빙산의 구조 |

FAM 이야기 빙산은 일상의 습관이 미래의 건강, 행복, 성과에 미치는 영향을 이해하고 더 잘 통제할 수 있게 도와준다. FAM 이야기 빙산을 만드는 방법은 다음과 같다.

제4장 동기부여하고 강하게 통제하기

① 먼저 당신이 성취하고 싶은 것과 당신이 있고 싶은 곳을 10년 후와 같이 장기적 미래로 생각해보라. 이것이 빙산의 꼭대기(먼 미래)다. 생각이 잘 안 나더라도 걱정하지 마라. 내가 몇 가지 생각을 떠올리도록 도울 것이다.

② 다음으로 크고 장기적인 목표를 달성하기 위해 향후 1~4년 동안 무엇을 해야 하는지 생각해본다. 이제 수면 바로 위에 도달했다.

③ 향후 12개월 동안 달성해야 할 것이 무엇인지 생각해보라. 이제 수면 바로 아래로 내려왔다.

④ 이번 달에 달성해야 할 것에 대해 생각해보라.

⑤ 이번 주에 달성해야 할 것에 대해 생각해보라.

⑥ 늘 해야 할 일에 대해 생각해보라. 이제 빙산 바닥에 도달했다.

FAM 이야기의 힘

FAM 이야기는 다양한 영역에서 당신의 의욕을 고취시키고, 목표를 향해 나아갈 수 있는 원동력을 제공할 것이다. 구체적으로 아래와 같은 효과를 기대할 수 있다.

동기부여의 파도를 일으킨다

FAM 이야기는 '동기의 파도'를 불러일으킨다. 동기의 파도는 우리의 노력과 에너지를 지시하는 데 도움이 된다. 또한 장기적 목표를 달성하기 위해 단기적으로 달성해야 하는 것이 무엇인지 정확히 이해하게 함으로써 목표에 집중하도록 만든다.

나아가고 있음을 확인한다

구조화된 목표를 설정하면 진행 과정을 추적할 수 있다. 나아가고 있음을 확인하면 쾌락주의(쾌락)와 행복감(해빗 메카닉의 발달) 사이의 중요한 균형을 맞추기가 더 쉽다.

세계 최고의 창의성 전문가이자 심리학자인 테레사 에머빌Teresa Amabile 하버드대학 경영대학원 교수는 '전진의 법칙(The Progress Principle)'이라는 용어를 만들었다. 에머빌은 일상에서 의미 있는 목표를 향해 전진을 이루었다면 감정이 좋아진다고 강조했다. 그녀는 우리가 문제에 직면했을 때, 그 문제를 헤쳐나가기 위해 필요한 건 큰 승리가 아니라 소소한 승리와 작은 전진의 조각이라고 설명했다. 일부 연구자에 따르면 업무에서 번아웃이 오는 가장 큰 원인은 과도한 업무가 아니라 너무 오랫동안 개인의 발전을 경험하지 못한 탓이라고 한다.

우리의 노력이 전진으로 보상받지 못한다고 느낄 때 우리는 답답함에 압도된다. 반대로 우리가 삶에서 전진하고 있다는 느낌은 우리에게 성취감과 행복함, 더 많은 동기를 선물한다.

스트레스를 관리한다

목표를 설정하고 모니터링하면 우리가 흔들릴 때 목표를 재설정하고 재조정하기가 쉽다. 목표를 올바르게 설정하면 그것은 훌륭한 스트레스 관리 도구가 된다. 목표가 너무 어렵거나 쉬우면 적절히 조정하라. 목표는 고정된 게 아니다.

미래를 예언한다

목표는 자기 성취적 예언을 만든다. 월트 디스니Walt Disney는 "당신이 꿈꿀 수 있다면, 당신은 할 수 있습니다"라는 유명한 말을 남겼다. 컬럼비아대학의 로버트 머튼Robert Merton 교수도 연구를 통해 무언가를 성취할 수 있다고 믿는다면 성공할 가능성이 더 크다는 사실을 보여주었다. 머튼의 자기충족적예언 이론은 우리가 인간 행동을 이해하는 방식에 광범위한 영향을 미쳤다.

FAM 이야기의 힘을 이해하는 데 도움이 되는 유용한 사례 연구가 있다.

2018년, 조지아 홀은 브리티시 여자 오픈 대회에서 세 번째 영국인 우승자가 되었다. 대회를 마친 뒤 홀은 자신의 FAM 이야기 일부를 공개했다. 그녀는 "아홉 살 때부터 브리티시 오픈 우승이 목표였어요. 지금 너무 행복해요"라고 말했다.

조지아의 아버지이자 캐디인 웨인 홀Wayne Hall은 이 말을 강조했다.

"딸이 일곱 살 때부터 브리티시 오픈을 위해 연습하고 퍼팅하며 이 날을 꿈꿔왔습니다. 지금 꿈이 실제로 벌어졌네요."

조지아 홀은 브리티시 여자 오픈 대회에서 우승함으로써 자신의 예언을 성취했다. 그녀의 아버지는 또한 딸이 FAM 이야기를 통해 어떻게 발전했는지 설명했다.

"딸은 아홉 살 때 36개의 핸디캡이 있었어요. 열 살 때는 10개로 줄었고, 열한 살이 되었을 때는 코스 레코드(한 코스에서 공식적으로 인정된 베스트 스코어)를 세웠습니다. 물론 지금까지 유지하고 있고요. 그 후 영국 대표로 선발되었는데 거기서부터 발전했어요."

웨인 홀은 딸의 목표가 이전 시즌인 2017년 오픈에서 우승하는 것이었음을 밝혔다. 비록 우승은 못했지만, 그 실패가 그녀의 경력에 큰 차질을 주진 않았다. 대신 목표를 재설정하고 다시 시도했다. 그는 말했다.

"이 대회는 딸에게, 우리에게 가장 큰 토너먼트예요. 그래서 작년에 3위로 끝내고 정말 정말 열심히 노력했어요."

이렇게 목표는 고정된 게 아니다. 일이 계획대로 되지 않으면 다시 중심을 잡고 목표를 조정하면 된다. 심지어 그 목표는 엄격할 필요도 없다. 목표를 설정하는 것만으로도 하지 않는 것에 비해 훨씬 유익한 결과를 낼 수 있다.

나만의 FAM 이야기 개발하기

FAM 이야기를 처음 접하는 사람들은 그 광활함과 장대함에 다소 막막함을 느끼기도 한다. 여기 당신의 이야기를 설정하기 위한 몇 가지 도움이 될만한 질문을 준비해보았다. 나는 이 해빗 메카닉 도구를 'FAM 양식'이라고 부른다.

---

1. 당신에게 영감을 주는 사람은 누구인가? 구체적으로 이름을 적는다.

_____

_____

_____

(예: 부모, 형제, 자매, 조부모, 가족, 동료, 사회의 변화를 만든 인물, 과학자, 노벨상 수상자, 기업가, 멘토, 작가, 스포츠 챔피언, 정치가, 자수성가한 사람, 음악가)

2. 그들이 왜 영감을 주는가?
 (구체적으로 적어가면서 그들의 자질이 무엇인지 떠올려보자.)

_____

_____

_____

_____

_____

(예: 헌신, 끈덕짐, 자기희생, 투지, 갈망, 근면함, 성공, 관용, 진보, 탁월함, 혁신, 겸손, 신뢰성, 회복탄력성, 태도, 배짱)

---

3. 최고의 나로 느끼기 위해 하는 일을 최소 3개에서 최대 8개 선택하라.

_____

_____

_____

_____

_____

(예: 즐겁게 시간 보내기, 다른 사람을 돕기, 자기계발 하기, 휴식을 취하기, 의미 있는 일 하기, 겸손하기, 최선 다하기, 일과 삶의 균형을 잘 유지하기, 성과 이루기, 전념하기, 단단히 결심하기, 어려운 도전을 끈덕지게 해결하기, 회복탄력성 기르기, 태도 바르게 하기, 개인적 전진 이루기, 성실하기, 신뢰받기, 관대하기, 잘 먹기, 잘 자기, 자기통제 하기)

4. 당신이 이런 일을 하는 게 왜 중요하고, 이런 일이 어떤 결과를 이루 도록 했는가?

_____

_____

_____

_____

_____

_____

5. 당신의 장점을 최소 3개에서 최대 8개 적어보자.

_____

_____

_____

_____

_____

(예: 성취, 헌신, 갈망, 끈기, 자기희생, 긍정적 태도, 침착함, 근면, 반성적 태도, 성공, 겸손,
관용, 성실, 신뢰성, 뛰어남, 태도, 혁신적 성향)

6. 지금껏 또는 지난 12개월 동안 당신이 인생에서 이루어낸 가장 중요
   하고 어려웠던 것들을 적어보자.

_____

_____

_____

_____

_____

_____

7. 6번의 내용을 성취하기 위해 어떤 노력을 기울였는지 간단히 설명해보자.

_____

_____

_____

_____

_____

FAM 양식을 성실하게 작성했다면 이제 당신은 아래의 질문에 답할 수 있을 것이다.

① 나는 먼 미래에 무엇을 성취하고 싶은가?
② 먼 미래의 목표를 달성하기 위해서 앞으로 1~4년 동안 무엇을 해야 할까?
③ 위 목표를 성취하기 위해서 앞으로 1년 동안 무엇을 해야 할까?
④ 위 목표를 성취하기 위해 이번 달에 무엇을 해야 할까?
⑤ 위 목표를 성취하기 위해 이번 주에 무엇을 해야 할까?
⑥ 위 목표를 성취하기 위해 오늘을 어떻게 시작할까?

제4장 동기부여하고 강하게 통제하기

때때로 우리는 장기적 목표를 쳐다보는 것만으로도 좌절을 느낄 수 있다. 그러나 FAM 양식의 장점은 유연성이다. 언제든 목표는 변경할 수 있다. 그리고 최고의 자리에 오르려는 사람은 주기적으로 자신의 장기 목표를 수정해야 한다. 나는 4주에서 8주 사이에 한 번씩 FAM 양식을 사용해 FAM 이야기를 다듬는다. 내 삶의 환경이 변하기 때문에 내 FAM 이야기의 목표도 바뀐다. 목표를 거의 안 바꿀 때도 있고, 많이 수정할 때도 있다. 여기서 중요한 점은 내가 의도적으로 성찰하고 계획한다는 사실이다. 이것은 현재 내 위치를 알고, 목표를 향해 나아가는 데 도움이 된다. 바로 이것이 해빗 메카닉이 하는 일이다.

이런 이야기가 정말 힘이 있는지 못 믿겠다면 마이크로소프트 창립자이자 억만장자인 빌 게이츠 얘기를 들어보라. 그는 장기 목표 세우기의 가치를 알게 하는 또 다른 유용한 예다. 그의 인생을 다룬 넷플릭스 3부작 다큐멘터리 《인사이드 빌 게이츠(Inside Bill's Brain: Decoding Bill Gates)》를 보면 게이츠는 어린 시절에 그와 그의 가장 친한 친구인 켄트와 이루고자 한 비전을 발전시키기 위해 끊임없이 미래를 생각했다고 고백한다.

"우리는 항상 향후 5년 동안 무엇을 할 것인지 계획을 세웠어요. 사업에 관심이 많았던 켄트를 따라 저도 《포춘》 잡지를 읽었죠."

그는 켄트와 함께 다양한 직업과 각 직업에서 어떤 보수를 받을 수 있는지, 다양한 직업을 가진 다양한 사람들이 세상에 어떤 영향을 미칠 수 있는지에 관해 서로 토론했다. 또한, 두 사람 모두 앞으로 큰일을 이룰 것이라 믿었다고 게이츠는 말했다.

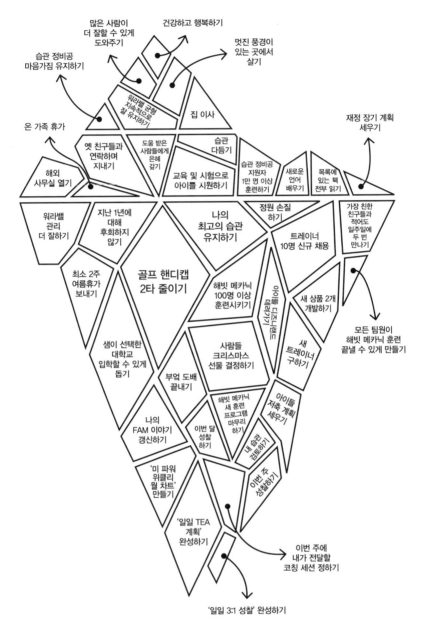

많은 사람이
더 잘할 수 있게
도와주기

건강하고 행복하기

멋진 풍경이
있는 곳에서
살기

습관 정비공
마음가짐 유지하기

워라밸 균형
지속적으로
잘 유지하기

집 이사

재정 장기 계획
세우기

온 가족 휴가

옛 친구들과
연락하며
지내기

도움 받은
사람들에게
은혜 갚기

습관
다듬기

습관 정비공
지원자
1만 명 이상
훈련하기

새로운
언어
배우기

목록에
있는 책
전부 읽기

해외
사무실 열기

교육 및 시험으로
아이를 시원하기

워라밸
관리
더 잘하기

지난 1년에
대해
후회하지
않기

나의
최고의 습관
유지하기

정원 손질
하기

트레이너
10명 신규 채용

가장 친한
친구들과
적어도
일주일에
두 번
만나기

최소 2주
여름휴가
보내기

골프 핸디캡
2타 줄이기

해빗 메카닉
100명 이상
훈련시키기

아이들 디즈니랜드
데려가기

새 상품 2개
개발하기

모든 팀원이
해빗 메카닉 훈련
끝낼 수 있게 만들기

샘이 선택한
대학교
입학할 수 있게
돕기

사람들
크리스마스
선물 결정하기

새
트레이너
구하기

부엌 도배
끝내기

해빗 메카닉
새 훈련
프로그램
마무리
하기

아이들
저축 계획
세우기

나의
FAM 이야기
갱신하기

이번 달
성찰
하기

내 습관 검토하기

'미 파워
위클리
월 차트'
만들기

이번 주
성찰하기

'일일 TEA
계획'
완성하기

이번 주에
내가 전달할
코칭 세션 정하기

'일일 3:1 성찰' 완성하기

| FAM 이야기 빙산 예시 |

제4장 동기부여하고 강하게 통제하기

FAM 양식을 채우는 데 도움이 되는 질문들

장기적인 목표를 세우는 데 막막한 사람이 있다면 어쩌면 아래의 질문들이 도움이 될지도 모르겠다.

1. 먼 미래나 중간 미래(10년 이상)에 하고 싶고, 갖고 싶은 것이 있다면 무엇인가?

_____

_____

_____

_____

_____

_____

_____

(예: 명예, 가족, 자동차, 멋진 친구와 대인관계, 건강, 가정, 돈, 역할과 책임, 직업)

※ 생각이 안 나면 미래에 되고 싶지 않은 모습을 떠올려봐도 좋다. 장기적인 목표를 세우는 데는 시간이 필요하다. 이 작업의 목적은 완벽한 목표를 세우는 데 있지 않다. 미래의 자신과 삶이 어떤 모습이길 원하는지 생각해봄으로써 명확하게 이해하고 여정을 시작하기 위함이다. 무엇을 적었든 언제든 변경할 수 있다.

어쩌면 비현실적인 것 같은 목표도 괜찮다. 나는 그렇게 한다. 비록 목표를 이루지 못하더라도 높은 기대치를 갖는 것이 도움이 된다는 걸 깨달았기 때문이다. 덜 야심 찬 목표를 설정했을 때보다 늘 더 높은 수준의 행복과 성과를 달성한다. 내가 직접 경험해보았으니 믿어도 좋다.

물론 내 접근 방식을 그대로 따라 할 필요는 없다. 아니, 자신에게 가장 적합한 접근 방식을 개발해야 한다. 이것저것 시도하다보면 자신에게 가장 잘 맞는 목표 설정 방법을 분명 찾아낼 수 있을 것이다. 목표는 강력한 도구이지만, 그것을 효과적으로 사용하는 방법을 배우려면 많은 시행착오가 필요하다.

더욱 의미 있고 강력한 장기 목표를 만들려면 '왜' 그 목표를 이루려고 하는지를 알려고 애써야 한다. 스스로에게 '왜?'를 다섯 번 질문하라. 예를 들어 직장에서 승진하고 싶다면 '왜?'라고 자문해볼 수 있다. 대답은 아마도 '더 많은 돈을 벌고 싶으니까!'일 것이다. 그러면 왜 더 많은 돈을 벌고 싶은지 물어볼 수 있다. '더 큰 집으로 이사하고 싶어서!'라고 대답할 수 있다. 그러면 왜 더 큰 집에서 살고 싶은지 물어볼 것이다. '애들이 놀 수 있는 마당이 생기니까!'라고 대답할 수 있다. 그러면 왜 자녀가 놀 수 있는 마당이 갖고 싶은지 물어볼 수 있다. '아이들이 건강하게 자라려면 야외 활동을 할 수 있는 공간이 반드시 필요하기 때문에!'라고 답할 수 있다.

적어도 스스로에게 '왜?'라고 다섯 번을 물을 때쯤이면 목표와 야망에 대한 확실한 이유를 발견할 수 있을 것이다. 목표를 달성하고자 하는 이유의 의미가 커질수록 이루고 싶은 마음도 더 강력해진다.

2. 먼 미래와 중간 미래의 목표를 달성하기 위해 향후 1~4년 동안 무엇을 해야 할까?

_____

_____

_____

_____

_____

3. 1~4년 목표를 달성하기 위해 다음 12개월 동안 달성해야 하는 것은 무엇인가?

_____

_____

_____

_____

_____

_____

4. 이번 달에 내가 기분이 좋아지기 위해 우선으로 해야 할 일을 최소 3개에서 최대 5개까지 적어보자.

5. 이번 달에 목표를 달성하기 위해 이번 주에 우선으로 해야 할 일을 최소 3개에서 최대 5개까지 적어보자.

제4장 동기부여하고 강하게 통제하기

6. 이번 주의 목표를 달성하는 데 도움이 될 오늘 해야 할 일을 최소 3개
에서 최대 5개까지 적어보자.

_____

_____

_____

_____

_____

_____

수고했다. 이제 당신은 미래 모습에 관한 대략적 이야기를 만들었
다. 이 이야기를 계속 만들고 다듬는 데 도움이 되도록 아래에 적은 간
단한 질문과 알림 목록을 활용하기 바란다.

① '왜?'라는 질문을 다섯 번 함으로써 목표를 더 의미 있게 만들어라.
② 매주 목표를 이루기 위해 얼마나 최선을 다하고 있는지 1에서
10까지 등급을 매겨라.
③ 당신은 유전과 양육의 결합체이기 때문에 변화를 만드는 게 가

능하다는 사실을 상기시켜라.

④ 4주에서 8주 사이에 한 번씩 FAM 이야기를 갱신하라.

⑤ 단기 목표와 오늘의 습관을 미래 목표와 연결할 수 있는가?

⑥ 미래에 내가 어떤 모습이 되지 않았으면 한다는 '실패 이야기'를 작성하라.

⑦ 실패 이야기를 되돌아보며 그것을 FAM 이야기로 만들고 거울로 사용하라.

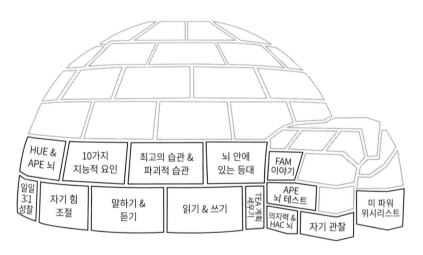

| 해빗 메카닉이 되기 위한 당신의 습관 지능 이글루 |

장기적인 목표 달성을 도와주는 TRAIT 사이클

스포츠웨어 브랜드 언더아머의 TV 광고는 "어둠 속에서 하는 일이야말로 당신을 빛으로 인도합니다"라는 문구로 끝난다. 광고에는 세계 기록을 경신한 미국 수영 선수 마이클 펠프스Michael Phelps가 혹독한 겨울 훈련으로 실력을 갈고닦는 장면이 나온다. 펠프스는 2016년 리우 데자네이루 올림픽을 준비하고 있었다. 그것은 그의 마지막 올림픽이었다.

그는 마지막 올림픽에서 5개의 금메달과 1개의 은메달을 획득했고, 올림픽 역사상 가장 많은 메달을 딴 선수가 되었다.

광고는 장기적 목표를 달성하는 데 일상의 습관이 얼마나 중요한 역할을 하는지 강조한다. 습관과 목표가 서로 어떻게 연결되는지 알아보자.

TRAIT 사이클에 대하여

FAM(야심 차고 의미 있는 미래) 이야기를 실제로 성취할 수 있는가는 습관에 달려있다. FAM 이야기 빙산을 옆으로 눕혀보자. 장기적인 미래와 목표를 나타내는 빙산의 꼭대기가 이제 오른쪽에 있다. 현재와 장기적 목표를 달성하기 위해 필요한 습관을 의미하는 빙산의 바닥은 왼쪽에 있다.

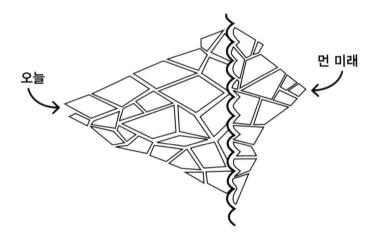

습관은 우리의 삶에 만연해있다. 버클리 캘리포니아대학 조지 라코George Lako 교수의 연구에 따르면 인간의 생각과 행동은 최소 98퍼센트가 습관이다. 쉽게 말해, 매일 다른 것 같았던 생각이나 행동이 사실상 다를 바 없었다는 얘기다.

미국 심리학의 대부 윌리엄 제임스William James는 우리 삶에서 습관이 얼마나 강력한지 분명히 말한다. 그의 책 『심리학의 원리』에는 이

　제4장 동기부여하고 강하게 통제하기

렇게 적혀있다.

"세상에서의 나의 경험은 내가 (행동과 생각에) 주의를 기울이는 습관으로 만들어진다."

참 다행이다. 해빗 메카닉이 되면 미 파워 훈련(Me Power Conditioning)으로 습관을 바꿀 수 있으니 말이다. 그리고 그 습관이 작동하는 방식을 자세히 설명하기 위해 나는 TRAIT 사이클을 개발했다.

내가 본 다른 습관 모델은 실제로 우리 행동을 이끄는 핵심을 꿰뚫지 못했다. 하지만 TRAIT 사이클은 달랐다. 이 고리는 사람들이 강력하고 지속 가능한 새 습관을 개발하는 데 몇 번이고 도움을 주었다.

먼저 T는 '자극'이다
자극은 사이클의 첫 단계다. 자극은 좋든 나쁘든 무엇을 해야 함을 일깨운다.

모든 자극은 궁극적으로 감정에 의해 움직이므로 감정 조절이 중요하다. 그러나 감정은 늘 주의를 기울이고 있기 어렵다. 반면에 느낌, 냄새, 소리, 시각 등 자극에는 무의식적으로 우리 몸이 반응한다. 휴대폰은 지금까지 만들어진 가장 강력한 자극 장치 중 하나다. 그것은 시각적, 청각적, 물리적 자극을 끝없이 제공하며 늘 우리 곁에 가까이 있다.

또 다른 예가 있다. 당신이 카페에 들어가고 있다고 상상해보자. 고에너지를 보장하는, APE(생존 지각 에너지) 뇌 친화적인 음식이 음료를 주문하는 곳에 전략적으로 배치되어 있다. 당신은 갑자기 심장이 빠르게 뛰는 게 느껴진다. 설탕이 든 음식을 구매하고 싶은 마음이 충동적으로 강하게 든다.

R은 '루틴'이다

루틴을 이해하려면 TRAIT의 AI에 대한 설명을 듣는 게 좋다.

AI는 'APE 인센티브'이다

APE 인센티브는 행동을 이끄는 원동력이다. 살아 숨 쉬고, 사회적 지위를 유지하고, 에너지 사용을 최소화하려는 습관은 APE 뇌가 가장 원하는 것이다.

예를 들어 고정관념은 '생존'과 연결되어 있다. 덕분에 우리는 10분의 1초 이내에 누가 아군인지 적인지 빠르게 판단한다. 심지어 방금 만난 사람을 첫인상만으로 빠르게 (그리고 아마도 부정확하게) 판단하고 대처한다.

자존감은 '지각'과 연결되어 있다. 가까운 주변인이 나에 대해 어떻게 생각하는지 신경 쓰며 쓸데없이 많은 시간을 보내는 게 바로 이런 이유다. 이때 걱정과 자책이 따라오기도 하는데, 이런 모습을 보는 일은 정말 절망적이다.

'에너지'는 항상 우리의 삶을 지배한다. 배고플 때 일이 되지 않는 건 그만큼 몸이 에너지 소비를 거부하기 때문이다. 밥보다 고칼로리 간식이 땡기는 것도 과일 한 조각을 먹는 것보다 에너지가 더 효율적이기 때문이다. 물론 걸어서 갈 수 있는 곳을 차를 타고 가며 에너지 소모를 줄일 수도 있다. 정신적으로 힘든 일을 그만두고, 에너지를 덜 소모하는 일을 하기도 한다. 마치 보고서 작성을 중지하고 휴대폰을 확인하는 것처럼 말이다.

이제 루틴에 대해 다시 알아보자. 자극 뒤에는 항상 루틴이 있다. 우리 행동이나 사고방식은 자극으로 인한 자동 또는 반자동의 응답이다. 예를 들어, 전화가 울리면(자극) 확인하고, 파트너의 메시지를 보고, 응답(루틴)한다. 루틴은 APE 인센티브에 의해 움직인다. 당신은 상대에게 호감을 얻기 위해 이메일에 즉각 반응한다. 이것은 당신에 대한 상대의 지각(Perceived in APE)을 관리하려는 무의식적 시도일 수 있다. 빨리 답장함으로써 상대가 당신에게 얼마나 중요한지 보여주는 것이다.

때때로 APE 뇌는 습관으로 보상을 받기도 한다. 프레젠테이션을 듣는 동안 책상 위에 놓인 휴대폰이 진동하고 있다고 가정해보자. 당신은 루틴대로 하던 걸 멈추고 휴대폰을 확인한다. 이때 프레젠테이션에 집중하는 것보다 훨씬 적은 에너지(Energy in APE)가 들 것이다. 그런데 그것이 자신에 대해 기분 좋게 만드는 친구의 메시지라면, APE 뇌는 지각이라는 보상을 해준다. 친구가 시간을 내서 메시지를 보냈다는 건 그가 당신을 그만큼 좋아한다는 의미니까 말이다.

T는 '훈련'이다

습관은 연습할수록 뇌의 더 많은 신경세포가 그 습관에 집중한다. 신경세포가 많아지면 사이클은 더 강력해지고 실행하기 쉬워진다.

TRAIT 사이클의 예시

당신은 새로운 습관을 만들 수 있다. 하지만 이 능력은 양날의 검이다. 도움이 되는 새로운 습관을 만들 수도 있겠지만, 반대로 도움이 되지 않는 습관도 많이 만들어낼 수 있기 때문이다. 더구나 VUCA(변동적이고, 불확실하며, 복잡하고, 모호한)가 지배하는 현대 사회는 그 어느 때보다도 안 좋은 습관을 가지기가 좋은 환경이다. 그러한 예를 살펴보자.

예시 1

- **자극**: 배고픔을 느낌
- **루틴**: 건강에 좋지 않은 맛 좋은 간식을 먹음

- **APE 인센티브:** 몸이 빠르게 에너지를 생성함
- **훈련:** 이 행동이 반복되어 나쁜 습관으로 자리 잡으면 체중은 늘고 기분이 안 좋아지며, 장기적으로 건강 문제를 일으킬 확률이 높아짐

예시 2

- **자극:** 잠을 자야 하는데 좋아하는 TV 프로그램을 못 보는 건 싫음
- **루틴:** 다음 에피소드를 보기 위해 밤늦게까지 깨어있음
- **APE 인센티브:** 잠자러 2층에 올라가는 것보다 에너지는 덜 들고, 다음 에피소드를 보면서 즉시 보상을 받음
- **훈련:** 이 행동이 반복되어 나쁜 습관으로 자리 잡으면 잠이 부족해 다음 날 피곤함을 느끼고, 생산성은 줄어들며 운동도 하지 않게 됨. 또 나쁜 음식을 먹으면서 장기적으로 건강에 이상이 생길 가능성이 커짐

예시 3

- **자극:** 힘든 일을 하는 동안 지루함을 느낌
- **루틴:** 휴대폰을 확인함
- **APE 인센티브:** 일을 끝내는 것보다 휴대폰을 확인하는 게 에너지도 덜 들고 즉각적인 보상을 받음
- **훈련:** 이 행동이 반복되어 나쁜 습관으로 자리 잡으면, 생산성이 줄어들어서 일하는 시간이 길어지고 집중력은 약해져서 결국 일을 제대로 해내지 못함

예시 4

- **자극:** 직장에서 어떤 일 때문에 화가 남
- **루틴:** 담배를 피움
- **APE 인센티브:** 스트레스가 빠르게 사라짐
- **훈련:** 이 행동이 반복되어 나쁜 습관으로 자리 잡으면 치아 색이 변하고, 호흡이 나빠지며, 중독 증상을 일으킴

예시 5

- **자극:** 업무량이 많아 스트레스를 받음
- **루틴:** 술을 마심
- **APE 인센티브:** 빠르게 기분이 풀림
- **훈련:** 이 행동이 반복되어 나쁜 습관으로 자리 잡으면, 수면의 질이 떨어져 다음 날 뇌 기능이 저하되고 스트레스 수치가 높아짐. 전보다 비능률적이고 비효과적으로 일하게 되어 다른 스트레스를 불러옴

예시 6

- **자극:** 자신에 대한 불만족
- **루틴:** 새 옷을 구매
- **APE 인센티브:** 타인의 시선을 사로잡을 수 있음
- **훈련:** 이 행동이 반복되어 나쁜 습관으로 자리 잡으면, 장기적으로 빚에 허덕이고 자기 불만족이 오히려 더 심해짐

- **자극:** 상사로부터 부정적 내용이 담긴 이메일을 받고 APE 뇌가 그것을 기분 나쁘게 받아들임
- **루틴:** 자책함
- **APE 인센티브:** 당신의 사회적 지위(타인이 지각하는 나의 모습)가 공격당하고 있음을 알리며 생존 본능을 자극함
- **훈련:** 이 행동이 반복되어 나쁜 습관으로 자리 잡으면 자존감이 하락하고, 정신적 문제를 일으킬 수 있음

습관 성찰 해보기

이제 습관이 작동하는 방식에 대해 이해했으니 내가 '습관 성찰'이라고 부르는 작업을 해보자. 이것은 앞서 완료한 APE 뇌 테스트를 기반으로 한다. 그리고 습관은 FAM 이야기 빙산의 기초라는 것을 기억하고 있자. 습관이 매일, 매주, 매월 목표 달성에 도움이 되지 않는다면 그 목표는 실패하고 말 것이다. 도움이 되는 습관을 많이 만들수록 더 쉽게 발전하고 성공하고 번영할 수 있다.

어떤 새 습관이 이번 달에 도움이 될 것인지 알아보기 위해 아래 문항에 1부터 10까지 점수를 매기자. 1은 '전혀 아니다', 10은 '항상 그렇다'이다. 10점에 가까운 문항 옆에는 구체적인 예를 추가적으로 기록해서 향후 수정하는 데 도움이 되도록 하자.

1. 유혹에 굴복하고 충동적으로 행동한다.   점수: _____

예:

_____

_____

2. 후회할 행동을 한다.   점수: _____

예:

_____

_____

3. 성급하게 결론 내린다.   점수: _____

예:

_____

_____

4. 일이 어려워질 때 계속해나갈 원칙이 없다.   점수: _____

예:

_____

_____

5. 과제를 꾸준히 하면서 완성해나가는 원칙이 없다.

점수: _____

예:

_____

_____

6. 현재에 안주하는 성향이 최고의 내가 되는 데 걸림돌이 된다.

점수: _____

예:

_____

_____

7. 그만두고 싶은 유혹을 이기기 못한다.　　점수: _____

예:

_____

_____

8. 나는 보상이 오래 걸리면 일하지 않는다.　　점수: _____

예:

_____

_____

9. 일을 망치면 자책한다.　　점수: _____

예:

_____

_____

10. 자신감이 너무 과해서 일을 그르친다.　　점수: _____

예:

_____

_____

11. 나쁜 행동을 변명한다.   점수: _____

예:

_____

_____

12. 실패하고 싶지 않아서 안주하며 도전하지 않는다.

점수: _____

예:

_____

_____

13. 일의 결과에 책임을 지려고 하지 않는다.   점수: _____

예:

_____

_____

14. 예정일에 맞춰 작업을 끝내지 않아서 사람들에게 실망을 안긴다.

점수: _____

예:

_____

_____

15. 내가 통제할 수 없는 일에 대해 걱정한다.   점수: _____

예:

_____

_____

다시 점수를 확인하고, 가장 높은 점수를 받은 습관들을 구별하자. 가장 도움이 되지 않는 습관이 어떤 유형인지 보일 것이다.

쓸모없는 습관을 최고의 습관으로

쓸모없는 습관을 확인했으니 앞서 언급한 최고의 습관 개념을 다시 살펴보자. 1만 명이 넘는 리더를 만나면서 나는 사람들을 더 건강하게, 행복하게, 성과 중심적으로 만드는 어떤 정형화된 습관이 있다는 걸 깨달았다. 그들은 그런 습관을 통해 스트레스를 관리하고, 도움이 되지 않는 생각에 시간을 빼앗기지 않았으며, 업무 효율을 높이고, 창의력 있는 아이디어를 떠올렸다. 또한 압박 속에서도 성과를 냈으며, 주변 사람들에게 강한 신뢰를 심어주었다.

그들을 보면서 나는 수년에 걸쳐 내 습관을 형성하고 다듬었다. 그렇게 만들어진 최고의 습관들은 해빗 메카닉 도구들을 통해 더욱 지능적으로 발전하고 변화했다. 다음은 내가 가진 최고의 습관과 그 습관들이 가져오는 유용함에 대한 설명이다. 간단해 보이지만 이것은 수년간의 해빗 메카닉 훈련과 시행착오를 통해 탄생한 결과물이다. 이런 지능을 가지는 것과 이를 습관으로 만드는 것은 서로 별개의 문제라는 사실을 꼭 명심하자.

일별 최고의 습관

1. **'아침 조깅'**은 두뇌를 활성화해서 생각이 명확해지고, 집중력이 높아지며, 생산력이 올라간다. 또한 건강한 식습관을 가져오고 (아침 밥맛이 좋아진다는 사실은 모두 알 것이다) 전반적인 일상 활동을 수월하게 만들어준다. 밤에 깊은 숙면을 취할 수 있고, 체중 관리에도 도움이 된다.

2. **'일일 TEA 계획 세우기'**는 하루를 최대한 활용할 수 있게 하고 많은 생산적 습관을 유발한다. 하루를 생산적으로 보내면 하루가 끝날 때 기분이 좋아지고 워라밸을 더 잘 유지할 수 있다.

3. **'점심시간에 5분간 산책하며 의도적으로 호흡에 집중하기'**는 스트레스 관리에 도움이 된다. 보다 나은 오후를 보낼 수 있게 되며 정시에 일을 끝내게 된다. 저녁에는 깊은 숙면을 취할 수 있다.

4. **'하루를 마치며 오늘의 성찰을 글로 쓰고 다음 날 계획하기'**는 진행 상황을 점검하고, 스트레스를 관리하는 데 도움이 된다. 본인의 능력에 대한 자신감을 불어넣으며 제시간에 일을 끝내게 한다. 저녁 루틴 및 습관을 활발하게 하면 숙면에 도움이 된다.

주별 최고의 습관

1. **'다음 주를 위한 주별 성찰 및 계획'**은 동기부여와 생산성 향상, 자신감 고취에 도움이 되며, 최고의 습관을 만드는 데 있어 촉진제 역할을 한다.

<u>월별 최고의 습관</u>

1. **'FAM 이야기를 검토하고 갱신'**하면 동기, 생산성, 자신감이 향상된다. 일별, 주별로 최고의 습관을 활성화하는 데도 도움이 된다.
2. **'팀 파워 리더십의 자기 평가를 완료'**하면 리더십 향상 지표를 눈으로 확인할 수 있으며, 팀의 잠재력도 끌어올릴 수 있다. 역시 일별, 주별로 최고의 습관을 활성화하는 데 도움이 된다.

인생은 오르막과 내리막이 있는 법이다. 최고의 습관 역시 그때그때 상황에 맞춰 조정될 수 있다. 예를 들면, 코로나 때문에 사무실 출근에서 재택 출근으로 회사 정책이 변경되었을 경우, 자기의 루틴을 새로 조정하면서 최고의 습관이 무엇인지 개발해야 한다. 그리고 끊임없이 계획을 세우고 조정하면서 최고의 습관을 다듬어야 한다.

다음으로 당신의 쓸모있는 습관을 인지하도록 돕는 활동을 해보자. 어떤 습관은 이미 몸에 길들여져있지만, 어떤 것은 의도적으로 만들어야 한다.

쓸모 있는 습관 발견하기

'쓸모 있는 습관 발견하기'는 습관 성찰에서 확인한 내용을 바탕으로 그것들을 어떻게 개선해나갈지에 대한 피드백이다. 이 피드백을 습관으로 만들 수 있게 설계되었다. 쓸모없는 습관에 대해 생각할 때도 유용하게 사용할 수 있다. 먼저 바로 앞에서 실시한 습관 성찰의 기록을 다시 검토해보자. 그다음 아래 지침에 따라 자신이 생각하는 답을 체크해보자.

◉ 13개의 항목을 읽은 뒤 자신에게 해당하는 답변을 골라 체크하라.

1. DES(식단, 운동, 수면) 습관을 반성하고 이 부분을 매일 개선하기 위해 계획을 세운다.

　□ 우선순위가 아니다(중요하지 않음)　　□ 이미 잘하고 있다(잘함)
　□ 더 잘해야 한다(노력 요함)

2. 하루가 끝나면 잘한 점을 돌아보고 내일 개선할 점에 집중하는 게 도움이 된다.

　□ 우선순위가 아니다(중요하지 않음)　　□ 이미 잘하고 있다(잘함)
　□ 더 잘해야 한다(노력 요함)

3. 매 주말에 잘한 일에 대해 생각하고 다음 주에 개선할 점에 대해 생각하는 게 도움이 된다.

　□ 우선순위가 아니다(중요하지 않음)　　□ 이미 잘하고 있다(잘함)
　□ 더 잘해야 한다(노력 요함)

4. 때때로 미래에 대해 생각하고 장단기 목표를 설정하는 것이 도움이 된다.

　□ 우선순위가 아니다(중요하지 않음)　　□ 이미 잘하고 있다(잘함)

☐ 더 잘해야 한다(노력 요함)

5. 월간, 연간으로 달력에 중요한 일이나 생활 활동을 적어두는 게 도움이 된다.

☐ 우선순위가 아니다(중요하지 않음)   ☐ 이미 잘하고 있다(잘함)
☐ 더 잘해야 한다(노력 요힘)

6. 스트레스를 받을 때를 인식하고 스트레스를 줄일 수 있는 계획을 세우는 게 도움이 된다.

☐ 우선순위가 아니다(중요하지 않음)   ☐ 이미 잘하고 있다(잘함)
☐ 더 잘해야 한다(노력 요함)

7. 자신감을 점검하며 자신감이 낮은 부분을 키우기 위해 노력한다.

☐ 우선순위가 아니다(중요하지 않음)   ☐ 이미 잘하고 있다(잘함)
☐ 더 잘해야 한다(노력 요함)

8. 도움이 되지 않는 감정을 알아채고 통제할 줄 아는 것이 도움이 된다.

☐ 우선순위가 아니다(중요하지 않음)   ☐ 이미 잘하고 있다(잘함)
☐ 더 잘해야 한다(노력 요함)

9. 생산성을 높이기 위한 계획을 세우는 게 도움이 된다.

☐ 우선순위가 아니다(중요하지 않음)   ☐ 이미 잘하고 있다(잘함)
☐ 더 잘해야 한다(노력 요함)

10. 개선하고 싶은 부분에 대한 학습 계획과 성과를 향상하기 위한 계획을 세우는 게 도움이 된다.

☐ 우선순위가 아니다(중요하지 않음)　　☐ 이미 잘하고 있다(잘함)
☐ 더 잘해야 한다(노력 요함)

11. 압박을 받는 상황에서 성과를 높이기 위한 계획을 세우는 게 도움이 된다.

☐ 우선순위가 아니다(중요하지 않음)　　☐ 이미 잘하고 있다(잘함)
☐ 더 잘해야 한다(노력 요함)

12. 생산성을 높이기 위해 나의 하루를 계획하는 것이 도움이 된다.

☐ 우선순위가 아니다(중요하지 않음)　　☐ 이미 잘하고 있다(잘함)
☐ 더 잘해야 한다(노력 요함)

13. 더 나은 리더가 되는 방법을 배우는 게 도움이 된다.

☐ 우선순위가 아니다(중요하지 않음)　　☐ 이미 잘하고 있다(잘함)
☐ 더 잘해야 한다(노력 요함)

⮩ '더 잘해야 한다'는 1점, '이미 잘하고 있다'는 5점
'우선순위가 아니다'는 10점을 부여해서 기록해두자.

최종 점수: _____

나에게 꼭 필요한, 쓸모 있는 습관이 어떤 것인지 깨닫는 데 도움이 되었는가. 그렇다면 이제 당신의 삶을 더 쉽게 만들어준, 이미 가지고 있는 유용한 습관이 무엇인지 생각해보자. 또 도움이 되지 않는 습관은 무엇인지 생각해보자. 그리고 도움이 되지 않는 습관을 어떻게 하면 유용한 새 습관으로 만들 수 있는지 적어보자.

아직 최고의 습관에 집중할 필요는 없다. 이것들은 해빗 메카닉 지능을 개발하면 차차 나타날 것이다. 최고의 습관을 발견하는 첫 단계는 더 유용한, 쓸모 있는 습관을 개발하는 것이다.

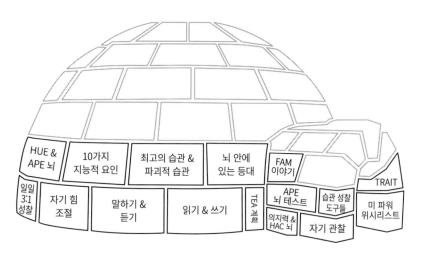

| 해빗 메카닉이 되기 위한 당신의 습관 지능 이글루 |

인생을 통제하는
9가지 행동과학의 비밀

유용한 새 습관을 만드는 게 어렵다는 말이 잘 이해되지 않는다면 버락 오바마Barack Obama 전 미국 대통령에 대한 이야기가 도움이 될 것이다. 오바마는 최초의 아프리카계 미국인 대통령일 뿐만 아니라 100년 만에 뽑힌 세 번째로 젊은 대통령이었다.

CBS 뉴스는 오바마가 미국 담배 산업을 규제하는 새로운 법률을 발표한 직후 언론에서 질문을 받는 모습을 방송했다. 한 기자가 오바마 본인의 흡연 습관에 대해 몇 가지 질문을 던졌다. 하루에 담배를 몇 개비 피우는지, 다른 사람들 앞에서 담배를 피우는지를 물었다.

많은 사람에게 버락 오바마는 유능한 정치가이자 지도자, 강력한 롤모델로 인정받는인물이다. 그러나 그런 그조차도 담배 끊는 것이 '투쟁'이라고 고백했다.

"절제력을 잃냐고요? 가끔 그렇습니다."

그는 덧붙여 말했다.

"95퍼센트 끊었는데 가끔 망쳐버리죠. 알코올 중독자 갱생 모임에 가는 사람들처럼요. 흡연은 끊임없이 투쟁해야 할 대상입니다."

모든 습관은 오바마의 말과 같다. 지금부터 우리는 그 투쟁 과정에서 어떤 과학적 조언을 들을 수 있는지 살펴볼 계획이다.

언어적 설득은 효과가 없다

인생의 어느 부분에서 새로운 습관을 만들려고 할 때 우리가 배웠던 기본적인 행동 변화 기법은 '언어적 설득'을 바탕으로 한다. 자신의 나쁜 습관을 알아차린 뒤 반복적으로 스스로 말을 걸고, 타인에게도 조언하기를 서슴지 않는다. 그러나 습관(모든 인간 행동의 기초)을 바꾸는 것은 복합적이다. 그래서 우리는 종종 실패한다. 말을 듣고 뇌의 동의는 구해도, 몸의 동의는 구하지 못하기 때문이다.

행동과학은 분명하다. 습관을 바꾸기 위한 전통적 접근 방식은 의지력에 지나치게 의존한다고 말한다. 변화를 원하는 마음만으로는 새로운 습관을 형성할 수 없다. 지속 가능한 변화를 만들려면 행동과학의 통찰력을 사용해 정확히 단계별 접근 방식을 만들어야 한다.

모든 행동은 의지력을 사용해 오래된 습관에 저항함으로써 변화하기 시작한다. 예를 들어보자.

자극과 APE 인센티브

지금 휴대폰을 확인하고 싶은 충동을 느꼈다. 이것은 최대한 빨리 끝내야 하는 중요한 작업에 대한 집중력을 깨뜨려야 한다는 의미다. APE(생존 지각 에너지) 인센티브에 의해 작동되어 단기적 만족을 찾고 있는 HUE(끔찍하게 쓸모없는 감정들)이다. 휴대폰을 확인하는 행동은 그것을 확인하고 싶은 갈망을 자극한 결과다.

루틴

당신은 의지력을 사용해서 감정을 조절하고, 휴대폰을 확인하는 오래된 루틴의 유혹을 이겨낸다. 이렇게 함으로써 새로운 루틴을 만들기 시작한다. 휴대폰을 확인하고 싶은 충동을 느낄 때마다 단호하게 하던 일에 계속 집중한다.

하지만 의지력에만 의존한다면 결국 HUE가 이기고 휴대폰을 확인하게 될 것이다. 의지력은 유용한 습관을 만드는 데 도움이 되지만 제한된 자원이기 때문이다. 그래서 우리는 의지력에 행동과학을 더할 필요가 있다.

습관을 만드는 9가지 행동 요소

나는 사람들의 감정 조절과 습관 형성 과정을 강화하기 위해 최신 행동과학 지식을 활용해 '9가지 행동 요소' 체제를 만들었다. 나는 이

체제와 내가 만든 200개 이상의 도구를 활용해 사람들이 변화를 일으킬 수 있도록 돕는다. 여기에서는 간단한 버전으로 새로운 습관 만드는 방법을 소개하겠다.

9가지 요소는 모두 상호 연결되어 있다. 또한 각각 TRAIT(자극→루틴→APE 인센티브→훈련) 사이클과도 이어진다. 다음은 9가지 요소에 대한 간략한 개요다.

① 해빗 메카닉 마음가짐

개선될 거라고 믿지 않으면 절대 개선되지 않는다. 올바른 마음가짐은 습관 변화에 꼭 필요한 요소다.

② 뇌 상태 최적화 요소(APE 인센티브)

새로운 습관 형성의 성공을 위해 당신의 뇌는 신경생물학적으로 변화할 준비를 해야 한다.

③ 아주 작은 변화 요소(APE 인센티브)

한 번에 하나씩, 큰 것보다는 작은 것부터 바꿔야 한다.

④ 개인적 동기부여 요소(APE 인센티브)

변화해야 할 의미가 있다면 더욱 습관을 만들기 쉽다.

⑤ 개인적 지식과 기술 요소(루틴)

새로운 습관을 갖기 위해선 종종 새로운 것을 배울 필요가 있다.

⑥ 공동체 지식과 기술 요소(루틴)

누군가 당신이 길들이기 원하는 습관의 방법을 이미 알고 있다면 그것을 배우기가 훨씬 쉬울 것이다.

⑦ 사회적 영향 요소(APE 인센티브)

6번과 비슷하다. 주변에 관련 지식을 가진 사람이나 공동체가 있다면 적극 활용할 수 있다.

⑧ 보상과 벌칙 요소(APE 인센티브)

보상은 행동을 부추기고, 벌칙은 행동을 막아준다.

⑨ 외적 자극 요소(자극)

외부에 지속적인 자극을 주는 요소가 있다면 만들고자 하는 습관에 집중할 수 있다.

이렇게 9가지 행동 요소들이 함께 활성화되면 새로운 습관 형성과 유지에 유리한 고지를 점할 수 있다. 그런데 궁금하다. 좋은 습관 하나 만드는 데 왜 이렇게 만든 요소가 필요한 걸까?

건강, 행복, 성과에 도움이 되지 않는 습관은 도넛 먹기, 지나치게 자주 휴대폰 확인하기, 자책하기 같은 단순한 행동들이다. 이런 습관은 APE 뇌 친화적이며 생존과 사회적 지위의 달성 및 유지, 에너지 보존과 관련된 인간 본능에 의해 주도된다. 단순한 행동은 우리가 싸우고 있는 학습 전쟁에서 마음을 교란하고 악용한다.

반면에 현대 사회에서 우리가 최고가 되는 데 가장 도움이 되는 습관은 매우 복잡한 행동(Complex Behaviors)이다. 잘 자고, 건강하게 먹고, 충분히 운동하고, 부정적인 것에 너무 연연하지 않고, 뛰어난 리더가 되는 일은 APE 뇌에 친화적이지 않다. 그런 습관은 새로운 지식과 기술을 배우고 전문적인 습관을 만드는 사람, 즉 해빗 메카닉이 되어야 능수능란하게 해낼 수 있다.

9가지 행동 요소는 우리의 습관에 좋든 나쁘든 지속적으로 영향을 미치고 있지만, 우리는 대체로 인식하지 못한다. 생각과 행동을 더 잘 통제할 수 있도록 이 9가지 행동 요소 체제를 유리하게 사용할 수 있는 방법을 알려주겠다.

9가지 행동 요소 활용하기

9가지 행동 요소를 사용 방법을 이해하기 쉽도록 운전에 빗대어보겠다. 운전은 우리가 개선하려는 여러 행동처럼 복잡하기 때문에 예로 들기에 매우 적합하다. 운전을 배워본 적이 없는 사람이라도 충분히 이해할 수 있다. 그럼 운전을 배울 때 9가지 요소가 어떻게 영향을 끼치는지 살펴보자.

① 해빗 메카닉 마음가짐

여기서 마음가짐이란 믿음 또는 우리가 믿는 것이다. 해빗 메카닉 마음가짐을 가진 사람은 연습을 통해 무엇이든 개선할 수 있다고 믿으며, 책임감을 가지고 최고의 내가 되도록 노력한다. APE 뇌 마음가짐의 사람들은 자신이 특정 일에만 능숙하고 나머지 일에는 재능이 없으며, VUCA(변동적이고, 불확실하며, 복잡하고, 모호한) 세상에 복종하려고 한다. 자기가 운전을 잘하지 못할 거라고 생각하면 결국 운전은 할 수 없는 일이 되고 만다. 운전을 배우려면 먼저 해빗 메카닉 마음가짐이 꼭 필요하다.

(캐롤 드웩 Carol Dweck 교수의 '마음가짐'과 월터 미셸 Walter Mischel 교수의 '자제력'에 관한 연구를 참고할 수 있다.)

② 뇌 상태 최적화 요소(APE 인센티브)

간단히 말해서, 이것은 두뇌의 학습 준비 상태를 말한다. 잠이 부족한 채 운전 교육을 받으면 당신의 뇌는 제대로 집중할 수 없다. 마찬가지로 스트레스를 받거나 기분이 좋지 않으면 수업에 집중하기 어렵다. 감정은 주의를 이끌고, 주의는 학습을 이끈다는 점을 명심하자. 새로운 것을 배우고 싶다면 우선 올바른 뇌 상태를 만들어야 한다.

(존 메디나 John Medina 교수의 '두뇌 규칙'에 관한 연구를 참고할 수 있다.)

③ 아주 작은 변화 요소(APE 인센티브)

이 요소는 7킬로그램 감량, 밤에 1시간 더 자기, 분야에서 최고의 리더 되기처럼 우리가 시도하는 변화의 크기나 규모와 관련이 있다. 간단히 말해, 우리는 행동을 변경할 수 있지만 한 번에 하나씩 아주 작은 변화만 가져올 수 있다. 새로운 것을 배우고 싶다면 단계별로, 한 번에 한 개의 작은 변화를 만드는 데 집중하는 편이 훨씬 더 효율적이다. 운전을 잘하기 전에 시동을 켜는 법, 핸들을 돌리는 법, 브레이크 밟는 법을 배우는 것처럼 말이다. 차에 올라탄다고 해서 즉시 장거리 운전을 할 수 있는 방법은 없다.

큰 도약을 원한다면 아주 작은 변화와 개선을 쌓아라. 7킬로그램을 감량하고 싶은가? 먼저 1~2킬로그램 감량하는 걸 목표로 하라. 밤에 1시간 더 자고 싶은가? 오늘 밤에는 5분 더 자는 걸 목표로 하라. 직장에서 최고의 리더가 되고 싶은가? 리더십을 향상시킬 새로운 작은 습관부터 만들어라.

(BJ 포그^{BJ Fogg} 교수의 '아주 작은 습관'에 관한 연구를 참고할 수 있다.)

④ 개인적 동기부여 요소(APE 인센티브)

인생에 더 큰 의미 있는 목표가 생기면 습관을 바꾸거나 새로운 습관을 만드는 것이 쉬워진다. 내가 FAM(야심 차고 의미 있는 미래) 이야기 빙산을 만들라고 말하는 이유다.

운전의 경우, 직장 출퇴근을 위해, 자녀를 학교에 데려다주기 위해, 또는 친구들과 여행을 가고 싶어서 운전을 배워야 하는 상황이거나 배우고 싶을 수 있다. 우리가 이루기 원하는 더 큰 목표, 꿈, 열망을 변화와 연결지을 수 있다면 이것이 동기부여가 되어 변하기 어려운 행동,

습관도 꾸준히 노력하며 끌고 갈 수 있다.

(에드윈 A. 로크 Edwin A. Locke 교수, 에드워드 데시 Edward Deci 교수, 리처드 라이언 Richard Ryan 교수의 '동기부여와 자기 결정'에 대한 연구를 참고할 수 있다.)

⑤ 개인적 지식과 기술 요소(루틴)

도넛을 먹기 위해 새로운 지식과 기술을 습득할 필요는 없지만, 운전하기, 자신감 키우기, 깊이 자기, 생산성 향상 시키기 등과 같은 복잡한 행동 변화를 위해선 꼭 필요하다.

(안데르스 에릭슨 교수의 '전문성'에 관한 연구를 참고할 수 있다.)

⑥ 공동체 지식과 기술 요소(루틴)

가족, 동료, 지역 사회가 우리에게 도움을 줄 수 있는 지식과 기술은 무엇일까? 운전을 배우고 싶을 때 차를 빌려줄 수 있는 부모가 있으면 도움이 될 것이다. 슈퍼마켓 주차장에서 무료로 운전 강습을 받을 수 있을 테니 말이다. 스트레스를 더 잘 관리하는 방법을 알고 싶은데 그 방법을 아는 동료가 있다면 매우 도움이 될 것이다.

내가 모든 통찰력을 단순하게 만들려고 하는 이유는 동료와 가족, 그리고 해빗 메카닉들이 쉽게 공유할 수 있게 하기 위해서다. 우리의 인맥에서 해빗 메카닉 도구와 용어를 아는 사람이 많을수록 이 도구와 용어들은 더 강력한 힘을 발휘할 수 있다.

(앨버트 반두라 Albert Bandura 교수의 '사회 학습'에 관한 연구를 참고할 수 있다.)

⑦ 사회적 영향 요소(APE 인센티브)

APE 뇌는 우리가 우러러보고 존경하는 사람들의 행동에 의해 큰 영향을 받는다. 'P'는 '지각'을 의미하는데, 우리는 그들이 우리를 좋아해주길 바라기 때문에 그들이 우리를 어떻게 인식하는지 은연중에 걱정한다. 운전을 배울 때 속도 제한을 무시해도 된다고 하거나 자동차 보험이 필요하지 않다고 여기는 부모라면 학습자에게 좋은 롤모델이 될 수 없다.

⑧ 보상과 벌칙 요소(APE 인센티브)

APE 뇌는 보상과 벌칙의 영향을 많이 받는다. 보상과 벌칙은 사회적, 내적, 외적인 게 있다. 운전의 경우, 사람들은 운전을 잘하면 보상을 받고 잘못하면 벌칙을 받는다. 운전을 잘하면 결국 시험에 합격하고 정식 면허(보상)를 받게 된다. 장기간 무사고 운전을 한다면 일반적으로 낮은 자동차 보험료(또 다른 보상)를 낸다. 그러나 제한 속도를 위반하면 벌금과 벌점을 받고 보험료가 올라가며, 너무 많이 위반하는 경우에는 면허 상실(벌칙)을 당한다. 좋은 새 습관을 기르는 데 이 보상과 벌칙을 적용하면 좋다.

⑨ 외적 자극 요소(자극)

현대 세계에서 외적 자극은 물리적인 것과 디지털인 것이 있다. 휴대폰은 지금까지 나온 가장 강력한 외적 자극 중 하나다. 하나의 매개체를 통해 우리는 여러 자극에 둘러쌓일 수 있다. 속도계는 우리가 어느 정도 속도로 달리는지 알려준다. 도로 중앙선은 우리가 어느 쪽으로 운전해야 하는지를 알려준다. 건널목은 우리에게 정지하라고 일러준다. 이 모든 것이 자극이며, 이 자극은 종종 보상과 벌칙으로 채워져 있다. 이에 대해서는 나중에 더 자세히 설명하겠다.

(리처드 탈러Richard Thaler 교수와 캐스 선스타인Cass Sunstein 교수의 『넛지(Nudge)』를 참고할 수 있다.)

9가지 행동 요소를 켜는 법

9가지 행동 요소는 각각 켜거나 끌 수 있는 스위치이다. 스위치를 켜면 효과가 나타나고 새로운 습관을 만드는 것이 더 쉬워진다. 그러나 스위치가 꺼지면 각 요소는 당신을 방해하고 습관 관리를 더 어렵게 만든다. 각 스위치를 켜는 방법은 해빗 메카닉이라면 꼭 알아야 할 기술이며, 이 책을 다 읽을 때쯤에는 훨씬 더 능숙해질 분야다.

그렇다면 9가지 행동 요소의 스위치는 어떻게 켤 수 있을까? 해빗 메카닉 마음가짐을 갖는 방법은 어떻게 배울 수 있을까?

당신은 이 책을 읽음으로써 이미 마음가짐 하나는 배우고 있다. 먼저, 자신의 능력은 고정되어 있지 않으며 변화하고 개선할 수 있음을 증명하는 과학 기반의 통찰력을 배우고 있다. 둘째, 긍정적인 변화를 직접 경험할 수 있는 작은 습관 만드는 방법을 배우고 있다. 일일 TEA 계획 세우기를 정기적으로 사용할 수 있다면 이미 어느 정도 성공을 거두고 있다고 믿어도 된다. 이 작은 습관이 당신의 기분을 더 낫게 만들고 잘해낼 수 있다는 자신감도 키워줄 것이다.

뇌 상태를 최적화하는 방법은 DES(식단, 운동, 수면) 습관을 만들고 활성화시키는 것이다. 스트레스를 관리해서 부하가 걸리지 않게 하고, 해낼 수 있다는 자신감으로 뇌를 차분하게 유지해야 한다. 집중력과 생산력을 높이는 것도 뇌 상태를 최적화하는 방법이다.

아주 작은 변화 만들기는 일일 TEA 계획 세우기 등 자기 성찰 및 계획 도구에서 힌트를 찾을 수 있고, 개인적 동기부여는 FAM 이야기 만들기를 통해 해낼 수 있다. 내가 갖고 싶은 습관을 형성하기 위한 지식과 기술은 적극적인 학습을 통해, 공동체 지식과 기술은 당신이 배운 내용을 다른 사람과 공유하면서 얻을 수 있다. 사회적 영향 요소의 사용 방법에 대해서는 뒤에서 자세히 설명하도록 하겠다.

보상과 벌칙 요소 사용에 대해 자세히 알아보려면 어떻게 해야 할까? 이 책의 자기 성찰과 계획 도구에는 '보상과 벌칙 시스템'이 들어 있다. 이 모든 것의 의미를 다 설명하는 건 내 영역 밖이지만, 새로운 습관을 만드는 데 도움이 되게 의도적으로 보상과 벌칙 시스템을 만드는 방법은 설명이 필요할 것 같다.

'당근(보상)과 채찍(벌)'은 아마도 이 요소를 설명하는 데 가장 많이 사용되는 문구일 것이다. 그러나 이 문구는 뇌의 복잡한 내부 작동을 지나치게 단순화한다. 앞서 설명했듯이 우리 행동을 유도하는 건 TRAIT 사이클의 APE 인센티브 구성요소다. 보상과 벌칙을 생각할 때는 APE 뇌에 보상이 되는 것과 그렇지 않은 것을 따져야 한다.

APE 인센티브에서 핵심이 되는 개념은 '에너지 절약', '즉각적 보상', '에너지 효율성'이다. 뇌는 에너지를 보존하도록 설계되었기 때문에 이는 당연한 결과다. 그렇다면 APE 뇌가 보상으로 여기는 구체적인 경우는 어떤 게 있을까?

우리의 일상생활에 영향을 미치는 보상과 벌칙 시스템을 인식하는 것은 중요하다. 예를 들어 운전할 때 속도를 내지 않는 이유는 무엇인가? 이 질문에 대해선 몇 가지 답변이 있을 수 있다. 책임감 있는 시민이 되고 싶어서, 과속 벌금을 물거나 자동차 보험료 인상을 원치 않기 때문에, 또는 면허를 잃는 일이 있어서는 안 되기 때문일 것이다. 당신이 한 답변이 이 안에 있을 수도, 없을 수도 있다. 다만 거의 모든 대답은 이렇게 세 가지 범주로 나뉜다.

- **내적 이유:** 그것이 내 기분에 끼치는 영향
  (예: 책임감 있는 시민이 되면 기분이 좋아짐)

- **외적 이유:** 내가 얻을 수 있는 것
  (예: 저렴한 자동차 보험으로 돈을 절약할 수 있음)

- **사회적 이유:** 사람들이 나를 바라보는 인식
  (예: 운전 면허증이 취소되면 범죄자 취급을 당할 수 있음)

당신의 답변은 위에서 하나 이상에 속할 것이다. 책임감 있는 시민이 되면 기분이 좋아지고(내적 이유), 다른 사람들이 나를 괜찮은 사람이라고 생각할 수 있다(사회적 이유). 보상과 벌칙 시스템은 사람들이 사회에 유익한 방식으로 행동하게끔 설계된 '법률'이란 제도의 형태로 우리 사회 안에 존재한다. 행동 규칙은 학교, 직장, 여러 단체에서 유사한 방식으로 사용되며, 보상과 벌칙 시스템은 또한 당신에게 판매하는 상품과 서비스에도 적용되어 있다.

모든 제품과 서비스는 아래 세 가지의 광범위하고 포괄적인 범주에 분류되어 속한다.

- **건강**
- **부**
- **대인관계**

제품이나 서비스를 구매하면 위 범주에서 하나 이상 좋아지지만(보상), 구매하지 않으면 아무것도 변하지 않는다(벌칙). 이를 이해하고 있는 게 유용하다. 왜냐하면 어떤 법률, 규칙, 제품, 서비스(또는 보상과 벌칙 시스템)가 당신의 행동에 가장 좋은 변화를 주었고, 또 어떤 것이 그렇지 않은지 생각해볼 수 있기 때문이다. 그뿐만 아니라 일부 보상과 벌칙 시스템이 왜 다른 것보다 행동에 더 큰 영향을 미치는지 그 이유를 알 수 있다. 이로써 당신은 새 습관을 만드는 데 더 적절한 보상과 벌칙을 사용할 수 있다.

미 파워 위클리 월 차트 활용하기

개선과 성취가 보상과 동기부여가 되는 건 당연하다. 예를 들어, 다이어트할 때 체중이 줄고 있다면 달성(또는 발전)했다는 기분이 뇌에 도파민을 공급하기 때문에 체중 감량을 더 쉽게 이어갈 수 있다. 하지만 체중이 늘었다면 자신을 변화시키기 위해 들인 노력이 효과가 없다고 느끼기 때문에 포기할 가능성이 더 커진다. 간단히 말해, 발전하고 있다고 느낄 땐 뇌가 보상(도파민 수치 상승)을 받지만, 그렇지 않을 때 뇌도 벌칙(도파민 수치 하락)을 받는다.

그러므로 우리는 도파민이 꾸준히 공급될 수 있도록 큰 목표보다는 이루기 쉬운 작은 목표를 세워서 정기적으로 목적 달성을 경험해야 한다. 오늘 밤 5분 더 자기, 오늘 5분 더 걷기, 윗몸일으키기 1개 하기, 하루가 끝났을 때 긍정적인 생각 1개 적기와 같은 것들이 있다. 아주 작은 변화를 지속하면 더 큰 변화의 기반이 된다. 예를 들어, 일주일에 1~2킬로그램을 감량하면 다음 주에는 더 편하게 다이어트를 할 수 있다. 밤에 5분씩 더 자기로 시작하면 결국 1시간을 금방 늘릴 수 있다. 매일 5분씩 더 걷다보면 매주 걷는 거리가 늘어난다. 하루에 윗몸일으키기 1개 하기는 금방 하루에 20개로 는다. 매일 1번씩 긍정적 생각을 하면 삶을 대하는 태도가 긍정적으로 바뀐다.

나아가고 있음을 확인하는 것도 중요하다. 목표를 설정하고 검토하면 진행 상황을 더 쉽게 확인할 수 있다. 원하는 결과를 얻지 못했다면 좀 더 쉽게 달성할 수 있도록 목표를 조정해서 다시 긍정적인 변화

동력을 만들 수 있다.

이 책은 진행 상황을 모니터링하는 데 도움이 되는 해빗 메카닉 도구로 가득 차 있다. 그 가운데 '미 파워 위클리 월 차트(Me Power Weekly Wall Chart)'를 소개한다. 이것은 일주일 계획 세우기 도구인데, 나는 이 차트를 매주 초에 완성해서 냉장고에 붙여둔다.

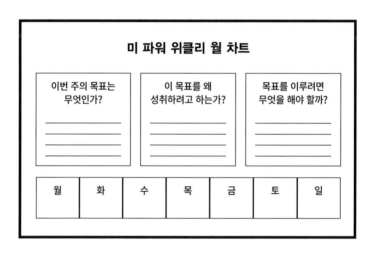

여기에는 보상과 벌칙 시스템이 적용되어 있다. 작동 방식은 다음과 같다.

① 먼저 한주의 목표 목록을 만든다.
② 그다음 '왜 이 목표를 달성하고 싶은가?'라는 질문에 답한다.
③ 그다음 '목표를 이루려면 무엇을 해야 할까?'라는 질문에 답한다.
④ 목표를 이룰 때마다 ✔ 표시한다(실패하면 × 표시한다).

⑤ 가능한 한 많이 연속해서 ✔ 표시 얻기를 목표로 하고 ✔의 연속으로 만든다.

⑥ 연속 ✔ 기록 세우기를 목표로 설정한다(개인 최고 기록은 3일 연속이지만 4일 연속으로 기록을 깨고 싶다).

⑦ 마지막으로, 가장 긴 연속 기록을 깨고 계속 새로운 기록을 세운다.

외적 자극 요소 사용하기

좋은 소식은 당신은 이미 배우고 있다는 사실이다. 미 파워 위클리 월 차트는 (인쇄하여 눈에 띄는 곳에 붙이면) 외적 자극제가 된다. 모든 강력한 자극과 마찬가지로 이것도 보상과 벌칙 시스템으로서의 기능을 한다.

지금까지 고안된 가장 강력한 외적 자극은 아무래도 휴대폰과 시계가 아닐까 싶다. 이것들은 의도적인 보상과 벌칙이 포함되어 있어서 늘 우리 가까이 있거나 심지어 몸에 지니게 되어있다. BBC 뉴스 편집자 제임스 리벨James Reevell의 보고서는 휴대폰 회사가 사람들이 휴대폰에 푹 빠지도록 만들기 위해 적용한 과학에 대해 자세히 다루었다. 그는 몇 가지 부분에 초점을 맞췄다.

당신의 문자에 답하기를 기다리는 동안 나타나는 '…', 이 말줄임표는 작은 스트레스와 도파민 반응(보상을 기대할 때 도파민은 방출된다)을 유도하도록 설계되었다. 예측 불가능한 게임처럼 느껴지게 만든다.

소셜미디어 앱의 '좋아요' 버튼은 다른 사람들이 우리를 얼마나 좋아하는지 직접적으로 보여준다. 물론 APE 뇌에 있는 잠재의식에 직접 영향을 미친다.

빨간색 점. 우리의 뇌는 빨간색을 위험, 중지, 주의와 연관시키도록 적응되어 있다. 따라서 빨간 점을 보면 뇌는 약간의 스트레스 반응을 일으켜 행동을 취하게 된다. '중요한 메시지일 수 있으므로 당장 메시지를 확인하라'고 뇌는 받아들이는 것이다.

강력한 보상과 벌칙 시스템이 있는 외적 자극의 또 다른 좋은 예는 케빈 리처드슨 Kevin Richardson의 과속 카메라 복권이다. 과속 단속 카메라에는 이미 강력한 보상과 벌칙 시스템이 적용되어 있지만, 리처드슨은 여기서 한 단계 더 나아간다. 그는 제한 속도를 준수하면 추가 인센티브를 제공하기로 했다. 운용 방식은 다음과 같다. 과속한 운전자가 벌금을 내면 그 돈이 상금으로 들어간다. 제한 속도를 준수하면 정보가 기록되고, 속도 위반자들이 낸 벌금을 상금으로 받을 수 있는 추첨에 자동으로 참여하게 되는 것이다.

10대 때 나는 세계 최대 패스트푸드 회사 중 한 곳에서 일했다. 그당시 사람들은 햄버거와 감자튀김을 사려면 식당에 와야 했다. 그러나 그건 옛말이다. 사람들은 이제 소파에 앉아 앱을 사용해 주문한다. 그에 따라 패스트푸드 회사들의 홍보 전략도 바뀌었다. 심리학자들이 '강력한 자극'이라고 부르는 TV나 인터넷 광고를 통해 언제든 사람들이 최소한의 노력으로 최대한의 보상을 받을 수 있도록 유도한다.

자극은 사이클의 첫 단계다. 그것은 당신이 해야 할 일을 떠올리게 만든다. 그리고 어떤 자극은 다른 자극보다 훨씬 강력하게 활동한다.

내가 10대였을 때, 패스트푸드 회사의 TV 광고는 내가 그 회사의 음식을 좋아한다는 사실을 상기시켰다. 그렇다고 해서 내가 자리에서 일어나 음식을 사기 위해 가장 가까운 매장(1마일 떨어진 곳)까지 걸어가지는 않았다. 너무 수고스럽기 때문이다. 그러나 지금 이 광고는 APE 뇌에게 지금 당장 해야 할 일(휴대폰을 통해 음식 주문)을 알려주기 때문에 강력한 자극이 된다. 휴대폰으로 즉시 주문할 수 있고 음식이 30분 이내에 배달된다는 것을 알고 있기 때문이다.

게다가 회사는 계속 광고를 바꿔서 새로운 느낌을 준다. 그러지 않으면 APE 뇌가 지루함을 느끼고 흥미가 떨어지기 때문이다. APE 뇌는 재미있고 신나고 새로운 것을 좋아한다. 다음은 강력한 자극의 몇 가지 다른 예이다.

- 주머니 속에서 윙윙거리는 휴대폰
- 냉장고 안의 초콜릿 케이크 한 조각
- 안전벨트를 매라고 알려주는 경고음

내가 이것을 말하고 있는 이유가 뭘까? 강력한 자극이 미치는 강력한 영향을 당신이 알면 쉽고 효과적으로 대처할 수 있기 때문이다. 예를 들어, 일을 끝내야 할 때 휴대폰이 계속 방해를 한다면 전원을 끄고 보이지 않는 곳에 두면 된다. 매일 하루를 시작할 때 일일 TEA 계획을 작성하고 싶다면 인쇄해서 가장 먼저 눈에 띄는 장소에 두면 된다.

강력한 자극을 계속해서 새롭게 만들어라. 나는 일부 고객을 위해 맞춤형 월간 플래너를 만든다. 하지만 이 플래너를 사용하는 사람들이 흥미를 잃지 않도록 매달 플래너 표지를 새롭게 디자인한다.

가급적 9가지 행동 요소를 한꺼번에 활성화하라. 그러면 새로운 습관 만들기가 훨씬 수월해진다. 이를 돕기 위해 내가 만든 '습관 만들기 계획'의 사용법을 곧 보여주겠다. 그러나 그 전에 뇌 건강과 성과를 촉진하기 위해 식습관, 운동, 수면 습관을 어떻게 형성할 것인지에 대해 알아볼 것이다.

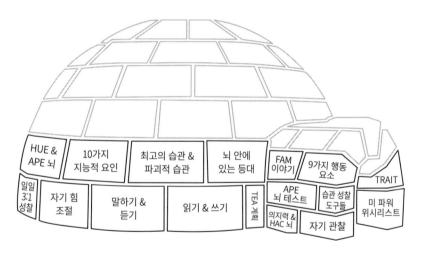

| 해빗 메카닉이 되기 위한 당신의 습관 지능 이글루 |

DES, 뇌 건강 향상을 위한
3단계 전략

신기록을 세우며 연속으로 테니스 그랜드 슬램을 달성한 노박 조코비치는 2015년, 윔블던 대회를 앞두고 매우 인상적인 인터뷰를 했다. 조코비치는 《데일리텔레그래프》 기자인 사이먼 브릭스에게 자신이 자기 관찰 기법을 사용한다고 설명했다.

브릭스는 조코비치의 어깨에 추가적으로 작은 CCTV 카메라 같은 걸 달고 나쁜 습관을 관찰한 다음 고쳐보는 게 어떠냐고 제안했다. 조코비치는 그 제안을 마음에 들어했고, 부정적 에너지와 낭비되는 잠재력을 꾸준히 모니터링해야 한다는 것에 동의했다. 근본적으로, 그는 자기 '카메라'를 사용해서 지능적으로 자기 행동을 관찰한 것이다. 나는 이 장면을 보면서 조코비치가 왜 챔피언의 자리에 앉아있는지 이해할 수 있었다.

쓸모 있는 습관을 만드는 2단계 방법

앞서 설명한 9가지 행동 요소를 사용해 어떻게 하면 더 쓸모 있는 습관을 형성할 수 있는지 알아보자.

쓸모 있는 습관을 만드는 1단계는 DES(식단, 운동, 수면) 습관 가운데 목표를 골라 개선하는 것이다. 잘못된 DES 습관은 장단기적인 건강과 행복, 성과에 해롭다. 이 세 가지 중 하나라도 도움이 되지 않는 습관이 있으면 뇌가 제대로 기능하지 않아 최고의 기량을 펼치는 데 방해가 된다. 대부분 사람은 이 세 가지 가운데 적어도 하나는 개선할 수 있다. 그래서 새로운 습관 만들기를 할 때는 이들 가운데 하나를 첫 번째 목표로 삼는다.

2단계는 습관을 만드는 데 필요한 지식과 기술이 무엇인지를 알아보는 것이다. 어떤 습관 만들기 지식과 기술은 모든 습관에 적용할 수 있다. 반면에 어떤 것은 특정 습관에만 적용할 수 있다.

DES 습관은 삶의 균형을 맞추고 성과를 올리는 데 매우 중요하다. DES는 새로운 뇌세포를 생성하는 뇌의 주요 부분인 해마(또는 해마들 -각 뇌 반구에 하나씩 있음)를 유지하는 데 기여한다. 새로운 세포는 스트레스를 관리하고, 일을 수행하고, 새로운 것을 배우는 데 매우 중요한 역할을 한다. 따라서 해마를 손상시키는 나쁜 DES 습관은 스트레스를 불러오고, 결과적으로 어떤 일이든 실패할 가능성을 높인다.

좋은 운동 습관과 식단은 뇌가 BDNF(뇌 유도성 신경영양인자)라는 단백질을 만들어내는 데 도움이 된다. 이것은 뇌세포가 성장하고 번성하는 데 영향을 끼쳐서 더 수월하게 스트레스를 관리하고 더 많은 것을 배울 수 있도록 한다. 최근 연구에 따르면 정신적으로 문제를 호소하는 많은 사람에게서 BDNF가 결여된 것이 확인되었다고 한다.

좋은 DES 습관은 워라밸을 위한 기초다. 각 영역을 더 깊이 탐구해보자.

식단: 무엇을 먹어야 하나

좋은 식단은 뇌 기능을 향상시킨다. 식단이 장과 뇌 기능에 미치는 영향을 다룬 훌륭한 책이 많다.

BBC 방송인이자 전화 참여 프로그램 진행자인 스티븐 놀란Stephen Nolan은 다량의 정크푸드 섭취가 정신 건강에 어떤 영향을 미치는지 깨달았다. 그는 심장과 몸뿐만 아니라 뇌에도 손상을 준다는 사실을 발견했다.

놀란은 체중 증가로 어려움을 겪었다고 고백했다. 그는 몇 년 전 TV 장편 영화 제작을 위해 국제영양정신의학연구학회의 저명한 과학자, 펠리스 잭카 Felice Jacka 교수를 뉴욕에서 만났다. 놀란은 그를 통해 잘못된 식단이 뇌에 나쁜 변화를 일으키며, 뇌가 제대로 기능하려면 뇌에 좋은 영양소를 공급해야 한다는 사실을 깨달았다. 또 정크푸드를 많이 섭취하면 해마가 BDNF를 덜 공급받는다는 걸 확인했다. 다시 말해, BDNF가 부족하면 해마가 축소될 수 있고, 뇌의 수축은 우울증 징후로 나타난다는 사실을 알았다.

놀란은 최근 실험에 대해서도 들었다. 건강한 남성 그룹에게 일주일 동안 정크푸드를 먹였더니 일주일 후 모두 인지 기능과 뇌 기능이 현저하게 감소했다는 것이다. 그러므로 식단을 짤 때는 뇌 건강을 염두에 두어야 한다. 뇌가 제대로 작동하려면 에너지, 지방산, 항산화제가 조합을 이뤄야 한다.

올바른 에너지원 섭취하기

뇌는 우리 전체 체중의 약 3퍼센트를 차지하지만, 산소의 약 20퍼센트와 포도당의 약 25퍼센트를 사용한다. 녹색 채소, 통곡물 또는 통밀빵, 통밀 파스타와 현미, 고구마, 콩, 렌틸콩, 완두콩 같이 포도당을 천천히 방출하는 복합 탄수화물을 섭취하는 것이 가장 좋다.

지방산 챙겨 먹기

뇌는 지방 기관이므로 제대로 작동하려면 오메가-3와 오메가-6 같은 지방산이 필요하다. 일반적으로 우리는 오메가-6(가금류, 계란, 견과류, 시리얼, 통곡물빵)는 너무 많이 섭취하고 오메가-3는 적게 먹는다. 오메가-3 수치를 높이려면 참치, 연어 등 한류성 어류와 고등어 같은 기름기 많은 생선을 섭취해야 한다. 키위, 콩, 시금치, 아마씨, 치아씨, 호두도 오메가-3 지방산을 함유하고 있다.

정크푸드 그만 먹기

스티븐 놀란 이야기에 나왔듯이 정크푸드는 뇌 기능을 빠르게 손상시킬 수 있는 핵무기이다.

항산화제 충분히 섭취하기

몸 안에 활성산소가 너무 많으면 뇌 기능에 손상을 줄 수 있다. 항산화제로 알려진 분자는 활성산소의 나쁜 영향을 막아준다. 오렌지, 감귤류, 빨간색 피망, 아몬드, 시금치, 고구마, 브로콜리 등이 항산화제를 함유하고 있다.

운동: 어떻게 움직일 것인가

운동은 뇌 기능을 향상시킨다. 때때로 우리는 '운동'이라는 용어를 잘못 이해하는데, 단순히 어딘가를 걷는 것도 운동이다. 모든 형태의 신체 활동(특히 걷기)은 유익하다는 것을 알아야 한다. 특히 현대인들은 장시간 앉아 있는 일이 많아서 걷는 것만으로도 멋진 변화를 경험할 수 있다. 실제로 분자신경과학자 존 메디나John Medina 교수의 연구에 따르면 인간은 가만히 있지 않고 돌아다니며 문제를 해결하도록 설계되어 있다.

운동은 두뇌 능력을 향상시키고 BDNF 수치를 높인다. 또한 주의력 통제 수준을 높여주며, 생산성도 향상시켜준다. 학습력, 창의력, 문제해결력이 높아지는 건 당연한 일이다. 운동은 유형별로 뇌에 다르게 영향을 미친다. 몇 가지 사례를 들어보겠다.

- 역도와 근력 훈련은 복잡한 사고, 추론, 문제해결능력을 높인다.
- 유산소 운동은 기억력을 높인다.
- 고강도 인터벌 트레이닝은 집착, 중독, 식욕을 조절하는 데 도움이 된다.
- 요가는 감정 조절을 통제하는 뇌 회로를 강화시킨다.
- 낮에 자연광을 맞으면서 하는 야외 운동은 뇌 화학 작용을 활성화해서 기분 전환에 도움을 준다. 반대로 자연광을 잘 쬐지 않으면 우울증 등의 정신 질환에 노출될 수 있다.

그렇다면 어떤 종류의 운동을 얼마나 하는 게 내게 도움이 될까? 각 국가별 정부 지침부터 확인하는 걸 추천한다. 내게 익숙한 지침은 영국 정부의 것이다. 영국 정부는 성인이 일주일에 사흘 이상 역기 들기, 탄력 밴드 당기기, 팔굽혀펴기, 윗몸일으키기, 잔디 깎기 등과 같은 근육 강화 운동을 할 것을 권장한다.

수면: 얼마나 잘 것인가

일상생활과 직장에서 성과를 내고 리더십을 보여주려면 먼저 수면 방식을 개선해야 한다.

수면은 은행 잔고와 비슷하다. 충분히 채워놓지 않으면 매일 또는 일주일이 끝날 때쯤 파산하고 만다. 수면 부족은 모두에게, 특히 잠재력을 발휘하기 위해 노력 중인 사람, 타인으로부터 기대를 받는 사람에게 심각한 결과를 초래한다.

『우리는 왜 잠을 자야 할까(Why We Sleep)』의 저자 매슈 워커Matthew Walker 박사는 "우리는 사회적·조직적·경제적·신체적·행동적·영양학적·언어적·인지적·감정적으로 잠에 의존한다"고 말한다.

나아가 과학자들은 잠에 두 가지 핵심 기능이 있다고 조언한다. 낮 동안 뇌에 축적된 독소를 제거하고, 뇌가 쉬는 동안 기억과 학습을 통합하는 것이다. 따라서 수면 부족이 가져오는 명백하고 놀라운 결과는 아래와 같다.

수면 부족은 학습과 발달을 저해한다

수면 부족은 기억 저장을 방해하기 때문에 자주 깜빡하게 만든다. 새로운 뇌세포를 생성하는 능력에도 부정적인 영향을 미친다. 빨리 배우는 것이 생존을 결정하는 VUCA(변동적이고, 불확실하며, 복잡하고, 모호한) 세상에서 학습과 문제해결을 어렵게 만든다는 건 효율적이지 못하다.

잘못된 수면 습관은 스트레스 수치를 높인다

수면 부족은 우리가 침착하고, 이성적이며, 합리적으로 감정을 통제하는 HAC(주의력 통제) 뇌를 손상시킨다. HAC 뇌가 손상되면 우리의 원초적 본능을 억누르기 어려워진다. 결국 잠이 부족하면 후회할 일을 저지르고, 자기에게 부정적인 말을 하는 경향이 크다.

부족한 수면은 판단력과 의사 결정력을 흐린다

여기에는 수면 그 자체의 중요성에 관한 판단력도 포함된다. 2015년 맥킨지 보고서 「수면 부족으로 인한 조직 비용」에 따르면 기업의 리더 중 46퍼센트가 수면 부족이 리더십 성과에 거의 영향을 미치지 않는다고 생각하는 것으로 나타났다. 그리고 이들 가운데 83퍼센트는 조직에서 수면의 중요성에 관해 전혀 교육하지 않는다고 답했다. 이 얘기의 교훈은 간단하다. 기업의 리더들이 현명한 판단을 내릴 수 있을 만큼 충분한 수면을 취하고 있지 않다는 것이다.

수면 부족 습관은 알츠하이머 등 전전두엽 피질 질환의 발병을 증가시킨다

《뉴사이언티스트》의 최신판 표지에는 '수면 부족이 뇌를 죽이는 이유'라는 제목이 박혀 있다. 해당 기사는 나쁜 수면 습관과 수면 부족이 수많은 정신 질환을 야기한다며 뇌 건강에 장기적으로 어떤 식으로 부정적인 영향을 미치는지 설명한다.

수면의 질과 양도 중요하다. 나는 수면의 질에 대한 이해를 돕기 위해 '수면 엘리베이터'라는 비유를 만들었다. 수면 엘리베이터는 5층을 운영한다. 자는 동안 그것은 5층 사이를 위아래로 움직인다.

5층: 깨어있다

4층: 깨어있다가 렘수면(급속 안구 운동) 상태에 빠진다

3층: 렘수면에서 1단계 비렘수면으로 이동한다

2층: 1단계 비렘수면에서 2단계 비렘수면으로 이동한다

1층: 2단계 비렘수면에서 가장 깊은 잠에 빠지는 '서파수면'이라는 3단계 및 4단계 비렘수면으로 이동한다

5층에서 시작해 천천히 1층으로 이동한 다음 다시 천천히 4층으로 올라가는 식이다. 잠을 잘 때 우리는 수면 엘리베이터를 위아래로 움직인다. 밤에 5층에 다시 도착하는 것은 자연스러운 현상으로, 즉 잠을 자다 중간에 깰 수도 있다. 도달하기 가장 어려운 수면은 아마도 1층일 것이다. 그래도 자는 동안 3, 4회는 수면 엘리베이터의 1층에 도달하는 것을 목표로 해야 한다. 사람마다 요구되는 수면 상태는 다를 수 있지만, 현대 과학에 따르면 필요한 평균 밤잠 시간은 3~5세 10~13시간, 6~13세 9~11시간, 14~17세 8~10시간, 18~64세 7~9시간, 65세 이상 7~8시간이다.

그러나 당신은 평균의 함정에 빠지면 안 된다. 당신은 특별하기 때문이다. 당신이 집중력을 놓치지 않을 수 있는 적당한 수면 시간이 있을 것이다. 지금부터라도 수면 시간을 조정해가면서 컨디션을 체크해보길 권한다. 개인적으로 나는 일주일에 55시간을 이상적인 수면 시간으로 계산한다.

수면 습관을 개선하는 18가지 방법

나는 잘 자기 위해 온갖 아이디어를 시도해보았다. 그중에는 아직까지도 수면 습관으로 자리 잡은 게 많다. 그 아이디어를 여러분에게 공유한다. 다만 늘 그렇듯 여기에 절대적인 것은 없다. 당신에게 가장 적합한 습관을 찾는 게 중요하다.

① 일관된 수면 패턴 지키기

기상 시간은 취침 시간과 이어진다. 어느 날 아침에 늦잠을 자면(일요일 아침), 그날 밤(일요일 밤)은 일찍 잠들기 어려울 수 있다. 기상과 취침 시간을 규칙적으로 지키는 건 수면 습관 형성에 매우 중요하다. 탄력근무제가 보편화되면서 규칙적으로 자는 게 더 힘들어졌다. 매일 일관성을 유지하기란 불가능하며 때때로 (뇌의 배터리를 재충전하기 위해) 잠을 더 자는 게 도움이 되기도 한다. 그래도 최대한 기상, 취침 시간을 지키는 게 수면의 질을 보장받을 수 있다.

② 운동하기

낮 동안 충분히 운동하면 밤에 더 편하게 잘 수 있다.

③ 카페인 관리하기

연구에 따르면 잠들기 6시간 전부터는 카페인을 섭취하지 않는 게 좋다. 여러분도 카페인 때문에 잠을 설친 경험이 충분히 있을 것이다.

④ 알코올 섭취 줄이기

알코올은 빨리 잠들게 하지만 수면의 질은 떨어뜨린다. 결국, 다음 날 뇌 기능 저하, 스트레스 수치 증가, 생산성 저하로 이어진다.

⑤ 신 체리 주스 마시기

성인을 대상으로 한 연구에 따르면 하루에 신 체리 주스를 두 잔 마신 사람은 밤에 34분 더 잘 수 있었다. 신 체리에는 졸음을 유발하는 멜라토닌이 많이 함유되어 있다고 한다.

⑥ 숙면을 위한 음식 먹기

자기 전에 소량의 탄수화물과 단백질 간식을 먹으면 숙면에 도움이 된다.

⑦ 낮잠 자기

짧은 낮잠은 수면을 보충하는 효과가 있다. 자신에게 몇 분의 낮잠이 적당한지 확인해보자. 나는 15~20분 정도가 가장 좋았다. 그러나 숙면을 위해 일부러 낮잠을 자지는 말아야 한다.

⑧ 소셜미디어와 이메일 차단하기

자기 전에 소셜미디어와 이메일을 확인하는 것은 불안감을 높여 양질의 수면을 방해한다.

⑨ 전자기기 사용 금지하기

휴대폰, 태블릿, 노트북에서 나오는 불빛을 보면 뇌가 낮이라고 착각해서 멜라토닌 방출을 줄일 수 있다. 따라서 잠자리에 들기 1시간 전에는 전자기기 사용을 중단하고, 특히 침대에서는 사용하지 않는 편이 좋다.

⑩ 조명 어둡게 하기

빛은 뇌에 낮이라고 보내는 신호이므로 잠들기 1시간 전부터는 조명을 어둡게 유지하자.

⑪ 수분 유지하기

갈증은 잠들기 어렵게 만들고, 수면의 질을 떨어뜨린다. 평균적으로 남성은 하루에 2리터의 물을 마시는 편이 좋다. 여성은 하루에 1.6리터의 물을 마셔야 한다. 카페인이 들었거나 맛이 단 음료는 갈증을 일으킬 수 있다는 점에 유의하라.

⑫ 온도 조절하기

사람은 잠들면서 체온이 떨어진다. 그래서 침실이 너무 더우면 체온이 떨어지지 않아 잠들기가 어렵다. 자기 전에 따뜻한 목욕이나 반신욕을 하는 것은 의도적으로 체온을 높이는 방법인데, 이후 체온이 떨어지면서 졸음이 온다.

⑬ 다시 잠드는 습관 만들기

많은 사람이 한밤중에 깨고 나서 다시 잠들려고 애쓴다. 그러나 몇몇 사람은 이미 알고 있겠지만, 깼다가 잠드는 일은 쉬운 게 아니다. 잠이 다시 들지 않으면 나쁜 습관으로 굳어질 수 있다. 이런 습관을 고치려면 '다시 잠들기' 루틴을 만들어야 한다. 각자의 방법이 있겠지만, 나는 우선 머리맡에 휴대폰을 두지 않기를 권한다.

⑭ 올바른 환경 조성하기

인간은 어둡고, 조용하고, 마음이 평온할 때 잠이 들도록 설계되어 있다. 침실과 수면 습관이 세 가지 조건을 만족시키는지 확인하라. 어떤 사람은 안대로 빛을 차단하면서 숙면을 취한다.

⑮ 편안한 침대, 베개, 매트리스 구비하기

어디에서 자는가에 따라 수면의 질이 달라진다. 다른 사람과 침대를 함께 쓴다면 크기가 충분한지 확인하라. 잠이 잘 오는 매트리스를 쓰고 있는가? 돈이 좀 들더라도 당신에게 가장 맞는 취침 도구를 찾는 데 최선을 다하라.

⑯ 해빗 메카닉 스트레스 관리와 자신감 기르기 도구 사용하기

쓸데없고 원치 않는 생각이 머릿속에 맴돌아서 잠들기 어려울 때가 있다. 하루가 끝났을 때 뇌가 받은 스트레스를 완화하고 숙면을 취하는 데 도움이 되는 해빗 메카닉 도구 몇 가지를 뒤에서 보여줄 것이다.

⑰ 입 막음 테이프 사용하기

입을 테이프로 막고 잤을 때 어떤 현상이 발생하는지 보여주는 연구 사례가 증가하고 있다. 입을 테이프로 막는 이유는 강제로라도 코로 숨 쉬게 만들기 위해서다. 코를 통한 산소 공급이 뇌 기능에 미치는 이점에 대한 보고서는 매우 흥미롭다. 현재 내가 연구하고 있는 부분이기도 하다.

⑱ 담배 끊기

흡연은 수면에 부정적 영향을 준다는 사실을 알아야 한다. 니코틴은 각성 효과를 가지고 있어서 잠들고 싶은 뇌를 억지로 깨울 수 있다.

새로운 DES 습관을 세우기 위한
SWAP 사이클

DES를 개선하려고 할 때, 꾸준하고 아주 작은 변화가 강력한 새 습관이나 주요한 행동 변화로 이어질 수 있다는 점을 명심하라. 너무 빨리 많은 것을 바꾸려고 해서는 안 된다. 삶의 모든 영역에서 성공적인 변화를 일으키고 싶다면 두 가지 중요한 개념과 큰 아이디어를 명심하라.

최고의 내가 되기 위해 최선을 다하라

워라밸과 성과를 통제할 수 있는 사람은 다른 누구도 아닌 우리 자신이다. 예를 들어, 숙면을 위해 만반의 준비를 하면 준비하지 않은 것보다 잠을 편안하게 잘 가능성이 훨씬 높아진다. 가족이 당신을 깨우는 것은 어쩔 수 없지만, 다시 잠드는 건 내 마음대로 할 수 있다. 마찬가지로, 당신을 화나게 하는 동료는 어떻게 할 수 없지만, 당신의 반응과 감정은 스스로 다스릴 수 있다.

미리 계획하라

APE(생존 지각 에너지) 뇌는 너무 강력하기 때문에, 우리는 이길 수 있는 계획을 미리 세워야 한다. 예를 들어, 점심 시간에 동료들과 어울려 고칼로리 음식을 먹는 일이 잦다면 따로 도시락을 싸오는 것도 방법이다. 미리 계획 세우기의 부담을 덜기 위해 나는 다양한 해빗 메카닉 도구를 만들었다. 여기에 'SWAP(Self-Watching, Aim, Plan / 자기 관찰, 목표, 계획) 사이클'이라는 도구가 있다.

SWAP 사이클은 DES를 포함한 새로운 습관 만들기를 위해 1단계 자기 관찰하기, 2단계 목표 세우기, 3단계 계획 세우기의 과정을 따르는 것이다.

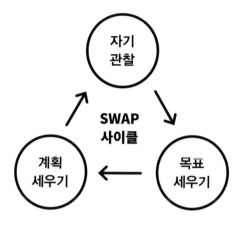

사이클이 작동하는 방식을 자세히 살펴보자.

1단계: 자기 관찰

HAC 뇌는 전전두엽 피질을 일컫는다. 우리는 자기 관찰로 이 뇌의 스위치를 켤 수 있다. 우리가 하는 행동의 대부분은 습관에 불과하므로, 객관적인 자기 관찰은 나쁜 습관을 식별하고 바꾸는 데 쓸 수 있는 강력한 기술이다. 노박 조코비치 같은 뛰어난 운동선수처럼 치열하게 자기 관찰을 할 필요는 없다. 우리는 조금만 더 나아지면 된다.

객관적인 자기 관찰을 할 때 'P2 눈금 도구'를 사용하면 도움이 된다. P2는 '부족함(1)(Poor)에서 우수함(10)(Perfect)'을 의미하는 약어다. P2 눈금은 우리는 어떤 일을 전혀 못 하는 것도, 흠 없이 완벽하게 하는 것도 아니라는 사실을 알려준다. 우리는 눈금 위 어딘가에 있을 뿐이다.

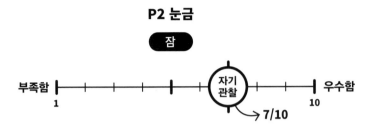

P2 눈금

자기 관찰과 새로운 습관 만들기에 P2 눈금을 어떻게 사용할 수 있을까. 이해를 돕기 위해 SWAP 사이클 작성법을 살펴볼 것이다. 우선, DES 습관을 자기 관찰해보자.

① 어젯밤의 수면을 1(부족함)에서 10(우수함)까지로 평가하라.

점수: _____ /10

② 지난 24시간 동안의 식단에 대해서도 같은 방식으로 평가하라.

점수: _____ /10

③ 지난 24시간 동안의 운동(걸음 수)을 평가하라.

점수: _____ /10

2단계: 목표 설정

다음으로 목표를 설정해야 한다. 당신이 건강한 수면을 목표로 삼았다고 가정해보자. 어제의 수면 점수가 7점이라면, 오늘 밤 목표 수면

제4장 동기부여하고 강하게 통제하기

점수는 7.5점이다. 그리고 목표를 달성하기 위해 당신은 어제보다 10분을 더 잘 것이다.

목표를 설정하려면 먼저 다음 24시간 동안 달성할 DES 영역을 설정하라. 신중하고, 구체적이고(시간과 장소를 고려함), 긍정적으로 행동을 명시하고('하지 않을 것' 대신 '할 것'이라고 쓴다), 측정이 가능한(수량 사용) 목표가 좋은 목표다. '잠을 더 자기', '운동 더 많이 하기', '더 건강하게 먹기' 같은 목표 설정은 바람직하지 않다. 실행하기에 너무 모호하기 때문이다. 그리고 한 번에 아주 작은 변화 하나씩만 만들어가자.

3단계: 계획 세우기

마지막 단계는 목표 달성을 위해 실행 가능한 계획을 상세하게 세우는 일이다. 구체적으로 측정할 수 있는 계획이 좋은 계획이다. 예를 들면 휴대폰 끄기, 점심에 과일 한 조각 먹기, 버스에서 한 정거장 일찍 내려 걷기 등이 있다. 일찍 자기처럼 너무 모호한 계획은 좋지 않다.

최소한 세 부분으로 나누어 계획 세우기를 권장한다. APE 뇌는 매우 강력하기 때문에 다면적인 계획이 없으면 실패할 확률이 높아진다. 오늘 밤 10분 더 자기를 위한 계획의 예시는 다음과 같다.

- 오후 4시까지만 카페인 섭취하기
- 밤 8시 전에 노트북과 휴대폰의 전원 끄기
- 밤 9시 전에 침대에서 책 읽기

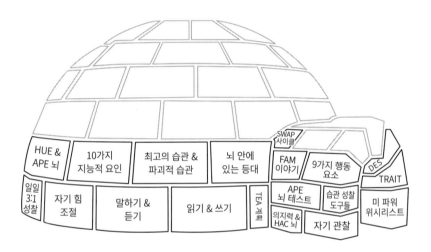

| 해빗 메카닉이 되기 위한 당신의 습관 지능 이글루 |

제4장 동기부여하고 강하게 통제하기

행동과학을 이용해
습관 개발 계획 세우기

올림픽 철인 3종 경기에서 금메달을 딴 조나단 브라운리^{Jonathan} Brownlee는 자신의 집에 있는 온실을 '불가마'라고 불렀다. 그는 그곳의 온도가 섭씨 37도까지 올라가기 때문에 "실내용 자전거를 타고 땀을 흘릴 수 있다"고 말했다.

그렇게 집을 개조한 계기는 멕시코 대회에서 실패를 경험했기 때문이었다. 멕시코에서 그는 세계 챔피언이 될 수 있었다. 그는 선두에 있었는데 결승선까지 고작 700미터밖에 안 남은 상태에서 다리가 풀리는 걸 느낄 수 있었다. 결국 그는 억지로 다리를 움직이다가 결승선이 200미터 남은 상태에서 멈춰 섰다. 더는 한 발짝도 내디딜 수 없을 것 같았던 그때 올림픽 금메달 2관왕이자 세계 챔피언인 그의 형 알리스테어 브라운리^{Alistair Brownlee}가 나타났다. 그는 승리의 기회를 스스로 포기하고 동생을 부축했다. 그리고 함께 결승선을 밟았다.

조나단 브라운리는 경주에서 우승하지 못했고 세계 챔피언도 되지 못했다. 그는 패인을 분석한 결과, 기존의 훈련 방법이 더위에 취약하다는 사실을 발견했다. 특히 멕시코처럼 더운 지역에서 대회를 치를 때는 더 체계적인 준비가 필요했다. 그는 극한 상황에서 최고의 기량을 낼 방법을 찾기 위해 영국군과 함께 훈련을 받기로 결심했다.

습관을 만드는 일도 비슷하다. 9가지 행동 요소를 자신의 목표에 맞게 조정하지 않으면 제 역할을 하는 습관을 만들 수 없다. 목표에 맞는 행동 요소를 갖추었는지가 결국 성공 여부를 가늠할 것이다.

9가지 행동 요소 활성화하기

앞에서 쓸모 있는 습관을 만드는 2단계 방법에 대해 소개했다. 1단계는 DES(식단, 운동, 수면) 가운데 목표를 고르는 것, 2단계는 습관을

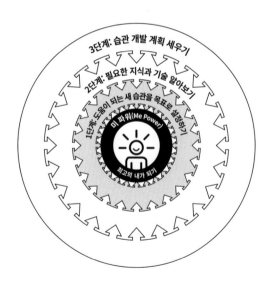

제4장 동기부여하고 강하게 통제하기

만드는 데 필요한 지식과 기술이 무엇인지를 알아보는 것이었다. 이제 3단계 '습관 개발 계획' 세우기를 향해 나아갈 때다. 그리고 이때 9가지 행동 요소를 꼼꼼하게 조정해서 계획에 반영하는 게 중요하다.

'더 나은 수면 습관 만들기'를 목표로 삼고, 시작하기에 앞서 9가지 행동 요소와 그것이 수면과 어떤 관련이 있는지 간략히 짚어보겠다.

① 해빗 메카닉 마음가짐

지금쯤이면 우리 뇌는 고정되어 있지 않고 변한다는 사실을 믿을 수 있는 증거를 충분히 보았으리라 생각한다.

② 뇌 상태 최적화 요소

하루 가운데 의지력이 가장 높은 시간(예: 아침)에 일별 DES의 SWAP(자기 관찰→목표→계획) 사이클을 작성하도록 계획한다.

③ 아주 작은 변화 요소

SWAP 사이클로 설정한 목표는 아주 작지만 명확하게 정의되어야 한다(예: 어젯밤보다 5분 더 자기). 이렇게 하면 성공 가능성이 커져서 긍정적인 변화의 계기를 만들 수 있다.

④ 개인적 동기부여 요소

수면 습관을 개선하고 싶은 이유는 무엇인가? 장기적인 뇌 건강이 걱정되거나, 직장에서 생산성을 높여 급여를 인상하고 싶기 때문일 수 있다. 수면 개선을 장기적인 목표와 FAM(야심 차고 의미 있는 미래) 이야기까지 연결해야 한다.

⑤ 개인적 지식과 기술 요소

이제 수면의 중요성과 수면 개선을 위한 전술에 대해 더 많이 알게 되었다. 그 새로운 지식과 기술을 적용할 수 있는 도구로 SWAP 사이클을 사용하라. SWAP을 더 많이 연습할수록 더 좋은 결과를 얻을 수 있다.

⑥ 공동체 지식과 기술 요소

수면 개선과 관련한 새로운 지식과 기술을 다른 사람들과 공유하자. 그럴수록 내 이해도가 높아지고, 다른 사람들이 유용한 새 습관을 만드는 데도 도움이 된다.

⑦ 사회적 영향 요소

이것은 양방향으로 작동한다. 가족, 직장, 친구에게 새로운 수면 습관으로 달라진 모습을 보여주고, 신뢰를 얻어낼 수 있다. 주변 사람들이 당신을 본받아 새로운 습관을 만들려고 노력할 수도 있다.

⑧ 보상과 벌칙 요소

내일 중요한 일정이 잡혔다면 오늘 밤 푹 자고 싶을 것이다. 잠을 잘 자면 보상을 받지만(기분 좋게 출근할 수 있음) 잠을 제대로 못 자면 벌칙을 받는다(몸이 나른하고 정신이 몽롱함). 변화를 원하는 이유는 개인적 동기 및 FAM 이야기와 관련된다. 이유가 무엇이든, 성공과 실패에 대한 보상과 벌칙을 제대로 알고 있는 것이 도움이 된다.

⑨ 외적 자극 요소

우리가 어떤 행동을 하게 만드는 직접적 환경의 물리적이고 디지털적인 알림이다. 취침 시간을 알리는 알람을 설정할 수도 있다. DES SWAP 사이클을 작성하는 것도 방아쇠가 될 수 있다. 가족 모두가 더 나은 수면 습관을 만들기 위해 노력하고 있다면 이 또한 좋은 방아쇠가 될 것이다.

습관 개발에 미치는 HUE 영향 계산하기

습관 개발 계획을 작성하기 전에 도움이 되는 행동 변화를 HUE가 어떻게 방해할 수 있는지 계산해야 한다. HUE는 '끔찍하게 도움이 되지 않는 감정'을 일컫는다. 이를 위해 나는 'HUE가 변화를 방해하는 방식'이라는 특별한 해빗 메카닉 도구를 만들었다.

이 도구는 바꿀 습관을 이미 선택한 경우에 사용하기 적당하다. 그렇지 않다고 해도 HUE가 긍정적인 변화에 전혀 도움이 되지 않는다는 것을 깨닫게 될 것이기 때문에 나쁘지 않다.

다음 15개 항목은 HUE가 유용한 새 습관 개발을 방해하고 도움이 되지 않는 습관을 유지하게 만드는 이유를 설명한다. 글에 동의하는 경우 해당 항목 옆에 ✔ 표시하라. 동의하지 않으면 ✕를 표시하라.

● 동의하는 경우 ✔ , 동의하지 않는 경우 ✕를 표시하라.

1. 습관이 빠른 보상을 주지 않는다면,
   습관을 바꿀 필요가 없다. ☐

2. 나쁜 습관이 단기적으로 좋다면 습관을 바꿀 생각이 없다. ☐

3. 어려운 새 습관을 포기하는 것만으로도
   바로 기분이 좋아진다. ☐

4. 어려운 일을 맞닥뜨렸을 땐 포기해도 괜찮다. ☐

5. 따분하거나 좌절하는 것보다는 포기하는 게 낫다. ☐

6. 짧지만 강렬한 만족이 장기적인 성공보다 낫다. ☐

7. 주변의 다른 모든 사람도 여전히 나쁜 습관대로 살고 있다.
   굳이 그 사이에서 튈 필요는 없다. ☐

8. 조금 연습해봤는데 안 되는 건 재능이 없다는 뜻이다. ☐

9. 내가 나쁘게 행동하는 것은 내 잘못이 아니다. ☐

10. 항상 사람들이 나를 평가하고 있기 때문에
    괜한 시도를 했다가 안 되면 창피하다. ☐

11. 좋은 새 습관을 가지려는 내 노력이 주빈에 이상하게
    보일 수 있다. (예: 일하다가 잠깐 산책하고 오기) ☐

12. 더 나아질 수 있다고 인정하면 나를 약하게 볼 것이다. ☐

13. 내일부터 새 습관을 기르면 되니까 오늘 하루는
    유혹에 넘어가도 괜찮다. ☐

14. 좋은 습관을 새로 만들려다가 실패했을 때
    그 자책감을 견디기 어렵다. ☐

15. 모두 나쁜 습관을 가지고 사는데 나도 괜찮지 않을까? ☐

체크 표시한 번호를 확인하라. HUE가 좋은 습관을 새로 만드는 데 방해가 되는 이유와 방해하는 방식을 자세히 기록하라. "HUE가 내가 좋은 습관을 새로 만드는 것을 방해하는 이유는~" 이렇게 시작하면 된다.

HUE가 내가 좋은 습관을 새로 만드는 것을 방해하는 이유는

_____

_____

_____

_____

_____

_____

_____

_____

_____

습관 개발 계획 세우기

마지막으로 9가지 행동 요소를 활성화하는 데 도움이 되는 습관 개발 계획을 만들어야 한다. 이 양식은 바꾸고 싶거나 새로 가지고 있는 습관을 정했을 때 효과가 있다. 혹시 개발하고픈 습관을 선택하지 않았어도 지속 가능한 새로운 습관을 만드는 데 필요한 것이 무엇인지 이해하는 데 도움이 될 것이다. 아래에 대답을 적어보자.

제4장 동기부여하고 강하게 통제하기

1. 당신이 새로 만들려는 작지만 좋은 습관을 구체적으로 적어라. (목표)

('더 많이 자기' 같이 모호하고 부정확한 말보다는 '오늘은 어제보다 10분 더 자기'가 낫다.)

_____

_____

_____

_____

_____

_____

_____

2. 새로 만들려는 좋은 습관 말고 지금 가진 나쁜 습관을 적어라.

_____

_____

_____

_____

_____

(예: 제시간에 자지 않고 늦게까지 TV를 본다.)

3. 위의 나쁜 습관을 생각나게 하거나 그렇게 행동하게 만드는 요인을
   적어라.

_____

_____

_____

(예: 자는 건 따분하지만, 깨어 있으면 재미있는 프로그램을 마음껏 볼 수 있다.)

4. 매일 새로운 습관 개발 계획을 어떻게 상기시킬지 적어라.

_____

_____

_____

(예: '일일 DES SWAP 사이클 계획'을 매일 쓰고 냉장고에 붙일 것이다. 또한 잠잘 시간을
알려주는 알람을 설정할 것이다.)

5. 새로운 습관을 길들이는 데 필요한 지식과 기술을 적어라.

   (수면 질에 영향을 주는 요인과 이러한 요인을 없애는 데 사용할 수 있는 기술을 적는다.)

_____

_____

_____

6. 도움이 되면 필요한 새로운 지식과 기술을 어디서 어떻게 얻을 수
있는지 적어라.

_____

_____

_____

_____

_____

_____

(예: 이 책의 수면 관련 부분을 다시 읽는다.)

7. 이 새로운 습관을 만들고 싶은 이유를 구체적으로 적어라.

_____

_____

_____

_____

_____

_____

(예: 직장에서 좋은 성과를 내고 승진할 수 있다.)

8. 새로운 습관을 만들 때 누구에게 도움을 요청할 수 있는가?

(동시에 당신과 똑같거나 비슷한 습관을 만들고 있는 사람이 있다면 가장 이상적이다.)

_____

_____

_____

_____

_____

9. 새로운 습관을 들이는 데 대한 보상은 무엇인가? 보상은 내부적·외
부적·사회적일 수 있음을 기억하라.

_____

_____

_____

_____

_____

(예: 기분이 좋아지고 시간을 낭비하지 않고 일을 생산적으로 해서 사랑하는 사람과 알찬
시간을 보낼 수 있다.)

제4장 동기부여하고 강하게 통제하기

10. 새로운 습관을 형성하지 못했을 때 손해나 벌칙은 무엇인가?

_____

_____

_____

_____

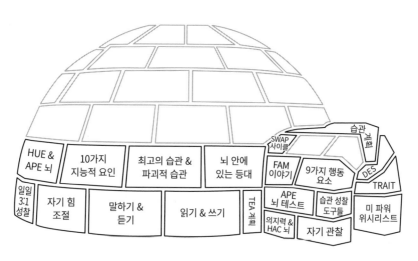

| 해빗 메카닉이 되기 위한 당신의 습관 지능 이글루 |

제 5 장

해빗 메커니즘 4단계

자신감을 키우고
생산력 끌어올리기

냉정과 열정 사이의
활성화 수치 통제하기

뉴질랜드 럭비 국가대표팀 올블랙스는 역사상 가장 성공적인 스포츠팀 가운데 하나다. 그들은 세계 모든 국가를 상대로 승리를 거둔 유일한 팀이며, 100년 동안의 승률이 거의 80퍼센트에 달한다. 2015년 10월에는 럭비 월드컵에서 연속 우승을 달성한 최초의 팀이 되기도 했다.

올블랙스의 높은 승률은 두 가지 요소에 기반한다. 첫째, 그들은 개인의 개성과 탁월한 리더십을 중요시하는 문화를 추구한다. '더 나은 사람이 더 나은 올블랙스를 만든다'는 게 올블랙스 팀 정신이다. 팀을 위해 더 나은 실력과 인성을 갖추는 것. 그리고 그것이 모여 팀을 만든다는 게 그들의 생각이다. 둘째, 개인의 정신력이 강하기 때문이다. 그들은 시합을 뛸 때 냉철한 사고를 유지하기 위해 노력한다. 도움이 되지 않는 흥분의 감정을 멀리하고, 압박감으로부터 벗어나는 것. 실패했을 때 빠르게 회복하고 다시 일어서는 것. 이런 목표를 달성하기 위해 그들은 정신력 강화 프로그램을 도입하고 훈련한다.

제5장 자신감을 키우고 생산력 끌어올리기

나는 이것이 올블랙스의 지능적 자기 관찰 과정이라고 생각하며, 내가 '활성화'라고 이름 붙인 도구가 이와 비슷하다는 점에 자부심을 가진다. 이번 챕터에서는 활성화의 개념이 무엇인지, 어떻게 하면 활성화 수치(Activation Levels)를 사전에 관리할 수 있는지 알아보자.

최적의 활성화 수치를 찾는 법

활성화는 수면과 휴식, 집중력과 스트레스를 보다 쉽게 관리하기 위해 개발한 개념이며, 정신과 신체의 활성화 수치 관리 기술은 최고의 퍼포먼스를 보여주기 위해 반드시 필요한 능력이다.

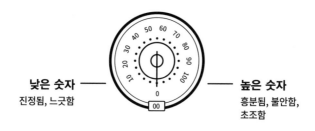

낮은 숫자 ── **높은 숫자**
진정됨, 느긋함　　　흥분됨, 불안함, 초조함

| 활성화 다이얼 |

DES(식단, 운동, 수면) 습관은 건강, 행복, 성공을 잡기 위한 기초 체력이다. 활성화 수치 관리 습관은 바로 그다음으로 중요하다. DES 습관과 활성화 수치 관리는 서로 연결되어 있다. 활성화 수치가 올바르

면 DES 습관을 쉽게 형성할 수 있다. 반대로 좋은 DES 습관을 형성하면 최적의 활성화 수치도 쉽게 찾을 수 있다.

0에서 100까지 표시된 저울이 있다고 상상해보자. 죽은 사람만이 활성화 저울에서 0을 나타낸다. 낮은 숫자는 졸리고 차분하며 편안한 느낌을 나타낸다. 높은 숫자는 흥분, 열성, 긴장의 상태를 나타낸다. 심장이 엄청나게 빨리 뛴다면 활성화 저울이 100을 가리키는 것이다.

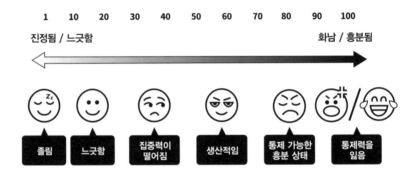

| 개인적인 활성화 저울 수치 분석표 |

적합한 활성화 수치는 하려는 일이나 사람에 따라 모두 다르다. 나의 경우 수면을 취할 땐 1~5, 휴식을 취할 땐 10~20, 집중해서 일할 땐 55~60, 프레젠테이션을 발표할 때는 65, 좋아하는 일에 빠져들 때는 80~85 사이의 활성화 수치를 보인다. 참고로 할 일을 미루거나 딴짓할 때는 30~50 사이였다.

물론 말한 것처럼 활성화 수치는 사람마다 다르다. 누군가는

제5장 자신감을 키우고 생산력 끌어올리기

10~20 사이에도 충분히 수면을 취할 수 있을 것이고, 누군가는 항상 60~70의 상태에서 일을 하고 있을 수도 있다. 중요한 건 자기에게 맞는 활성화 수치를 파악하는 것이다.

내게 맞는 일일 활성화 수치를 알아보는 도구를 소개하겠다. 이 도구는 SWAP(자기 관찰→목표→계획) 사이클의 첫 단계에 속한다. 답을 100퍼센트 확신하지 못하더라도 걱정하지 마라. 여러 번 실행하다보면 자신에게 가장 적합한 활성화 수치를 찾을 수 있다.

① 먼저, 당신이 지금 생각하는 현재의 활성화 수치(숫자)를 기록하라.

_____

② 다음으로, 가능하면 일어서라. 그런 다음 그 자리에서 5~10초 동안 점프하라. 이제 새 활성화 수치를 작성하라.

_____

당연한 얘기지만, 일어나서 움직이면 활성화 수치가 더 빠르게 증가한다.

③ 다음으로 오늘 밤 푹 자는 데 필요한 이상적인 활성화 수치를 기록하라.

_____

그리고 올바른 수면 활성화 수치에 가기까지의 난이도를 따져보라. 1(어려움)에서 10(쉬움) 중 선택하라.

_____ /10

④ 직장에서 업무를 잘하기 위해서는 특정 활성화 수치에 도달해야 한다. 많은 사람이 효율적으로 일하기 위한 활성화 수치를 50 정도로 적는다. 나 역시 이 수치를 '이상적인 업무 활성화 수치'라고 부른다. 당신의 이상적인 업무 활성화 수치를 기록하라.

_____

⑤ 올바른 이상적인 업무 활성화 수치를 지속적으로 달성하는 일은 얼마나 힘이 들까? 1(어려움)에서 10(쉬움)까지 점수를 매겨보자.

_____ /10

잘 일하고 잘 쉬는 최적의 활성화 수치

활성화는 삶의 여러 영역에 긍정적이거나 부정적인 영향을 줄 수 있다. 어려운 보고서를 읽을 때 글자가 지렁이처럼 꿈틀거리고 머릿속에는 아무것도 들어가지 않는 경험을 해본 적이 있는가? 활성화 수치가 적합하지 않기 때문이다. 집중하려면 몸이 각성되어 있어야 한다. 각성되어 있지 않으면 어려운 보고서를 읽을 때 집중력이 떨어진다. 따라서 과제나 일을 효과적으로 수행하기 위해서는 먼저 자신이 각성하는 데 필요한 활성화 수치를 알아볼 필요가 있다.

당신이 어려운 글을 제대로 이해하면서 읽는 데 필요하다고 생각

되는 이상적 활성화 수치(숫자)를 기록하라. _____ 참고로 나는 60이다.

이상적 작업 활성화 수치는 하려는 일에 따라 다르고, 하루 중 어느 시간대에 하느냐에 따라 달라지기도 한다. 아침에 일어나자마자 집중이 잘되는 사람이 있는가 하면, 저녁에 더 집중이 잘되는 사람도 있기 때문이다. 이렇게 활성화 수치는 성과와 직접적인 관련이 있다.

뉴질랜드 럭비 선수들은 훈련과 경기 중에도 활성화 수치를 관리했다. 럭비는 몸으로 하는 운동이기 때문에 특정 기술을 잘하려면 높은 활성화 수치가 필요하다. 그러나 너무 높아도 문제다. 태클을 하려면 85 정도가 필요한데, 99 정도로 흥분해버리면 페널티킥을 줄 수도 있다. 그리고 페널티킥을 성공하려면 50 정도로 진정할 필요가 있다. 이렇게 수치를 자유자재로 조절하면서 일을 능수능란하게 이끌어가는 사람을 우리는 '프로 해빗 메카닉'이라 부른다.

일하고 움직이는 데 필요한 활성화 수치를 아는 것도 중요하지만, 그만큼 쉬면서 이완하기 위한 수치를 아는 것도 중요하다. 잠은 뇌를 재충전하는 가장 근본적인 방법이지만, 잠을 자지 않더라도 비슷하게 활성화 수치를 낮추면 몸의 에너지를 재충전할 수 있다. 이런 활동을 '비수면 재충전(Non-Sleep Recharge)'이라고 부른다.

연구에 따르면 많은 사람이 휴식을 제대로 누릴 줄 모른다. 그래서 쉬고 난 뒤에 더 피곤함을 느낀다. 여기서 우리를 괴롭히는 문제가 바로 HUE(끔찍하게 쓸모없는 감정들)이다. HUE는 위협 요소와 문제 요소, 또는 우리를 기분 좋게 만드는 새롭고 재미있는 것들을 끊임없이 찾는다. 이런 활동에는 뇌를 재충전하려고 할 때보다 더 높은 수준의 활성화 수치가 필요하다. 대표적인 게 잠자리에 누워서 휴대폰이나 소셜미디어를 보는 행동이다. 재미있는 것과 흥미로운 것은 우리 뇌를 휴식 상태로 이끌지 못한다.

마음을 진정시키고 두뇌를 재충전하는 데 도움이 되는 이상적인 활성화 수치를 생각해보라. _____ 나는 휴식할 때 활성화 수치를 20으로 낮추는 것이 목표다. 당신이 정한 이 수치가 최적의 비수면 재충전 활성화 수치라고 생각하면 된다.

활성화 수치는 어떻게 관리할 수 있을까

자기 관찰을 통해 그날의 과제와 시간에 따라 달성해야 하는 목표를 아는 게 활성화 수치 관리의 첫 단계다. 그다음 이상적인 과제와 시간에 맞춰 정확한 활성화 수치를 이끌어낼 수 있도록 계획을 짜야 한다. 지금부터 우리는 바로 이 계획을 더 잘 세우는 데 관여하는 뇌 과학을 살펴볼 것이다. 활성화와 관련된 뇌의 화학적 성질부터 살펴보자.

뇌 활동은 전기 자극과 신경전달물질이라는 화학적 메신저에 의해 발생한다. 그리고 어떤 신경전달물질은 활성화를 관리하는 데 도움이 될 수 있다.

글루타메이트와 GABA는 활성화와 관련된 두 가지 중요한 신경전달물질이다. 글루타메이트는 뇌를 흥분시키고, GABA는 침착하게 만든다. 세로토닌과 노르아드레날린 또는 노르에피네프린도 활성화 수치를 정하는 데 중요하다. 세로토닌은 뇌 활동을 통제하고 활성화 수치를 낮추는 데 도움을 주고, 노르아드레날린은 작업, 연구 등 집중력이 필요할 때 활성화 수치를 끌어올리는 데 꼭 필요한 신경전달물질이다. 도파민은 당신이 배워야 할 것들을 예리하고 주의 깊게 관찰할 수 있게 해준다. 이 밖에도 기분이 좋아지게 만드는 것으로 잘 알려져 있으며, 두뇌의 저장 버튼 역할을 해서 새로운 정보를 배우는 데도 도움을 준다.

DES를 잘 관리하는 것은 뇌와 그에 따른 뇌 화학 작용이 제대로 작동할 수 있게 하는 열쇠다. 매일 DES 습관 기르기에 집중하라고 강조하는 이유다. 활성화 수치 관리가 쉬워지기 때문이다.

이제 뇌 활동의 기본 지식을 얻었으니 활성화 수치 관리 계획을 위한 몇 가지 기술과 도구를 알아보자.

호흡 관리와 혼잣말, 심상의 기술

호흡 관리는 활성화 수치를 높이거나 줄이는 데 있어 가장 강력한 도구다. 활성화 수치 증가는 일반적으로 투쟁 또는 도피(또는 동결) 반응을 강하게 일으킨다. 이것은 우리가 스트레스를 받았을 때 뇌의 HPA(시상하부-뇌하수체-부신) 축이 반응하면서 유발된다.

1970년대, 하버드대학의 허버트 벤슨Herbert Benson 교수는 투쟁 및 도피 반응을 올바르게 통제하는 방법에 대한 『마음으로 몸을 다스려라(The Relaxation Response)』라는 책을 썼다. 그는 책에서 호흡이 투쟁 또는 도피 반응을 통제할 수 있는 가장 좋은 방법이라고 주장했다. 호흡수를 줄이면 심박수, 혈압, 신진대사, 근육 긴장, 정신적 각성도가 줄어들고, 활성화 수치를 낮출 수 있다는 것이다. 반대로 호흡수가 증가하면 심박수, 혈압, 신진대사, 근육 긴장, 정신적 각성도가 증가하고, 활성화 수치도 높아진다.

호흡 조절을 하려면 사고가 어떻게 작동하는지 이해해야 한다. 당신의 사고가 혼잣말과 심상이라는 서로 다른 두 개의 요소로 이루어져 있고, 서로 연결되어 있다고 상상해보라. 상상이 잘 안된다면 지금은 은퇴한 올블랙스 선수 브래드 손^{Brad Thorn}의 이야기를 들어보자. 그는 역사상 가장 성공한 럭비 선수 가운데 한 명이다. 그는 22년 동안 월드컵을 포함해 주요 대회에서 20회 이상 상을 받았다.

《더인디펜던트》 기사에 따르면 브래드 손은 흥분될 때마다 자신에게 물 한 병을 부었다. 이 방법으로 브래드 손은 경기 중에 도움이 되지 않는 '흥분' 상태(활성화 수치 90~100)에서 도움이 되는 '냉철한' 상태(활성화 수치 50~80)로 전환시켰다. 그렇게 흥분이 냉철함을 압도하지 않게 함으로써 그는 항상 정확한 판단과 행동을 할 수 있었고, 역사에 남는 럭비 선수가 될 수 있었다.

단순해 보이지만, 브래드 손의 이야기는 우리가 의도적으로 두뇌를 HACing(감정 조절)할 수 있다는 가능성을 드러낸다. 그가 머리와 얼굴에 물을 붓는 행동은 그저 열을 식히기 위함이 아니었다. 그 행동을 반복할 때마다 그는 활성화 수치가 낮아지도록 주문을 걸었고, 실제로 언젠가부터 효과를 보았다. 혼잣말이 혼잣말이 아닌 마법의 주문으로 변신하는 순간이었다.

보통 야근할 때 우리는 "내일까지 이 보고서를 끝내야 해"라고 스스로 말한다. 아니면 "이걸 해내면 분명 큰 보상이 따라올 거야"라고 말할 수도 있다. 그러면 퇴근하고 싶다가도, 노트북을 덮고 싶다가도 힘을 내어 다시 일에 집중하게 된다. 이렇게 활성화 수치를 통제하기 위해서는 혼잣말을 제어할 수 있어야 한다. 반대로 "너무 피곤해. 일찍 자야겠어", "내일 해도 괜찮을 거야", "못하면 어쩔 수 없지, 뭐"라고 말하는 순간 사고의 흐름은 달라지고 집중력도 사라진다.

이렇게 효율적으로 생각하게 만드는 어떤 단어를 의도적으로 쓸 때, 나는 그것을 '집중 단어(Focus Words)'라고 부른다. 예를 들어 자신에게 "집중해", "힘내자"라고 말하면 활성화 수치가 증가한다. 반대로 자신에게 "호흡에 집중하고 천천히 하자"라고 말하면 활성화 수치가 떨어지고 긴장도가 낮아진다.

혼잣말뿐만 아니라 우리는 그림이나 심상으로도 생각한다. 심상은 사고 과정의 중요한 부분이다. 우리는 알게 모르게 그것을 지속적으로 사용하고 있다.

마음의 눈을 뜨고 집의 현관을 떠올려보라. 시각적 자극 없이도 당신은 마음의 눈으로 그림을 그릴 수 있다. 눈을 뜨고 있을 때도 마찬가지다. 분명 창밖을 보고 있는데도 머릿속으로 다른 생각이 뇌를 지배할 때가 있다. 그때 우리는 눈으로 보는 것과 마음의 눈으로 보는 것

사이를 끊임없이 오간다.

의도적으로 호흡을 늦추면서 활성화 수치가 떨어지는 모습을 상상해보라. 실제로 활성화 수치가 떨어지는 걸 느낄 수 있다. 반대로 활성화 수치가 올라가는 모습을 상상하면 심장이 빨리 뛰는 걸 느낄 수 있다. 휴식이 필요할 때 해변에 누워있는 자신의 모습을 상상하고, 흥분이 필요할 때 나를 화나게 하는 사람을 떠올려라. 이렇게 효과적으로 생각하는 데 도움이 되도록 의도적으로 그림을 사용할 때, 나는 그것을 '집중 그림(Focus Pictures)'이라고 부른다.

브래드 손의 혼잣말과 심상

브래드 손이 자신에게 물을 부었을 때, 나는 그가 무슨 생각을 했는지 정확히 모른다. 그러나 그가 혼잣말(집중 단어)과 심상(집중 그림)을 혼합적으로 활용해 사고했을 거란 사실은 알 수 있다. 그래서 상상력을 발휘해 브래드 손의 사고 과정에 대한 예를 그려보았다. 이것은 당신이 활성화 수치와 집중 단어, 집중 그림의 상관관계를 이해하는 데 도움을 줄 것이다.

먼저 브래드 손은 객관적인 자기 관찰을 수행했을 것이다. 그리고 자신이 올바른 활성화 수치에 있지 않다는 사실을 깨달았다. 이때 혼잣말을 했다.

"흥분 상태에서 빠져나와 냉철한 상태가 되어야 해."

이 과정에서 그는 활성화 다이얼을 마음의 눈으로 상상하고 수치가 너무 높다는 사실을 알아차렸을 수도 있다.

다음으로 그는 목표를 설정했을 것이다. 속으로 '90에서 60으로 내려가야 해!'라고 외쳤을 것이다. 활성화 수치를 60으로 내리는 것이 그의 목표였다.

마지막으로 활성회 수치를 바꾸려면 계획이 필요했다. 계획의 최초 행동이 물 한 병을 가져와 자신에게 붓는 것이었다. 그는 머리와 얼굴에 물을 부음으로써 호흡을 조절하려고 했을 것이다.

그는 이때 호흡수와 신체 긴장도를 줄이기 위해 '중심 모으기'라는 이완 기술을 사용했을 수 있다. 중심 모으기는 편안한 자세로 서거나 앉아서 몸의 왼쪽과 오른쪽에 체중을 균등하게 분배하는 기술이다.

브래드 손은 중심 모으기를 하기 위해 부드러운 쿠션이 있는 벽에 다리를 곧게 붙이고 등을 대는 장면을 상상했을지도 모른다. 다음으로 혼잣말을 하면서 5초 동안 숨을 내쉬고 5초 동안 숨을 들이쉬기를 반복했을 것이다. 코로 숨을 들이쉬고 배 속 깊이 끌어들이자고 혼잣말을 했을 것이다. 목과 어깨 근육의 긴장을 풀기 위해 '유연하게'나 '긴장 풀고' 같은 말을 했을 수도 있다. 마지막으로 그는 마음의 눈으로 활성화 다이얼을 그리고 숨을 내쉬면서, 수치를 90에서 60으로 낮추는 데 집중했을 것이다.

이 모든 과정을 정리하면 아래와 같다.

목표: 내 활성화 수치를 90에서 60으로 이동하기

계획: 내게 물 끼얹기

집중 단어: '유연하게', '긴장 풀고'

집중 그림: 쿠션이 있는 벽에 다리를 곧게 붙이고 등을 대는 장면

이 모든 일이 60초 이내에 일어났을 것이다. 다행히 브래드 손은 활성화 수치 관리를 지식에서 기술로, 다시 습관으로 옮기는 연습을 해왔기 때문에 그다지 어렵지 않았을 것이다.

TRAIT 사이클을 이용해서도 브래드 손의 활성화 수치 관리 방법을 설명할 수 있다. TRAIT 사이클은 자극, 루틴, APE(생존 지각 에너지) 인센티브, 훈련으로 이어지는 습관 관리 방법이다.

우선 '자극'은 자신의 흥분 상태를 인식하는 것이다. 브래드 손은 그가 흥분 상태에 있음을 깨닫고는 '루틴'대로 찬물과 혼잣말, 심상을 활용해 호흡을 늦추고 몸을 이완시켰다. 생존 지각 에너지를 담당하는 'APE 인센티브'는 그의 루틴이 시합을 더 잘 뛰게 만들어 승리라는 보상을 얻을 수 있다고 판단했을 것이다. 마지막으로, 브래드 손은 이 과정을 통해 다시 한 번 습관을 '훈련'시키고 자신의 노력이 헛되지 않았음을 증명할 수 있었다.

'등대 같은 뇌'의 관점에서 브래드 손의 훈련 방법을 살펴보자. 그는 의지력을 사용해 HUE를 도움이 되는 방향으로 돌렸다. 그가 연습을 많이 할수록 의지력은 자동으로 HUE가 도움이 되는 생각에 주의를 기울이게 만들었다.

최적 활성화 검토 테이블 활용하기

운동선수라면 브래드 손의 사례를 바로 자신에게 적용할 수 있겠지만, 안타깝게도 대부분의 사람은 네모난 사무실 안에서 경기를 치른다. 그런 일상 속의 작업과 활동을 위한 '최적 활성화 검토(Optimal Activation Review) 테이블'이라는 해빗 메카닉 도구가 있다. 어떻게 하면 이 도구를 이용해 활성화 수치를 조절할 수 있는지 알아보자.

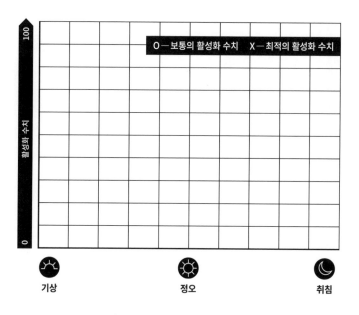

| 최적 활성화 검토 테이블 |

최적 활성화 검토 테이블은 보통의 활성화 수치와 최적의 활성화 수치를 기록하고 추적할 수 있는 도구로, 대개 평일의 활성화 수치를

기록하며, 사무실에서 일하는 날과 집에서 일하는 날의 경우도 별도로 작성해서 분석할 수 있다. 가로 눈금은 아침에 기상하여 저녁에 잠자리에 들기까지의 하루를 나타낸다. 수직 눈금은 0에서 100까지의 활성화 수치를 나타낸다.

최적 활성화 검토 도구가 활성화 수치 관리를 개선하는 데 어떤 도움을 주는지 알기 쉽게 내 경우를 예로 들었다. O는 보통의 활성화 수치다.

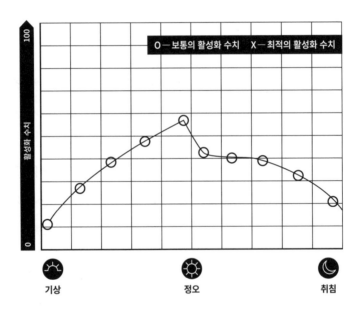

활성화 수치를 개선하기 전에는 아침에 눈을 떠서 정오가 가까워질수록 활성화 수치가 점차 높아졌다. 최고점은 약 60에 이르렀다. 그런 다음 점심 식사 후 비교적 빨리 떨어졌는데 바람직한 수치는 아니

제5장 자신감을 키우고 생산력 끌어올리기

었다. 나의 보통 활성화 수치를 표시하고 난 뒤, X로 하루 동안의 이상적인(또는 최적의) 활성화 수치를 표시했다.

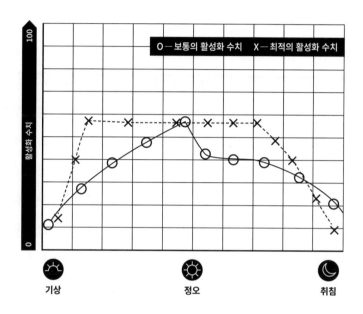

검토 테이블을 완성하고 하루를 지내는 동안, 내가 직면한 가장 큰 문제가 무엇인지 깨달았다. 아침에는 너무 늦게 올라가고, 점심 식사 이후에는 급격하게 떨어지면서 집중력이 크게 저하되었던 것이다. 나는 어떻게 이 문제를 해결할 것인지 골몰했다.

우선 수면 습관부터 바꿔야 했다. 잠을 잘 때는 활성화 수치를 낮춰야 한다. 앞에서 수면을 엘리베이터에 빗대어 설명한 부분을 떠올려보라. 수면에는 5개 층이 있으며 엘리베이터처럼 수면 중에 위아래를 왔다 갔다 한다. 5층(깨어 있음)에서 시작해 천천히 1층(서파수면)으로 이동한 뒤, 다시 4층으로 이동하는 식이다. 그리고 새벽이 되면 자연스럽게 5층(각성)에 도착한다.

수면의 질을 높이는 방법은 아래와 같다.

전자기기 사용하지 않기

잠이 들기 위해 활성화 수치를 낮추려면 뇌에 멜라토닌이라는 수면 호르몬이 충분히 있어야 한다. 멜라토닌 생성은 빛에 의해 조절된다. 낮에는 멜라토닌이 적게 생성된다. 휴대폰, 태블릿, 노트북과 같이 빛이 나오는 전자기기를 사용해도 멜라토닌 수치는 감소한다. 휴대폰을 통해 본 이메일이나 자극적인 어떤 것들이 잠들기 전의 당신을 흥분시키기도 한다. 그러면 노르아드레날린과 도파민과 같은 신경전달물질이 증가해 각성 상태에 다다르게 된다. 또는 스트레스를 받고 코르티솔과 같은 투쟁-도피(또는 경직) 반응과 관련된 호르몬이 나올 수도 있다. 어느 쪽이든 이상적인 수면 활성화 수치를 만드는 데는 도움이 되지 않는다. 따라서 수면 활성화 수치에 가까이 가려면 잠자리에 들기 1시간 전부터는 전자기기를 끄는 게 좋다.

온수 샤워

잠들기 전에 따뜻한 물로 몸을 덥히면 활성화 수치를 낮출 수 있다. 낮은 체온은 수면을 위한 방아쇠가 된다는 걸 앞서 설명했다. 따뜻한 물에 있다가 나오면 몸이 식으면서 활성화 수치가 낮아져 잠이 잘 온다.

집중 단어와 집중 그림 활용하기

활성화 수치를 줄이기 위해 마음속으로 활성화 다이얼을 상상하는 것도 도움이 된다. 4초 동안 배가 풍선처럼 팽창하는 느낌으로 천천히 숨을 들이쉬고, 7초 동안 어깨와 목이 이완되는 느낌으로 천천히 숨을 내쉬면서 혼잣말을 해보라. 각자 호흡에 맞춰 시간은 조정하면 된다. 호흡을 하는 동안 마음의 눈에 있는 활성화 다이얼이 점점 낮아지는 것을 확인할 수 있을 것이다. 원하는 활성화 수치에 도달할 때까지 이 작업을 반복하면 된다.

오랫동안 기억에 남은 휴가지의 장면을 회상하는 것도 좋다. 당신은 행복했던 기억들을 떠올리면서 심신이 안정되는 것을 느낄 것이다. 이는 당신의 활성화 수치가 낮아진다는 뜻이다. 그 밖에도 침실을 시원하고 조용하고 어둡게 만들기, 카페인 섭취 줄이기, 물을 충분히 마시기 등이 수면 습관 관리에 도움이 된다.

점진적 근육 이완법

잠들기 직전이나 잠자리에 든 상태에서 바로 사용할 수 있는 기법이다. 신체 여러 근육의 긴장을 위에서 아래로, 아래에서 위로 천천히 풀어주는 것으로, 하나의 근육 부위에서 모든 긴장이 사라질 때까지 의도적으로 근육을 수축하고 이완한다. 이때 스스로 대화를 나누며 이미지를 떠올리는 게 중요하다.

시험 삼아 근육 이완법을 배워보자. 손을 꽉 쥐라고 혼잣말을 하며 오른손을 쥔다. 그다음 손이 깃털처럼 가볍다고 상상하면서 손을 편다. 손이 편안해지면 오른쪽 팔뚝으로 이동해 같은 과정을 반복한다. 이렇게 점진적으로 몸의 모든 근육을 이완시켜주면 활성화 수치가 낮아진다.

가장 취약한 시간의 활성화 수치 관리하기

점심 식사 후에는 졸음이 쏟아지는 게 일반적이다. 음식을 소화시키기 위해 에너지가 위장 쪽으로 집중되기 때문이다. 그래서 대부분 60 이상의 활성화 수치를 원하지만, 40정도 밖에는 끌어내지 못한다. 다음은 점심 식사 후 활성화 수치를 높이기 위해 사용할 수 있는 몇 가지 관리 기술이다.

음식

점심으로 먹는 음식이 오후 활동에 어떤 영향을 줄지 고려하라. 특히 혈당 지수(GI)가 높은 음식일수록 먹기 전에 고민해야 한다. 혈당 지수는 음식에 포함된 탄수화물이 얼마나 혈액 내 당 수치를 높이는지 나타내는 방법이다. 주로 흰 빵, 흰쌀, 감자, 초콜릿 바, 단 음료 등이 혈당 지수가 높은 것으로 알려졌다. 이런 음식은 섭취 초반에는 활성화 수치를 높이지만, 곧 빠르게 낮추어 오히려 피곤하고 나른하게 만든다. 반면에 통곡물빵, 견과류, 일부 과일과 채소 등 혈당 지수가 낮은 음식이 당을 혈액으로 천천히 방출하여 활성화 수치를 일정하게 유지할 수 있도록 한다.

운동

점심을 먹고 난 후의 가벼운 운동은 활성화 수치를 높인다. 짧은 산책도 괜찮고, 체육관에 가서 근육 운동을 해도 괜찮다. 몸을 움직이면 도파민 등 BDNF(뇌 유도성 신경영양인사)가 증가해 활성화 수치가 올라가고 집중력이 강해진다.

혼잣말과 심상

활성화 수치를 높이는 데 사용할 수 있는 또 다른 기술은 수면 루틴에서 얘기한 것처럼 혼잣말과 심상을 사용하는 것이다. 활성화 다이얼이 점점 올라가는 모습을 마음의 눈으로 상상해보라(집중 그림). 동시에 호흡 패턴을 늘리는 데 도움이 되도록 혼잣말(집중 단어)을 사용하라. 서서 주먹을 쥐는 것과 같은 신체적 방아쇠를 당기는 일도 도움이 될 수 있다.

음악

활성화 수치 관리에 좋은 또 다른 요소는 배경 음악이다. 음악을 듣는 게 목표가 아니라 일할 때 리듬과 템포를 더한다고 생각해야 한다. 예를 들어, 나는 머리가 아픈 일을 할 때 집중력을 끌어올리기 위해 클래식 음악을 튼다.

사람들 앞에서 발표하거나 중요한 경기를 치르는 것처럼 긴장되는 순간들이 있다. 이때 분위기를 압도하는 퍼포먼스를 보여주려면 활성화 수치를 최대로 끌어올려야 한다. 내 안에 숨어있는 잠재력을 최대한 끌어내야 한다.

이런 경우에는 짧고 강렬하게 몸을 움직이자. 제자리에서 점프를 하는 것도 좋고, 복싱 선수처럼 주먹을 휘둘러도 좋다. 입으로는 "할 수 있어!" 같은 집중 단어를 크게 반복적으로 얘기하고, 머릿속으로는 심장이 빠르게 뛰는 집중 그림을 떠올려라. 마음의 눈을 사용해 활성화 다이얼을 최대로 돌려보는 것도 좋다. 빠른 템포의 신나는 음악도 도움이 된다.

지금까지 활성화 수치의 증가와 감소를 위해 사용할 수 있는 여러 통찰력과 기술을 소개했다. 좋은 DES 습관은 활성화 수치 관리에 도움이 되며, 결과적으로 훨씬 더 잘 집중하고, 배우고, 수행하고, 긴장하지 않는 나를 만들 수 있다.

다음으로 스트레스를 더 잘 관리하고, 도움이 되지 않는 생각을 하는 데 시간을 덜 보내는 방법을 살펴보겠다.

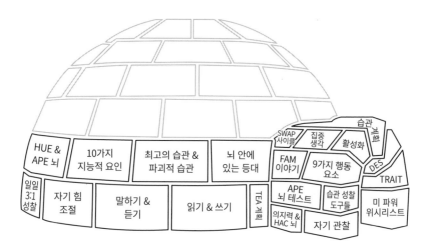

| 해빗 메카닉이 되기 위한 당신의 습관 지능 이글루 |

부정적인 생각을 멈추는 간단하고 실용적인 스트레스 관리 기술

2008년 베이징 올림픽을 앞두고 영국의 무명 육상 선수 에니스 힐은 훈련 중 오른발 세 군데에 골절상을 입었다. 부상이 너무 심해 베이징 올림픽을 놓쳤을 뿐만 아니라 다시 시합에 뛰지 못할 수도 있다는 말을 들었다.

그녀는 멀리뛰기할 때 도약하는 발을 바꿔야 했다. 프로 운동선수에게 이것은 글씨 쓰는 손을 바꾸고, 그 바꾼 '새' 손으로 바로 중요한 논술 시험을 보는 것과 다름없었다. 하지만 에니스 힐은 굴복하지 않았다. 그녀는 끈질기게 노력했고 다시 집중력을 발휘했다. 그녀는 스트레스를 관리하고 자신감을 회복하기 위해 노력했다. 쉽지 않았지만, 꾸준히 몰두했다.

결과는 어땠을까? 2009년 8월, 에니스 힐은 베를린에서 열린 세계 선수권 대회에서 7종 경기 금메달을 획득했다. 2011년과 2015년 세계 선수권 대회에서는 2개의 금메달을 더 따고, 2012년 런던 올림픽에서는 금메달을 땄다. 에니스 힐은 현재 육상에서 가장 위대한 선수 중 한 명으로 인정받고 있다.

그녀는 이 시련을 어떻게 이겨냈을까? 이번 챕터에서는 에니스 힐을 비롯한 세계적인 공연자들이 어떻게 스트레스를 극복하고 잠재력을 발휘했는지 들려줄 것이다. 그리고 과학에 기반한 해빗 메카닉 관리 도구의 사용법을 설명할 예정이다. 우리가 왜 스트레스를 받는지 뇌 과학적으로 자세히 알아보는 일부터 시작하자.

스트레스는 무엇인가

APE(생존 지각 에너지) 뇌의 역할이 무엇인지 떠올려보자. 첫째, 우리가 생존하게 도와준다. 둘째, 우리가 어떻게 인지되고 있는지 알게 한다. 셋째, 에너지를 절약하게 한다.

바로 이것들이 우리 행동과 습관을 주도한다. 그러나 현대 사회에서 살아남으려면 만족을 늦추고, 장기적인 목표를 위해 노력해야 한다. 부지런하고, 빠르게 변화에 적응해야 한다. 그럼에도 우리가 자꾸 곁길로 새는 이유는 애초에 설계 자체가 단기적인 쾌락을 추구하도록 되어있기 때문이다. 물론 HUE(끔찍하게 쓸모없는 감정들)도 한몫한다.

그 결과는 무엇일까? 스트레스다. 그리고 너무 많은 스트레스는 사람을 슬럼프에 빠지게 만든다.

스트레스는 뇌에서 발생하는 화학적 과정이다. 스트레스 관련 화학 물질이 방출될 때를 투쟁-도피 반응이라 부른다. 물론 모든 스트레스가 나쁜 것은 아니다. 어느 정도의 스트레스는 개인의 성장과 발전에 도움이 된다. 다만 그 '어느 정도'를 맞추기가 어려울 뿐이다.

모든 스트레스 반응은 경험 또는 과학자들이 '사건'이라고 부르는 것에서부터 시작된다.

예를 들면, 이런 식이다.

사건: 사무실에서 누군가를 위해 문을 잡아줌

사건이 진행될 때 우리는 앞으로 일에 대해 무의식적인 '기대'를 갖게 된다.

예를 들면, 이런 식이다.

기대: 그 사람이 예의 바르게 "고맙습니다"라고 말하는 것

심리학자들은 일어날 일에 대한 기대심리를 '포괄적 의미'라고 부른다. 그리고 실제로 일어나는 일을 '상황적 의미'라고 한다. 기대하는 것(포괄적 의미)과 실제로 일어나는 것(상황적 의미) 사이에 차이가 있을 때, 우리는 스트레스를 느낀다. 이것을 '의미 체계의 혼란'이라고 한다.

예를 들어, 당신은 누군가를 위해 문을 잡아주고 그가 감사하다고 말해주기를 기대한다. 그런데 그 사람은 당신의 기대를 무시한다. 이것이 스트레스 반응을 일으킨다.

의미 체계의 혼란이 실제로 발생했을 경우에만 나타나는 게 아니다. 당신이 회의에 참석하기 위해 출장 가는 중이라고 상상해보자. 당신은 언제나 약속에 늦지 않게 도착하는 것을 자랑스럽게 생각하는 사람이다. 그러나 기차가 연착되어 제시간에 도착할 수 없을 것 같다. 이

때 HUE는 모든 최악의 시나리오를 뽑아내기 시작한다. 실제로 벌어지지 않은 일에도 스트레스가 발생하는 것이다.

신경학적으로 스트레스는 뇌가 의미 체계의 혼란을 느끼는 것이고, 뇌는 이 상황에 복합적이면서도 매우 기민하게 반응한다. 그러나 대체로는 간단하게 두 문장으로 정리할 수 있다.

① 호흡이 순식간에 바뀌면서 활성화 수치가 지나치게 높게 올라간다.

② 도움이 되지 않는 생각에 주의를 기울인다. 그리고 너무 오랫동안 그것에 집중하면서 시간을 낭비한다.

스트레스의 진짜 문제는 그것이 쌓여 우리를 빠르게 집어삼킬 수 있다는 점이다. 스트레스는 1+1=2라는 수학 공식처럼 단순하게 계산할 수 있는 게 아니다. 스트레스 성격에 따라 1+1=26이 될 수도 있다.

스트레스 빠르게 이해하고 관리하기

당신이 지금 어떤 스트레스를 받고 있는지 정확히 설명할 수 있는가? 내가 아는 한 대부분 사람은 쉽게 답하지 못한다. 그만큼 스트레스는 복합적이고 가변적이기 때문이다. 그래도 발전적인 내일을 원한다면 차분하게 스트레스에 대해 생각해볼 필요가 있다. 지금 괴로운 문제나 마음속에 떠오르는 스트레스를 적어보자. 작은 것일 수도 있고, 큰 것일 수도 있다. 다음으로, 이 스트레스의 근본 원인을 이해하려고 노력해보자.

앞서 우리 뇌 속에는 등대가 빛을 밝히고 있다고 했다. 스트레스 반응을 이해하기 위해 등대 내부의 장면을 상상해보자.

HUE는 뭔가 마음에 들지 않는다. 상사가 당신에게 보낸 이메일에서 사용한 어조 때문이다. 자신이 부당한 대우를 받는 기분이다. 무의식적으로 HUE는 사회적 지위에 위협을 느낀다.

당신은 방금 의미 체계의 혼란을 경험했다. 당신이 기대했던 대로 일이 일어나지 않은 것이다. 당신은 상사가 이런 식으로 말할 거라고 기대하지 않았기 때문에 스트레스 반응을 일으킨다. 이 모든 과정이 순식간에 일어난다.

그리고 곧이어 두 가지 일이 발생한다.

① 호흡이 가빠지고 활성화 수치가 도움이 되지 않는 수준으로 증가한다.

② HUE는 뇌가 쓸데없는 생각에 잠겨 문제를 일으키고 있음을 의지력에게 알린다.

뇌가 제대로 작동하고 있을 때는 의지력이 달려와서 HUE를 구조해줄 수 있다. 나는 이것을 '윌 파워 멘토링(Will Power Mentoring)'이라고 부른다. 우리는 윌 파워 멘토링을 통해 스트레스를 효과적으로 관리할 수 있다. 다음과 같은 방식이다.

1단계: 스트레스 반응. HUE가 의지력에게 도움을 요청함

2단계: 의지력이 메시지를 받음

3단계: 의지력이 메시지(문제점, 걱정, 위협 요소)를 분석함

4단계: 의지력이 문제를 세 가지 중 하나로 분류함

1) 해결해야 할 실제 문제다

2) 잘못된 경보거나 통제할 수 없는 문제다

3) 문제지만 HUE가 과장해서 반응한다

5단계: 의지력이 HUE를 코치함. 실행 계획을 만들어 알려주거나, 비슷한 경고를 보다 현명하게 해석할 수 있도록 가르침

6단계: 문제해결을 위해 사용했던 일부 행동을 HUE가 학습함. 앞으로 비슷한 문제가 생기면 더 침착하게 해결할 수 있음

스트레스를 효과적으로 관리하기 어려울 수도 있다. 성공적인 감정 조절의 바탕은 뇌가 제대로 기능하느냐이다. 하지만 빠르게 변화하는 세상에서 뇌는 제대로 깨어 있기 힘든 경우도 있다. 특히 DES(식단, 운동, 수면) 습관이 좋지 않으면 의지력은 HUE를 돕기에 적합한 상태가 아닐 수 있다.

게다가 스트레스는 한 번에 하나씩 나타나지 않는다. 스트레스 반응은 누적되어 빠르게 당신을 짓누른다. 장기간 스트레스를 받으면 본능에 충실한 APE 뇌가 HAC(주의력 통제) 뇌를 포함한 다른 영역을 손쉽게 점령해버린다. 이는 의지력이 더 이상 HUE를 도울 수 없다는 의미다.

우리는 무엇이든 연습하면 그 분야에 능숙해진다는 점을 명심하자. 스트레스 받는 연습을 하면 스트레스 반응과 연결된 신경 회로가 강화된다. 스트레스를 빨리 많이 받는 것이 나쁜 습관으로 굳어질 수 있다는 의미다.

다행인 점은 우리가 스트레스를 줄이고 관리하기 위해 두뇌를 재훈련할 수 있다는 사실이다. 다음은 새로운 스트레스 관리 습관을 형성하는 데 도움이 되는 접근 방식이다.

① 해빗 메카닉 마음가짐에 적응한다. 최고의 내가 되기 위해 최선을 다하고 책임지겠다는 태도를 가져야 한다. 예를 들어, 스트레스를 일으키는 통제할 수 없는 요인에 대해서는 걱정하기보다는 사전 대비를 하는 게 좋다.
② 겁에 질리지 말고 한 걸음 물러서서 생각하라. 이를 수행하는 빠른 방법은 SWAP(자기 관찰→목표→계획) 사이클을 만드는 것이다.

SWAP: 자기 관찰

스트레스 받고 있는 내 상태를 자기 관찰 해보자. 현재 스트레스가 어느 정도인지 1에서 10 사이에 체크하자.

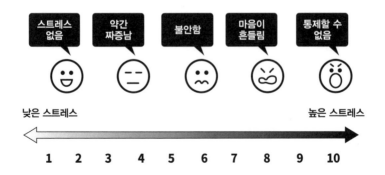

제5장 자신감을 키우고 생산력 끌어올리기

현재 스트레스 점수는 몇 점인가? 점수가 높다면 스트레스를 유발하는 문제가 무엇인가?

SWAP: 목표

이제 스트레스 수준을 조금 줄이는 것을 목표로 하자. 마음이 급하겠지만 우리 뇌는 한 번에 작은 것 하나씩만 바꿀 수 있다. 현재 스트레스 수준이 8이라면 일단 7까지만 줄이자.

SWAP: 계획 ①

스트레스를 줄이기 위한 실용적인 계획이 필요하다.

스트레스를 받을 때 분명하게 나타나는 신체적 변화 중 하나가 호흡이다. 그리고 유일하게 의식적으로 통제할 수 있는 것도 호흡이다. 호흡은 들숨과 날숨의 속도를 조절하면서 빠르기를 조정할 수 있다. 호흡을 늦추면 마음이 진정되고 스트레스 반응이 약해진다. 활성화 수치가 감소하는 것이다.

호흡 운동은 가능한 일어서서 하는 게 좋다. 일어설 수 없다면 똑바로 앉거나 눕는다. 왼손은 배 위에, 오른손은 가슴 위에 둔다. 현재 숨을 들이쉬고 내쉬는 데 몇 초나 걸리는지 확인한 다음, 의도적으로 그 간격을 벌린다. 그리고 숨을 내쉴 때마다 활성화 다이얼이 높은 숫자에서 낮은 숫자로 움직이는 장면을 떠올린다.

호흡 조절은 정기적으로 연습해두는 게 좋다. 30초만 연습해도 도움이 되고 재충전과 상쾌함을 느낄 수 있다. 나도 걸으면서 종종 호흡 조절을 하곤 한다.

잘했다! 당신은 지금 막 당신의 뇌를 감정 조절이 가능한 HAC 뇌로 만들었다. 집중 단어와 집중 그림을 사용한 결과다. 마음속으로 호흡을 셀 때 당신은 당신도 모르게 집중 단어를 사용했고, 활성화 다이얼을 머릿속에 그리면서 집중 그림을 사용했다. 이제 당신은 이 기술을 사용해 스트레스를 받을 때마다 의지력으로 HUE를 진정시킬 수 있다.

SWAP: 계획 ②

호흡 조절에 성공했다면 다음으로 쓸데없는 생각을 지워야 한다. 우리 뇌는 본능적으로 되새김하고, 자책하고, 걱정한다. 그 본능을 다스릴 수 있는 계획이 필요하다.

좋은 소식은 여기서 집중 단어와 집중 그림 기술을 또 사용할 수 있다는 것이다. HUE와 의지력이 어떻게 소통하는지 생각해보면 간단하다. HUE가 스트레스를 받을 때 생각, 즉 말과 그림을 통해 의지력이 깨닫게 한다. 자신에게 말하기(집중 단어)와 마음의 눈으로 보는 것(집중 그림)을 더 잘 통제할 줄 알면 생각하는 방식도 더 잘 통제할 수 있다. 도움이 되지 않는 생각이 머리에 떠오르면 맞설 준비를 하는 것이다. 어려운가? 쉽게 말해, 생각하는 모든 것을 다 믿지 말자고 외치는 것이다.

HUE의 임무는 위협에 대해 경고하는 것이다. HUE는 최악의 시나리오를 우리에게 알려주도록 설계되어 있다. 하지만 HUE가 전하는 생각은 종종 사실이 아니며 현실로 이뤄지지도 않는다. 물론 그런 생각을 통제하기란 쉽지 않다. 위협적인 생각은 억누르려고 하면 할수록 더 강력해진다. 따라서 도움이 되지 않는 생각을 아예 하지 않으려는 시도는 그다지 효과적이지 않다.

생각을 더 잘 통제하려면 먼저 쓸데없는 생각을 받아들이는 데 집중하는 게 좋다. 이렇게 함으로써 HUE를 무장 해제시키고, 걱정이나 화를 가라앉혀 힘을 약하게 만든다. 그러면 의지력이 HUE를 더 쉽게 코치할 수 있고 쓸데없는 생각도 더 잘 관리할 수 있게 된다. 나는 가끔 쓸데없는 생각을 기꺼이 받아들이고 의지력이 HUE의 어깨를 살살 마사지하며 진정시키는 모습을 상상한다(집중 그림).

가끔은 HUE가 도움이 되지 않는 생각을 하는 걸 발견하면 "HUE가 제 할 일을 하고 있군"(집중 단어) 하고 혼잣말을 한다. 그럴 때 보통 나는 미소를 짓고 있거나 HUE가 농담하는 모습을 상상하며 소리내어 웃는다. 이런 식으로 나는 생각에 '표시'를 한다. 이 과정은 쉽고 간단하면서도 강력한 효과를 보증한다.

SWAP: 계획 ③

건강한 뇌 기능을 위해서는 긍정적인 사회적 관계가 중요하다고 앞서 강조했다. 당신이 신뢰하는 사람들과 당신의 감정에 관해 이야기하는 일은 언제나 옳다. 주변의 감정적 지지는 매우 강력한 힘을 가지고 있다. 그러니 당신이 신뢰하는 사람들에게 솔직히 털어놓아라. 특히 대화 상대가 당신을 웃게 하면서도 당신과는 다른 관점으로 직면한 문제를 생각해줄 수 있는 사람이라면 더욱 그래야 한다.

<u>SWAP: 계획 ④</u>

'FAB 사고'란 스트레스를 관리하기 위한 또 다른 기술이다. 그것은 사건의 의미를 재구성하고 변화시키는 과정을 통해 도움이 되는 쪽으로 우리의 주의를 능동적으로 옮기는 행위다. FAB는 다음의 약자다. 운(Fortunate), 오늘 내가 운이 좋았던 것은 무엇이었는가? 조정(Adapt), 스트레스를 줄이기 위해 목표를 어떻게 조정할 수 있을까? 이점(Benefits), 현재의 어려운 상황에서 어떤 이득을 취할 수 있을까?

FAB 세 요소를 어떻게 활용할 수 있는지 예시와 함께 알아보자.

첫 번째는 운이다. 오늘 내가 운이 좋았던 것은 무엇이었는가?

지금 자기 상황을 고려해보자. 당신은 세계에서 가장 부유한 국가 중 하나에 살고 있다. 이를 당연하게 여기면 안 된다. 예를 들어, 나는 오늘 세 끼를 모두 먹을 수 있어서 정말 운이 좋았다. 세상의 많은 사람이 먹을 것이 없어 굶주리기 때문이다.

두 번째는 조정이다. 스트레스를 줄이기 위해 목표를 어떻게 조정할 수 있을까?

직장에서 승진하지 못한 일은 안타깝지만, 그 일에 연연하는 것은 도움이 되지 않는다. 빠르게 목표를 재설정해야 한다. 내년을 노리고 좀 더 성과를 내는 데 집중할 것인지, 어서 구직 사이트에 로그인할 것인지 확실하게 정하면 스트레스가 줄어든다. 스트레스는 대부분 어쩔 줄 모르는 혼란에서 오기 때문이다.

마지막으로 이점이다. 현재의 어려운 상황에서 어떤 이득을 취할 수 있을까?

아닐 수도 있지만, 어려운 상황에서 벗어나고 시간이 한참 흐른 뒤에 사람들은 이렇게 말하곤 한다.

"그때 그 힘든 시간이 나를 성장시키고, 정신적으로 강하게 만들었어."

어려움을 겪을 때 의도적으로 이점을 찾으면 힘든 시간을 그저 힘들게 보내지만은 않을 수도 있다. 나 역시 현재 어려운 상황이지만, 나 자신과 주변 사람들에 대해 많이 배우고 있다. 이 시간을 극복하면 나는 더 나은 사람이 될 것이고, 내 인생의 다른 문제를 해결할 수 있는 강한 능력을 갖추게 될 것이다.

FAB 사고를 설명하는 또 다른 방법은 '의미 중심적 대처'이다. 이것은 저명한 학자 수잔 포크먼Susan Folkman 교수가 만든 개념적 대처 체제이다. 앞에서 운동선수 에니스 힐을 언급했다. 그녀의 이야기로 돌아가 의미 중심적 대처와 FAB 사고에 대해 더 자세히 알아보겠다.

에니스 힐은 2008년에 큰 부상을 입었다. 그런 그녀가 좌절이 아닌 회복을 위해 선택한 것은 의미 중심적 대처 방식과 매우 유사한 방법이었다. 우선 에니스 힐은 부상으로 의미 체계가 무너졌다. 즉, 그녀가 마땅히 일어나야 한다고 생각했던 일(올림픽에 출전하는 것)과 실제 일어나고 있는 일이 달랐다. 이런 차이는 스트레스를 가져온다.

그녀의 HUE는 어김없이 적색 경고를 울렸다. 그녀의 주의는 오로지 미래에 대한 걱정과 위협에만 쏠렸다. 그녀의 자신감은 완전히 꺾였고, 아마도 투쟁-도피 반응에 있었을 것이다. 그것은 그녀의 뇌가 제대로 기능하지 못했다는 사실을 의미한다. 그녀의 HUE가 그대로 방치되면 그녀에게 심각한 영향을 끼칠 수밖에 없었다. 그리고 안타깝게도 그녀에게는 집중할 수 있는 명백한 긍정적인 요소가 없었다. 아무것도 제대로 진행되지 않았다.

이때 에니스 힐은 FAB 사고를 발휘했다. 그 방식 중 하나가 이점 찾기였다. 그녀는 다음과 같이 말하고 썼다.

"어떤 일이든 (좋은) 이유가 있게 마련이다."

"나는 이 일을 위해 더 강해질 것이다."

"이제 나는 영화관으로 《섹스 앤 더 시티》를 보러 갈 수 있다."

마지막 문장은 그녀가 평소 훈련을 받을 때 제한되었던 여가 시간과 관련이 있다. 이런 의미 중심적 대처 기법을 '이점 상기'라고 부르며, 이전에 이점이라고 여겼던 것을 다시 상기하는 행위가 이에 속한다.

에니스 힐이 사용한 또 다른 의미 중심적 대처 전략은 '일상적인 사건에 의미 부여하기'였다. 예를 들어, 그녀는 경력이 끝날 수도 있다는 말을 듣고 이렇게 말했다.

"육상경기를 경험했던 건 운이 좋았어요."

그리고 새로운 우선순위 목표에 '부상을 극복하고 동계 훈련을 위해 돌아오는 것'을 적었다. 현재 눈앞에 닥친 문제해결에 집중하기 위해 '우선순위 재정렬'이라는 기술을 사용한 것이다. 마지막으로, 그녀는 '2012년 런던 올림픽에 집중할 것'이라고 최종 목표를 조정하고 크게 적었다.

에니스 힐은 자신의 삶에서 힘든 사건을 재평가하고 재구성하면서 도움이 되는 생각에 더 집중할 수 있었다. 그리고 마침내 자신의 경력을 정상 궤도로 돌려놓고 올림픽 챔피언이 되었다.

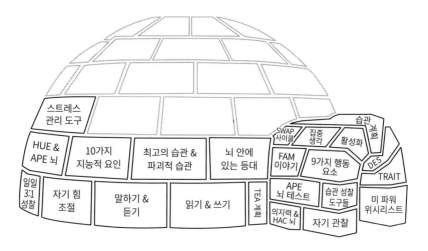

| 해빗 메카닉이 되기 위한 당신의 습관 지능 이글루 |

자신감을 향상시키는
습관 개발하기

나는 충격에 휩싸인 채 영국 교육부 건물의 아름다운 방에 앉아 있었다. 교육부 장관 및 교육 전문가들과 함께 회복력을 논하는 원탁회의 토론에 패널로 초청받은 자리였다. 참석자는 젊은이들의 회복력 발전에 따른 이점과 회복력 성취 방법에 대한 본인의 통찰력을 공유할 수 있는 시간을 5분 배정받았다.

한 지도적인 사상가가 발언을 시작하자마자 나는 어리둥절해졌다. 그 사상가는 현재 연구에 참여 중인 학교에서 젊은이들의 능력 향상을 위해 자신감을 북돋으려고 노력했지만 잘 풀리지 않았다고 고백했다. 그의 목소리는 참담했다.

"시도했지만, 결과는 실패였습니다."

그 사람의 잘못이 아니었다. 그는 단지 타인의 자신감 향상을 위한 방법에 대해 나쁜 조언을 들었을 뿐이었다. 나는 진 트웽이^{Jean Twenge} 박사의 책 『나의 세대: 오늘날 미국의 젊은 세대가 더욱 자신감 넘치고, 적극적이고, 권리가 주어졌지만, 전보다 더 비참한 이유(Generation Me)』에서 처음으로 제기되었던 문제를 다시금 떠올렸다.

그녀는 책에서 청년들의 자신감 향상을 위해 교육 당국이 좋은 의도로 실행한 시스템에 관한 이야기를 풀어놓았다. 책에서 전문가들은 성공하고자 하는 사람들에게는 자신감이 필수적이라는 사실을 인지했다. 그래서 전문가들이 활용한 전략은 이런 것들이었다.

- 이기든 지든 모든 이에게 똑같은 크기의 상장을 수여한다
- 사람들이 쉽게 우수한 성적을 거두도록 한다

결론은? 연약한 나머지 금방이라도 부서질 것 같은 자신감을 보유한 세대가 탄생했다.

이유가 뭐냐고? 자신감 북돋기 정책에는 설계적 결함이 있었다. 훌륭한 과학적 근거를 바탕으로 한 접근 방식이 아니었다. 사용한 전략들은 오로지 자존감 향상에만 초점을 맞췄을 뿐이며, 자기 효능감은 논외였다. 젊은 세대의 잘못이 아니었다. 앞에 놓인 접근 방식이 잘못된 것이었다.

인간은 자신감을 향상시킬 수 있는 건 과학적 접근을 바탕으로 했을 때만 가능한 일이다. 이제부터 단단한 자신감을 형성하는 진짜 방법을 소개하려 한다.

기본적인 것부터 시작해보자.

자신감이란 무엇이며
어떻게 형성할 수 있을까

어떻게 하면 자신감을 개발할 수 있을지 설명하는 가장 유용한 방법은 집을 상상하는 것이다. 간단히 말해서, 자신감의 집(The House of Confidence)은 한 번에 벽돌 하나를 쌓아서 지어 올릴 수 있다.

단단한 자신감을 개발하기 위해서 대개는 긍정적인 것에 더 집중할 줄 알아야 한다. 긍정적인 생각과 부정적인 생각의 비율이 3:1인 상황에서 '도움이 되는 사고'가 늘어나는 것으로 입증되었기 때문이다. 자신감이 낮고 스트레스를 많이 받는 사람은 긍정적인 생각을 아예 떠올릴 수 없을 것이다. 반면에 자신감이 높고 스트레스를 덜 받는 사람은 아주 드물게 부정적인 생각을 떠올린다. 물론 과도한 자신감은 허풍과 허세를 야기할 수도 있다.

긍정과 부정 3:1 비율법은 단단한 자신감 수준을 보여주는데 이를 '현실 기반의 긍정'이라고 한다.

부정적인 생각과 스트레스는 하나 정도 있는 게 좋다. 개인의 현재 상태를 점검해볼 수 있기 때문이다. 부정적인 생각을 떠올리며 우리는 앞으로 나아갈 목표를 다시 찾게 된다. 집중할 대상이 생기는 것이다. 힘들지만 버텨내야 할 이유를 찾아내기도 한다.

더불어 세 가지 긍정적인 생각은 지속적인 자신감과 에너지를 제공한다. 사소한 성공은 동기를 부여하고 장기적인 행복의 필수요소인 해빗 메카닉 개발을 돕는다. 노력이 늘 실패와 부정적인 피드백으로 이어진다면 인간은 빠르게 포기할 것이다. 이렇게 향상시킨 '단단한 자신감'은 삶이 힘들더라도 회복력을 잃지 않고, 부정적인 사고의 소용돌이에 가라앉지 않도록 만들어준다. 단단한 자신감은 지나치게 의기소침해지거나 비현실적으로 과도한 자신감을 부리지 않는 상태를 뜻한다.

아, 최적 배합이 늘 3:1은 아니다. 사람마다, 상황마다 달라진다. 예를 들어, 정신적으로 심각한 부상을 입은 사람은 긍정적인 사고를 11개나 떠올려야 할 수도 있다.

어떤 이글루를 만들 것인가

FAM(야심 차고 의미 있는 미래) 이야기 빙산은 우리가 세운 목표를 성취할 때 자신감을 쌓도록 도와준다. 조금 더 강력한 자신감 향상 도구로 활용하기 위해 빙산 개념과 자신감의 집 개념을 결합해보자.

빙산은 커다란 구조다. 작은 얼음 덩어리가 빼곡하게 붙어있는 모습을 상상할 수 있다. 이제 자신감의 집을 떠올리자. 이글루처럼 생겼다. 여기에 어떻게 FAM 이야기 빙산의 요소를 옮길지 생각해보자.

예를 들어 이탈리아어 전문가가 되는 게 목표라고 치자. 다음 장과 같이 공부할 것들을 차근차근 쌓아야 한다. 아직까지 30퍼센트 정도만 완성된 상태라 변화의 여지가 충분하다.

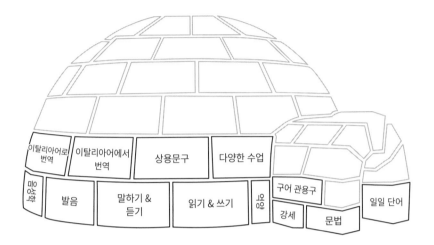

사실 이런 이글루는 거의 모든 영역에 적용시켜 만들 수 있다. 아니, 이미 만들어져 있다. 삶의 중요한 영역마다 이런 이글루들이 지어져있다고 생각해보라. 그런데 모든 이글루가 똑같이 생긴 건 아니다. 어떤 이글루는 허투루 지어서 무너지기 일보 직전일 것이고, 어떤 이글루는 매우 견고해서 탱크가 와서 부딪혀도 부서지지 않는다. 어떤 이글루를 얼마만큼 가지고 있느냐에 따라 본인의 능력이 결정되고, 자신감도 달라진다.

그렇다면 어떻게 해야 이글루를 잘 지을 수 있을까?

자신감은 믿음(자존심)과 증거(자기 효능감)로 나뉜다. 인간은 누구나 자신이 하는 일이 가치 있다고 생각한다. 이런 믿음은 이글루의 바탕이 된다. 그리고 정말 잘하는지에 대한 평가를 증거로 수집하면서 얼음 덩어리를 쌓는다. 자존심 위에 증거, 곧 성과가 쌓일수록 무너지기 어려운 단단한 자신감 이글루가 만들어지는 것이다.

실용적으로 자신감을 향상시키는 방법을 생각해볼 차례이다. 먼저, 분야에 상관없이 한 걸음 물러서서 삶을 조망해야 한다. 매일 발생한 일과 자신의 행동을 의도적으로 한 걸음 물러서서 성찰하지 않으면 HUE(끔찍하게 쓸모없는 감정들)가 던지는 쓸모없고 부정적인 생각들에 갇히기 쉽다. 바라보는 관점을 객관적으로 확립하기 위해서 매일 지적인 사기 관찰을 실시해야 한다. 나는 앞서 일일 3:1 성찰 도구가 얼마나 유용한지 설명했다. 그렇지만 아직 갈 길이 멀다.

당신이 직장 혹은 일상에서 수행하는 주요 역할과 책임감 다섯 가지를 적어보자. 그리고 역할별로 현재의 수행 능력을 1에서 10까지 점수를 매긴다. 198페이지에 있는 부족함에서 우수함으로 가는 'P2 눈금 도구'를 떠올리면 도움이 될 것이다. 내가 하는 일을 예시로 들어보겠다.

1. 해빗 메카닉 지능을 개발하여 최고가 될 수 있다. (8점)
2. 내 해빗 메카닉 지능을 이용하여 타인을 돕는다. (8점)
3. 책을 집필한다. (6점)
4. 새로운 해빗 메카닉 도구를 개발하여 타인을 돕는다. (8점)
5. 좋은 가족이자 친구가 된다. (8점)

당신의 점수는 몇 점이나 되는가? 각 영역에 매긴 점수는 이글루를 얼마나 잘 쌓았는지 나타낸다. 이제 다른 것들보다 우선 개선하고 싶은 영역을 하나 골라서 표시하자. 나는 작성한 다섯 가지 목록 중 1번

'해빗 메카닉 지능 개발'을 골랐다. 그러니까 '해빗 메카닉 지능 이글루'를 선택했다는 말이다. 나는 해빗 메카닉 지능 이글루를 쌓아서 해빗 메카닉 능력에 대한 자신감을 향상시키고 싶다.

자기 관찰을 마친 당신은 이제 목표를 세울 준비가 되었다.

자신감 프로필 완성하기

나는 '해빗 메카닉 지능 이글루'에 집중하고 있다. 스스로 10점 만점에 8점을 줬으니 나는 해빗 메카닉 지능, 기술, 습관, 강점을 이미 지니고 있다고 볼 수 있다. 그렇지만 더 나은 해빗 메카닉으로 거듭나기 위해서는 다양한 종류의 얼음 덩어리를 미리 꽁꽁 얼려둬야 한다.

생각을 정리하기 위해서 내가 개발한 '자신감 프로필(The Confidence Profile)'을 적어볼 것이다. 자신감 프로필은 다음과 같은 사항을 강조하기 위해 설계되었다.

- (일상생활과 직장의 주요 분야에서) 당신의 현재 성과
- (증거 혹은 얼음 덩어리 역할의) 당신의 현재 지식-기술-습관, 장점
- 이글루를 더 발전시키기 위해 할 수 있는 일

내가 적어본 해빗 메카닉 지능 이글루이다.

영역: 해빗 메카닉 지능

총 100퍼센트 중 성과 지수: 80퍼센트

얼음 덩어리: 자기 관찰

얼음 덩어리: 일일 TEA 계획

얼음 덩어리: FAM 이야기

다음으로 일릴 얼음 덩어리(Aim): 표현하는 글쓰기 개선하기

나는 얼음 덩어리를 얼리기 위해 어떤 일을 했을까?

① 자기 관찰을 하기 위해 매일 저녁 객관적으로 떨어져서 바라보고 평가하려고 했다. 그렇게 내가 가진 강점과 개선해야 할 부분을 파악했다.

② 아침마다 일일 TEA 계획을 세우고 목표를 이루는 데 더 쉬운 방법은 없는지 모색했다.

③ 세세한 FAM 이야기를 만들어서 주기적으로 업데이트했다.

해빗 메카닉 지능 이글루를 더욱 견고하게 쌓기 위해서 나는 스트레스 관리에 더 능숙해질 필요가 있다. 그래서 다음에 얼리고 싶은 얼음 덩어리로 '표현하는 글쓰기 개선하기'를 적었다. 이것은 내가 정한 구체적인 개선 목표이다.

KOSY 자신감 향상법

얼리고 싶은 얼음 덩어리, 즉 목표를 확인했다면 이제 어떻게 해당 영역에서 자신감을 쌓을지 살펴봐야 한다. 'KOSY 자신감 향상법'은 목표 달성을 도와주는 계획 도구(해빗 메카닉 도구)이다. 자신감 향상을 위해 해야만 하는 일을 정하고, 작업에 도움이 되는 개인적인 강점과 이미 맺고 있는 관계들을 깊이 생각해보도록 이끌어준다.

K는 지식(Knowledge)을 의미한다. 더 많은 것을 알면 자신감 향상에 도움이 된다.

O는 타인(Others)을 의미한다. 가족 구성원이나 멘토, 선배, 지인 등 다른 사람들의 지식과 기술을 공유받고, 조언을 듣고, 감정적인 지지를 얻음으로써 우리는 자신감을 쌓을 수 있다. 게다가 타인의 성취를 목격함으로써 우리도 '할 수 있다'는 자신감을 얻을 수 있다. 이를 간접 경험이라고 한다.

이때 타인에게 조언을 구하는 게 약점을 드러내는 일처럼 느껴질 수도 있다. 하지만 전혀 사실이 아니다. 도움을 요청하는 일은 당신이 성장과 향상을 바라고 있으며 강한 회복력을 지녔다는 것을 보여준다. 상대가 도움을 주기 싫어한다면 그건 그 사람의 문제이지, 당신의 문제가 아니다.

S는 기술(Skill)을 의미한다. 무언가를 그냥 아는 것과 할 줄 아는 것은 다르다. 기술은 지식을 활용한 것이다.

Y는 당신(You)을 의미한다. 당신은 누군가에게 전수할 수 있는 기

제5장 자신감을 키우고 생산력 끌어올리기

술들을 보유하고 있는데, 문서 정리 기술 같은 사소한 것부터 프레젠테이션 기술 같은 어려운 것들도 있다. 이런 기술들을 잘 다루고, 다른 사람에게 도움을 줄 수 있다는 사실을 항상 기억하라. 그 기억이 결국 당신의 자신감 향상으로 이어질 것이다.

물론 우리 중 누구의 삶도 계획한 대로 흘러가지 않는다. 우리는 자신감을 떨어뜨리고 훼손시키는 사건들을 경험한다. 그러므로 변함없이 자신을 믿고 앞으로 나아갈 수 있는 안전장치를 확보할 필요가 있다.

예를 들어, 스스로 잘한다고 생각했던 분야에서 의심을 받았을 때 자신감에 상처를 입는다. 발표를 굉장히 잘했다고 생각했는데 사람들의 반응이 별로일 때, 즉 내가 벌어질 것이라고 예상했던 일들이 벌어지지 않으면 의미 체계에 혼란이 생긴다. 바로 스트레스다.

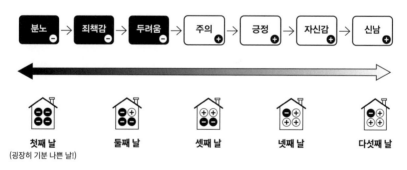

| 감정의 변화 양상 |

자신감을 안정시키기 위해서는 앞서 얘기한 것처럼 호흡 관리를 하고, 집중 단어와 집중 그림을 떠올리고, 주의를 다른 곳으로 돌려야 한다. 이런 기술들을 적극적으로 활용해 훨씬 쉽게 감정을 조절하고 이탈한 사고를 제자리로 돌려놓을 수 있다. 안 좋은 감정을 피할 수 없지만, 감정적인 반응을 조절하여 나쁜 감정을 가능한 오래가지 않도록 만드는 것이다. 이렇게 감정들을 관리하고 자신감을 다시 쌓아 올리면 실패 후, 기분 전환에 드는 시간을 5일에서 3일 정도로 줄일 수 있다.

감정을 추스르고 나면 논리적으로 생각하는 일이 가능해진다. 이때 자신감에 상처를 입힌 일에 대해 객관적으로 판단하고 해결책을 모색할 수 있다. 발표할 때 단어 선택이 잘못됐던 건 아닌지, 템포 조절에 실패했던 건 아닌지, 혹은 청취자들의 수준을 너무 높게 잡았던 건 아닌지 정확하게 구분할 수 있다. 그리고 문제점을 발견하게 되면 앞으로 어떤 얼음 덩어리를 얼려야 할지도 알 수 있을 것이다.

자신감 향상 습관 쌓기

우리의 목표는 단순히 자신감을 향상시키는 데 있지 않다. 궁극적인 목표는 자신감을 더 쉽게 향상시키기 위한 실용적인 방법을 발견하는 것이다. 여기 내가 월별, 주별, 일별로 사용하는 자신감 향상 해빗 메카닉 도구를 공유한다.

월별 활동

① 자신감 프로필을 만들어서 업데이트하고, 얼리고 싶은 새로운 얼음 덩어리들을 명확하게 정한다.

② 잘 발전시킨 FAM 이야기로 자신감 프로필을 더 수월하게 발전시킨다.

주별 활동

① 새로운 얼음 덩어리를 얼리기 위해 실행했던 작업을 떠올린다.

② 성공 경험을 기록하라.

③ 떠올려보고, 기록하면서 당신의 능력에 대한 증거를 수집하라.

일별 활동

① 일의 성공 여부와 상관없이 DES(식단, 운동, 수면) 습관을 지속함으로써 뇌가 깨어있음을 느낀다.

② 일일 3:1 성찰 혹은 짧은 글쓰기 등을 완수한다. 이 과정을 통해 이미 만들어놓은 얼음 덩어리들과 새롭게 얼리고자 하는 얼음 덩어리에 대한 증거를 생각하고 기록할 수 있다.

다음 장에서는 스트레스 및 자신감 관리에 대해 배운 내용을 토대로 압박감 속에서 더 나은 성과를 내기 위해 사용할 수 있는 몇 가지 간단한 해빗 메카닉 도구들을 살펴볼 예정이다.

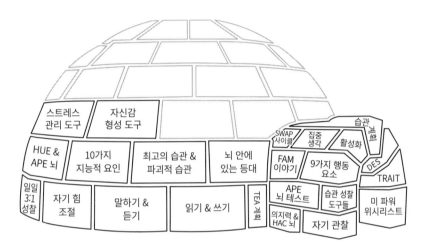

| 해빗 메카닉이 되기 위한 당신의 습관 지능 이글루 |

제5장 자신감을 키우고 생산력 끌어올리기

압박감 속에서도
성과를 내는 사람들의 비결

억만장자이자 자선 사업가인 워런 버핏Warren Buffett은 세계에서 가장 성공한 투자자이자 지구상에서 가장 부유한 사람 중 한 명이다. 그냥 타고났다고 믿기 쉬운 자타공인 '오라클의 현자'는 한 개인의 놀라운 성공 사례를 제공한다. 버핏의 업적을 들여다보면 우리 같은 일반인처럼 버핏 역시 잠재력을 발휘하기 위해 계획적으로 학습했다는 사실을 알수 있다. 버핏은 이렇게 말했다.

"습관의 사슬은 너무 가벼워서 깨지기 전까지는 느껴지지 않는다고 했습니다."

버핏의 경력은 1950년대부터 시작되었는데 스스로 인정한 것처럼 그는 공개적으로 앞에 나서는 두려워하는 성격이었다.

"나는 할 수 없었소. 토할 것만 같았거든!"

버핏은 인생의 목표를 성취하기 위해선 이런 성격을 개선할 필요가 있다고 생각했다. 그래서 유명한 연설 훈련 프로그램에 등록했다.

여기서 그는 대중 앞에 서는 지식을 배우고, 기술을 연마했으며, 습관으로 발전시켜 오늘의 경지에 이르렀다. 그리고 훗날 능숙한 연설가가 되는 법을 배우지 않았더라면 그의 삶은 지금과 달랐을 것이며 성공할 수 없었을 것이라고 고백했다. 버핏은 언제나 프로그램 수료증을 전시해놓고 자랑했다. 솔직히 권위 있는 유명 대학 학위보다도 자랑스럽다고 말했다.

이번 챕터에서 당신은 압박감이 조여오는 상황에서 당신의 성과에 영향을 끼칠 만한 모든 요소를 더 제대로 관리하는 방법을 배울 것이다. 이미 스트레스 관리 방법과 자신감 쌓는 방법을 이해하고 있으니 압박 속에서 집중하는 방법을 배우는 일은 훨씬 수월할 것이다. 당신이 스트레스와 상관없이 성과를 내고 싶다면, 앞으로의 얘기에 집중하기 바란다.

연설을 위해 연습하는 조지 6세의 교훈

압박 속에서 성과를 내고자 하는 사람들은 몇 가지 고려해야 할 요소가 있다. 다음 예시를 통해 어떤 것들이 있는지 살펴보자.

영화 《킹스 스피치》는 영국 왕 조지 6세의 말더듬 증상과 언어치료사 라이오넬 로그의 실화에 주목했다. 영화는 흔치 않게 가까운 관계를 유지한 조지 6세와 언어치료사가 주고받은 수백 개의 일기, 서류, 편지를 기반으로 한다.

라이오넬 로그가 조지 6세의 첫 언어치료사는 아니었다. 사실 조지 6세는 수많은 치료사를 만났지만, 계속 실패를 겪었기 때문에 희망을 버리고 로그를 만나려 하지도 않았다. 하지만 끝내 조지 6세는 로그를 만나게 되었고, 영화 속에서 첫 상담이 끝날 무렵 언어치료사는 선언한다.

"폐하를 치료할 수 있지만, 뼈를 깎는 노력을 하셔야 합니다. 노력 없이는 성공할 수 없어요."

로그는 국왕이 규칙적인 집중 연습에 매진해야 한다고 주장했다. 고도로 집중해서 연습하고, 실수도 해보고, 개선점을 찾아 적용해보는 과정을 거쳐야 한다는 것이다. 영화는 웨스트민스터 성당에서 열리는 조지 6세 대관식과 그가 대중 앞에서 연설하는 상황을 집중 조명한다.

영화에서 조지 6세는 궁전이나 할리 거리에 있는 로그의 사무실에서 연습하지 않는다. 둘은 대관식이 열리는 웨스트민스터 성당으로 간다. 조지 6세는 대관식 의자에 앉아서 중대한 행사가 진행되는 동안 하게 될 연설을 연습한다. 로그는 켄터베리 대주교 역할을 맡아서 조지 6세를 이끈다.

로그는 조지 6세를 실제 대관식에서 만나게 될 다섯 가지 환경에 노출시켰다. 사적인 공간에서 연설을 연습했다면 절대 마주칠 수 없는 조건들이었다.

첫째, 먼저 왕을 웨스트민스터 대성당에 세워서 그 환경에 익숙해지도록 했다.

둘째, 대관식 의자에 앉아 달라고 요청함으로써 실제 대관식과 최대한 유사하게 연습을 진행했다.

셋째, 대관식 의자에 앉은 채로 반응하도록 연습시켜서 대관식에서 경험할 활성화 수치를 관리하게 했다.

넷째, 본인이 스스로 켄터베리 대주교 역할을 맡아 대관식 상황을 유사하게 조성했다.

다섯째, 실제 대관식과 최대한 유사하게 연설 시간을 쟀다. 이는 조지 6세가 말 더듬을 새가 없도록 말하는 리듬과 속도를 조절해야 한다는 의미였다.

조지 6세를 위한 언어치료사의 세심한 훈련 계획은 유종의 미를 거뒀다. 왕은 대관식에서 단 한 번도 말을 더듬거리지 않고 연설에 성공했다. 그리고 조지 6세 재임 기간 내내 사람들 앞에서 강력하고 중요한 연설을 할 수 있도록 훈련시켰다.

이렇게 연습을 성공으로 이끌기 위해서는 당신이 특정 상황에서 스트레스 받을 때와 동일한 신경 회로를 자극해야 한다. 예를 들어 조지 6세처럼 중요한 발표를 하는 상황이라면 아래 다섯 가지의 스트레스 요소를 고려해볼 수 있다.

환경

먼저 당신의 발표가 진행될 환경을 떠올려보자. 그 공간에 익숙한가? 편안하다고 느낄수록 발표에 안 좋은 영향을 끼칠 확률이 현저히 낮아진다.

활성화 수치

발표를 완벽하게 마무리했을 때, 당신의 이상적인 활성화 수치는 어떻게 되는가? 연습할 때도 같은 수준을 재현하라. 이 밖에도 발표 환경이 당신의 활성화에 어떤 영향을 미칠지 생각해볼 필요가 있다. 발표하면서 긴장한 나머지 활성화 수치가 높아질 것 같으면 연습할 때도 똑같이 재현하도록 노력히리.

신체적 요소

세 번째 요소는 발표할 때 사용되는 신체적 요소에 집중하는 것이다. 발표할 때 책상에 앉아있을 것인가? 아니면 서 있을 것인가? 옷은 어떻게 차려입을 계획인가? 연습할 때도 이러한 요소를 최대한 비슷하게 재현해야 한다.

과제

네 번째로 고려해야 할 요소는 발표하면서 실행해야 하는 자잘한 일에 관한 것이다. 대본을 보고 읽으면서 발표할 것인가? 원고 없이 발표할 것인가? 슬라이드를 넘길 때 무선 리모컨을 사용할 것인가? 실제로 발표할 때 해야 하는 과제를 모두 연습하라.

타이밍

마지막으로 시간이다. 몇 시에 발표하는가? 발표하는 데 시간은 얼마나 걸리나? 슬라이드 1장당 시간은 얼마나 배분할 것인가? 똑같은 발표 시간을 활용해서 연습하자.

TE-TAP 학습 체계

요약하자면, 압박감 속에서 당신의 잠재력을 발휘하도록 준비하는 동안 다음과 같은 요소를 고민해야 한다.

① 수행 환경
② 최적의 성과 활성화 수치
③ 수행할 때 사용될 신체적 요소들
④ 완수해야 하는 자잘한 과제들
⑤ 수행 타이밍

다섯 가지 요인을 쉽게 기억할 수 있도록 'TE-TAP 학습'이라는 약어를 만들었다. 과제(Task), 환경(Environment), 타이밍(Timings), 활성화(Activation), 신체적 요소(Physical)의 앞 글자를 딴 약어다. 연습 시 다섯 가지 요인을 모두 활용하면 실제 현장에서도 똑같거나 비슷한 신경 회로를 작동시킬 수 있을 것이다.

압박감 속에서도 성공을 보장하는 루틴 만들기

1998년 어느 여름, 영국 럭비 연합팀은 호주, 뉴질랜드, 남아프리카 투어에 나섰다. 팀에는 영국 럭비의 미래라고 칭송받던 어린 선수가 한 명 있었다. 바로 조니 윌킨슨 Jonny Wilkinson 이었다.

윌킨슨은 처음에 원정팀에 선발되었다는 소식을 듣고 분명 착오가 있다고 생각했다. 하지만 거짓말이 아니라는 사실을 알고는 신나 날뛰었다. 영국을 위해 출전한 경험은 있었지만, 교체 선수였을 뿐이었다. 그는 이제 브리즈번에서 세계 최강인 호주팀을 상대로 플라이 하프 포지션을 맡아 완벽한 데뷔 무대를 치를 기회를 얻은 것이다.

영국팀의 클라이브 우드워드 Clive Woodward 코치는 이렇게 말했다.

"이전에는 교체 선수였지만 이젠 전반전부터 풀타임을 뛰게 되었으니 아주 큰 변화라고 볼 수 있죠."

경기가 시작된 뒤 영국은 재빨리 페널티를 따내고 골을 넣을 기회를 얻었다. 킥을 차는 게 윌킨슨의 역할이었다. 실시간 생중계 아나운서가 말했다. "윌킨슨처럼 재능있는 선수에게는 아주 간단한 킥이죠." 그러나 윌킨슨은 골을 넣지 못했다. 좀 전에 칭찬하던 아나운서는 온갖 비난을 퍼붓기 시작했다.

영국이 두 번째 페널티를 따냈다. 윌킨슨 역시 두 번째 기회를 얻었다. 그가 킥을 차기 위해 준비하자 아나운서는 덧붙였다.

"쉬웠던 기회를 그냥 보내고 이번엔 진짜 심판대에 섰군요."

윌킨슨은 또 골을 넣지 못했다. 시간이 흐를수록 윌킨슨은 실수를 연발했다. 어느 순간 아나운서가 말했다.

"저 선수는 국제적인 럭비 경비가 무엇인지 전혀 모르고 있는 것 같군요."

영국은 76대 0으로 완패했다. 원정 경기 동안 연속된 참패를 겪었고, 영국 언론에 '지옥에서 온 원정 경기'라고 도배되었다. 많은 팬이 좌절하고, 더 이상 영국 럭비 국가대표팀을 응원하지 않게 됐다.

그러나 윌킨슨에게는 아니었다. 그는 실패를 반면교사 삼아 더 나은 선수가 되기 위해 노력했다. 결국 윌킨슨은 월드컵 역사상 가장 많이 득점한 럭비 선수가 되었다. 도대체 어떻게 한 걸까?

윌킨슨은 HUE(끔찍하고 쓸모없는 감정들)가 만들어낸 스트레스가 그의 경기력에 영향을 미치고, 특히 공을 찰 때 부정적인 영향을 끼친다는 점을 알아차렸다. 그 뒤 압박받는 상황에서의 수행 능력을 향상하기 위해 훈련에 착수했다. 윌킨슨은 압박감 속에서 성공적으로 공을 차기 위한 과정을 이렇게 설명했다.

"공을 차는 것에 대한 스트레스를 다루는 일은, 결국 과정의 문제입니다. 결과가 마땅치 않다면 그 결과가 아니라 과정에 어떤 문제가 있는지를 따져봐야 하죠. 내가 통제할 수 있는 신체 부위로 내가 통제할 수 있는 구역에서 통제된 범위의 힘으로 차는 것. 그 과정을 따르면 성공적으로 킥을 할 수 있습니다."

윌킨슨은 공을 차는 결과에 집중해봤자 아무 의미 없다는 사실을 설명하려 했다. 올바른 과정을 따랐을 때만 이상적인 결과를 달성해낸다. 부정적 결과의 가능성을 떠올리는 일은 당신에게 더 큰 긴장과 스트레스를 더할 뿐이다. 집중해서 수행해야 하는 일은 공을 잘 차는 것뿐이다. 바로 HAC(주의력 통제) 뇌를 사용하는 것이다. 본인의 생각과 신체 움직임을 조절할 수 있다면 결과는 언제나 동일하다는 사실을 윌

제5장 자신감을 키우고 생산력 끌어올리기

킨슨은 알고 있었다.

성공적으로 득점할 수 있는 최고의 기회를 스스로 부여하기 위해 윌킨슨은 가능한 탄탄한 루틴을 만드는 데 집중했다. 윌킨슨의 루틴은 시간이 흐르면서 진화하고 발전했다. 여러분이 도움을 받을 수 있도록 그의 루틴 가운데 하나를 소개하려 한다. 이 루틴은 윌킨슨 본인이 직접 설명한 것이다. 먼저, 신체 움직임에 초점을 맞출 것이다.

① 윌킨슨은 럭비공을 바닥에 내려놓은 다음, 다시 킥킹 티에 올려놓는 것부터 시작했다.

② 구체적인 발걸음 수를 정해서 뒷걸음질한 다음, 공을 찰 발의 끝부분을 땅에 댔다.

③ 두 손을 컵처럼 동그랗게 모아쥐고,

④ 목표물을 위에서 아래로 훑어봤다.

⑤ 마지막으로, 내달려 공을 찼다.

스스로 알고 있든 혹은 알아차리지 못했든 모든 럭비 키커들은 이처럼 섬세하게는 아닐지라도 저마다 루틴을 갖고 있다. 모든 키커가 공을 티 위에 올려놓은 다음 뒷걸음질하고 나서 공을 차기 때문이다. 인간 본성은 키커들이 공을 찰 때마다 상당히 일관된 루틴을 실행할 것이라고 뒷받침한다. 뇌는 에너지를 비축하기 위해 특정 행동들을 습관화한다는 사실을 명심하자.

당신 또한 일상적으로 반복하는 활동 루틴을 가지고 있다. 출근해서 책상 앞에 앉아 일하는 것을 예로 들어보자. 전형적인 전개 방식은 이렇다.

① 사무실에 들어선다.

② 자리에 앉는다.

③ 컴퓨터 전원을 켠다.

④ 해야 할 업무를 시작하거나 집중하려고 노력한다.

⑤ 퇴근 전까지 한 작업을 저장하고 컴퓨터 전원을 끈 다음, 일어나서 사무실을 나선다.

흔들리지 않는 정신적 루틴 만들기

월킨슨의 루틴이 돋보이는 까닭은 신체적 요소를 컨트롤했을 뿐만 아니라 정신적 측면도 다루었기 때문이다.

월킨슨은 처음 풀타임 출전한 호주 대항전의 경험으로 HUE가 생각을 통제하도록 내버려 둔다면 제대로 능력을 발휘할 수 없다는 사실을 배웠다. 공을 내려놓으면서 스스로 '실수하지 말자. 모두가 실망하게 될 거야'라고 되뇌는 것은 도움이 안 된다는 것도 깨달았다. 마음속으로 실수할지도 모르는 상황을 상상하는 것은 그냥 실수를 하겠다는 뜻이다. 이는 선수들뿐만 아니라 일반인도 마찬가지다. 압박을 이겨낸다는 건 아예 실패할 가능성조차 떠올리지 않는다는 뜻이다.

월킨슨이 정신적 압박을 이겨낸 방법은 앞에서 다루었던 집중 단어와 집중 그림 개념과 깊은 관련이 있다. 월킨슨은 오직 경기에만 집중할 수 있도록 본인의 신체적 루틴 모든 단계에 집중 단어와 집중 그림을 추가했다. 시간이 흐르면서 각 단계를 발전시키고 진전시켰지만, 월킨슨이 직접 언급한 한 가지 방법은 아래와 같다.

1단계

신체 움직임: 공을 내려놓으면서 티 위에 세우기

집중 그림: 해당 위치에서 성공했던 최고의 공차기를 떠올리기

집중 단어: '자, 넌 할 수 있어.'

2단계

신체 움직임: 뒷걸음질 친 후 공을 찰 발의 발가락으로 바닥 딛기

집중 그림: 콘크리트 덩어리처럼 단단해진 발로 공을 차서 아주 힘
차게 날린다고 상상하기

집중 단어: '집중하자. 나는 무적의 발이야.'

3단계

신체 움직임: 손을 컵처럼 동그랗게 모아 쥐기

집중 그림: 모든 소음과 방해하는 것들을 막아줄 방패가 주변을 감
싸고 있다고 상상하기

집중 단어: '집중하자.'

4단계

신체 움직임: 목표물을 위에서 아래로 훑어본 후 가늠하기

집중 그림: 도리스라는 중년의 귀부인이 골대 뒤에 앉아《선데이타
임즈》를 읽고 있는 모습을 상상하기

집중 단어: '《선데이타임즈》1면에 공을 맞추자.'

5단계

신체 움직임: 내달린 다음 공차기

집중 그림: 넘실대는 에너지가 다리를 타고 내려가 공과 맞닿았을
때 멀리 뻗어 나감

집중 단어: 도움닫기 리듬과 공을 차는 타이밍에 힘주어 크게 소리
지르기

윌킨슨은 럭비계 최고의 키커가 되었고, 가장 중요한 순간에 스트
레스를 받으면서도 최고의 기력을 뽑아내는 능력을 인정받아 전 세계
적인 스포츠 아이콘이 되었다. 윌킨슨이 힘이 다 빠진 발로 차올린 막
판 드롭골로 영국은 2003년 월드컵에서 우승을 확정지었다. 그때 이
후로 전 세계 운동선수들이 압박에서 벗어나기 위해 윌킨슨의 루틴을
따라 하기 시작했다.

당신도 할 수 있다. 중요한 공개 발표처럼 스트레스를 받는 상황에
서 HUE를 진정시킬 최고의 방법은 윌킨슨이 했듯이 어떻게 생각할
지 미리 계획하는 것이다. 핵심적인 집중 단어와 집중 그림의 순서를
미리 계획하라. 언제든 탈출할 수 있는 비상구가 있으면 위험 상황으
로 뛰어드는 게 훨씬 수월해진다.

나는 이 기술을 '실행 중 루틴'이라고 부르는데, 아래에서 실행 전 루틴을 형성하는 방법에 대해 알아보자.

실행 전·실행 후 루틴 만들기

조제 모리뉴 José Mourinho 감독은 역사상 가장 성공한 축구 감독 반열에 올랐다. 맡았던 팀마다 영국 프리미어리그, 이탈리아 세리에A, 스페인 라리가에서 우승시켰기 때문이다. 모리뉴 감독은 언젠가 텔레비전 인터뷰에서 큰 경기를 앞두고 선수들이 긴장하길 바라냐는 질문을 받은 적이 있다. 리포터는 이런 식으로 질문을 던졌다.

"때때로 긴장은 집중에 도움이 되는 아드레날린을 촉진하기 때문에 좋은 영향을 미친다고 알려져 있어요. 큰 경기를 앞두고 느긋하다면 신경이 곤두서지 않은 것처럼 보이기 때문이죠."

모리뉴는 이렇게 대답했다.

"긴장이라니, 아닙니다. 그렇다고 휴식도 당연히 아니죠. 제가 스스로 빗대어 말씀드렸듯이, 우리는 특정 순간에, 올바른 마음의 상태를 느낄 필요가 있는데 그것은 굉장히 개인적인 부분입니다.

저는 선수들이 편안했으면 합니다. 그렇기에 경기를 앞두고 저마다 편안한 대로 느끼게 내버려두죠. 몇몇 선수들은 짧지만 높은 강도로 몸을 풉니다. 어떤 선수들은 경기 시작 90분 전부터 몸을 풀기 시작하죠. 이런 선수들은 완전히 다른 방식으로 천천히 몸을 풀고 싶어

합니다. 음악을 좋아하는 선수도 있고, 싫어하는 선수도 있죠. 시끄러운 음악을 좋아하는 선수가 있으면, 싫어하는 선수도 있고요. 가족 혹은 상대가 누구든 통화를 하기도 합니다. 경기 3시간 전부터 휴대폰 전원을 꺼놓는 선수들도 있는데 그들은 바깥세상을 완벽하게 차단해 버려요. 굉장히 개인적인 부분입니다."

모리뉴 감독은 압박 속에서 경기력을 끌어올리는 방법은 선수마다 모두 다르다고 얘기했다. 나도 동의하는 부분이다. 이 전설적인 감독은 어찌 알았는지, 선수들에게 자율적인 권한을 부여하면서 경기 전에 본인만의 루틴을 수행하도록 내버려둔 것이다.

모리뉴 감독의 접근은 우리가 만든 개념과 비슷하다. 예를 들어 우리는 각자 압박감 속에서 잠재력을 발휘하기 위한 최적의 활성화 수치를 갖고 있다. 그 수치는 사람마다 약간씩 모두 다르다. 그리고 나는 당신이 성과를 내기 위해 시도할 때 적절한 활성화 수치에 도달할 수 있도록 당신만의 루틴을 실행하라고 요구한다. 최적의 활성화 수치에 도달하는 길은 오직 자신만이 알기 때문이다. 이런 루틴이 없다고? 그럼 HUE가 사사건건 당신의 성공을 방해할 확률이 매우 높다.

가장 먼저 할 일은 압박 상황에서 최고의 잠재력을 이끌어내는 활성화 수치를 찾아내는 것이다. 이상적인 활성화 수치는 일의 성격에 따라 다를 수 있는데, 예를 들어 가까운 팀원들 앞에서 발표할 때는 50, 임원진 앞에서 발표할 때는 60, 커다란 강당 안에 꽉 찬 500명 대중 앞에서 발표할 때는 65일 것이다.

도달하고 싶은 활성화 수치를 알아냈다면 적절한 수준에 도달하기 위한 실행 전 루틴을 세워야 한다. 당신이 최적의 DES(식단, 운동, 수면) 습관을 유지하고 있다면, 활성화 수치를 조절하기 쉬울 것이다. 그러니 스스로 물어보자.

"성과를 내기 위해 준비하면서 섭취하는 음식이 이상적인 활성화 수치에 도달하고 유지할 수 있도록 도와줄 것인가?"

"어떻게 하면 실행 전 운동을 통해 적절한 활성화 수치에 도달할 수 있을까?"

"저녁 수면 습관이 성과를 위해 필요한 적절한 활성화 수치를 유지하도록 도와줄까?"

"낮잠을 자면 중요한 발표를 앞두고 기력을 회복하는 데 도움이 될까?"

스스로 활성화 수치를 높이거나 낮추기 위해 특정한 기술을 사용할 수도 있다. 이미 다루었지만 다시 알아보자.

활성화 수치 관리의 기본 기술은 호흡 조절이다. 활성화 수치를 높이기 위해서 운동을 해도 좋고, 마음의 눈으로 활성화 다이얼을 그려서(집중 그림) 적절한 수준까지 올라가는 바늘을 상상해도 좋고, 집중 단어를 활용해도 좋다. 활성화 수치를 낮추기 위해서는 느긋하게 산책을 하거나, 근육 완화 기술을 활용해 온 몸의 힘을 뺄 수도 있다. 이 밖에도 활성화 수치를 높이거나 낮추는 음악 목록을 구성해서 실행하기 전에 활성화 수치를 원하는 데까지 조절할 수 있다.

일단 실행 전 루틴을 만들고 나면, 실행 중 루틴을 조성해야 한다. 윌킨슨의 공 차기 루틴과 비슷한 맥락이다. 참고로 나는 사람들이 실행 중 루틴을 구성할 수 있도록 특정한 도구를 만들었는데 70페이지에서 설명한 적 있는 '프리샷 훈련 시스템'이다. 이번에 소개하는 통찰력은 바로 이 도구에서 얻은 결과다.

실행 전 루틴 형성 과정의 이해를 돕기 위해 내가 사람들 앞에서 연설할 때 사용하는 루틴을 보여주겠다. 압박감 속에서 수행하는 능력을 향상하고 싶다면, 어떤 분야든 내 루틴의 핵심 요소를 활용해보기 바란다.

내가 만든 대중 연설 실행 중 루틴은 'EXPANDS'이다. 이 루틴은 질 좋은 발표를 위한 자신감을 형성할 수 있도록 도와준다.

① 감정(**E**motions)

② 흥분(**Ex**ite)

③ 그림(**P**ictures)

④ 적극성(**A**ctive)

⑤ 메모(**N**otes)

⑥ 논의(**D**iscussion)

⑦ 간략함(**S**hort)

EXPANDS 루틴은 실제로 뇌가 작동하는 방법에 대한 통찰력에 근거를 두고 있으며, 내가 청중의 개입이나 학습을 최대치로 끌어올릴 수 있도록 도와준다. 먼저, 나는 매력적이거나 흥미진진하고 때론 자극적인 영상을 재생하며 발표의 포문을 연다. 이렇게 시작하는 데는 이유가 있다.

① 청중들의 긍정적인 **감정**을 활성화시킨다.

② **흥분**을 유도한다.

그리고 나머지 요소들을 활성화시키기 위해 다음과 같은 전략을 활용한다.

③ 글자보다는 **그림**이 낫다. 나는 발표 자료를 준비할 때 영상과 그림으로 가득 채운다. 그리고 꼭 필요할 때만 글자를 넣는다. 발표 자료를 훨씬 쉽게 이해시킬 수 있다. 청중들은 발표 자료를 읽으면서 당신의 목소리를 동시에 들을 수 없다.

④ **적극적**인 참여가 수동적인 집중보다 낫다. 나는 청중에게 발표가 진행되는 동안 해결할 수 있는 아주 쉬운 과제를 제안한다. 예를 들어 "당신이 어제 최고가 되고 목표를 성취하기 위해 얼마나 최선을 다했는지 점수를 매겨보세요"라고 말하면, 참여하고 싶지 않은 사람도 어느 순간 자신도 모르게 점수를 계산하고 있게 된다.

⑤ **메모**와 테스트가 청취보다 낫다. 평균적으로 딱 30초 동안 지속되던 단기 기억력은 메모하면 더 오래간다. 나는 청중에게 질문을 던지고 답을 적어보라고 한다. 정답을 더 많이 적을수록, 더 많은 점수를 얻는다.

⑥ **논의**가 청취보다 낫다. 청중에게 내가 설정한 핵심 질문들과 그들이 배운 것을 논의해보라고 제안한다.

⑦ **간략한** 활동이 긴 발표보다 낫다. 주의 지속 시간은 짧고 집중력은 10분마다 초기화된다. 그 시간을 효율적으로 활용하기 위해 나는 간략하게 테스트하고, 참여를 제안하고, 토론할 수 있는 거리를 던진다.

실행 중 루틴 만들기

내 발표 과정을 시간순으로 살펴보려고 한다. 시곗바늘은 내가 발표장에 들어서거나 청중들이 입장하면서 움직인다. 발표가 끝나고 내가 자리에 앉으면 멈춘다. 시간의 흐름을 종이 위에 적고 실행 중 루틴에서 발생할 수 있는 주요 신체 움직임을 구성해보자. 예를 들어, 내가 발표할 때 시간의 흐름은 5단계로 나눈다.

1단계: (내가 혹은 청중들이 발표장에 들어설 때) 청중과 유대감을 쌓는다.

2단계: 자리에서 일어나 발표장 앞쪽으로 걸어 나간다.

3단계: 컴퓨터나 노트북을 켜고 커다란 화면에 준비한 발표 자료를 띄운다.

4단계: 발표를 시작한다.

5단계: 발표가 끝나면 자리로 돌아가 앉는다.

당신의 시간 흐름 단계는 내가 작성한 것보다 많거나 적을 수도 있다. 이제 각 단계에서 무엇에 초점을 맞췄는지 적어보겠다.

1단계: (내가 혹은 청중들이 발표장에 들어설 때) 청중과 유대감을 쌓는다

나는 청중들이 편하게 앉아서 내가 그들을 돕는 일에 진정으로 관심을 쏟고 있다고 생각하길 바란다. 그래서 발표하기 전에 가능한 많은 청중과 의도적으로 소통한다. 악수하고, 내 소개를 하고, 강연에서 얻고 싶은 것을 묻는다.

왜 이렇게까지 하느냐고? 이토록 간단한 행동이 발표에서 긍정적 분위기를 형성한다는 신경생물학적 근거가 아주 많다. 몇몇 근거는 거울신경세포, 활성화, 신뢰 형성과 연관되어 있다.

당신이 발표할 때도 이런 단계가 필요할까? 아니, 절대 아니다. 모든 것은 당신에게 달려있다. 20년 이상 사람들을 가르치면서 다양한 접근 방법을 시도하고 실험해왔다. 내가 소개한 방법은 청중과 유대감을 쌓는 데 가장 도움이 되었던 것 가운데 한 가지다.

도움이 된다면, 당신의 시간 흐름 1단계에서 성과를 최적화하기 위해 할 수 있는 것들을 고민하고 적어보자.

2단계: 자리에서 일어나 발표장 앞쪽으로 걸어 나간다

자리에서 일어나기 전에 혹은 자리에서 일어나 발표장 앞으로 걸어 나가면서, 적절한 활성화 수치에 도달하는 데 집중한다. 최적의 활성화 수치를 만드는 건 훌륭한 발표를 위한 첫 번째 단계다.

나는 발표할 때 대략 60 정도의 활성화 수치에 도달하려 한다. 루틴을 쌓기 위한 과제나 기술을 실행하면서 이상적으로 도달하고 싶은 활성화 수치를 적어보자. 적절한 활성화 수치에 도달하도록 나는 발표장으로 걸어 나가면서 집중 단어와 집중 그림을 떠올린다. 나의 집중 그림은 활성화 다이얼이 숫자 60에 맞춰진 모습이다. 내 집중 단어는 호흡에 초점이 맞춰져 있어서 3초 동안 들이쉬고 5초간 내쉰다.

3단계: 컴퓨터나 노트북을 켜고 커다란 화면에 준비한 발표 자료를 띄운다

일단 적절한 활성화 수치에 도달하고 나면 HUE를 긍정적이고 차분하게 유지하길 바란다.

때론 의지력의 집중 그림을 활용해서 HUE에게 부드러운 어깨 마사지를 해주기도 한다. 내 집중 단어는 '나는 완벽하게 준비된 사람이야'처럼 긍정적인 자기 확신이다. 이 문장을 반복 또 반복한다. 그렇지 않으면 발표 초반에 자료를 넘기면서 웅얼거리게 된다. 그러는 와중에도 3초 들이쉬고 5초 내쉬는 내 호흡법에 계속해서 집중한다.

4단계: 발표를 시작한다

말문을 열고 발표를 진행하면 틀림없이 집중력이 흐트러질 것이다. 내적인 방해일 수도 있다. 예를 들어 HUE가 의지력에게 발표가 엉망이라고 경고를 날릴 수 있다. 아니면 외부적인 요소가 자기 의심을 불러일으킬 수도 있다. 방해는 늘 있다. 그렇지만 계획을 세워놓으면 훨씬 잘 대처할 수 있다.

방해 공작에 휘둘리지 않고 집중력을 되찾으려면 안와전두피질이라고 부르는 HAC 뇌의 특정한 부분을 활성화시킬 필요가 있다. 그렇게 하기 위해서는 재집중 단어와 그림을 세심하게 계획해야 한다. 나는 의지력이 HUE의 어깨를 주무르는 모습이나 내 활성화 다이얼이 60에 도달한 장면을 상상하고, '침착해'라며 재집중 단어를 읊조린다.

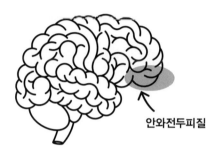

안와전두피질

5단계: 발표가 끝나면 자리로 돌아가 앉는다

실행 중 루틴의 마지막 단계는 발표가 마무리된 이후 내 생각이다. 실행이 끝나고 HUE는 부정적인 것들을 곱씹을 수도 있다. 전혀 도움이 되지 않는다. 잘했던 점을 최소한 세 가지, 다음에 더 잘할 수 있는 것 한 가지를 떠올리는 편이 훨씬 도움이 된다. 3:1 성찰을 유도하기 위해서, 당신의 집중 단어는 '3:1 성찰'이 될 수도 있다. 이때 스스로 다양한 질문을 던져보라.

'이번 발표는 100점 만점 중 몇 점이지?'

'청중들에게 가장 좋았던 부분은 무엇일까?'

'두 번째로 좋았던 부분은?'

'다음엔 어떻게 더 잘할 수 있을까?'

압박감을 관리하고 잠재력을 발휘할 수 있도록 도와주는 탄탄한 실행 중 루틴을 어떻게 형성할 수 있을지 더 잘 이해하게 되었기를 바란다. 마지막으로 조언을 덧붙이자면, 이 루틴은 270페이지의 TE-TAP 학습 체계를 적절하게 활용하고 연습했을 때만 도움이 될 것이다.

잠재력을 발휘하기 위해 계획하기

나는 압박감 속에서 실행하는 습관을 정립하고 다듬기 위해서 '성과 HAC 계획'을 고안해냈다. 당신의 현재 실행 습관을 지능적으로 관찰하고, 더 나은 실행 전 루틴과 실행 중 루틴을 세우는 데 도움이 될 것이다.

압박을 받는 환경에서도 전반적으로 능력을 향상시키고 싶겠지만, 먼저 특정 영역을 골라서 시작할 필요가 있다. 예를 들면, 한두 명이 아닌 여러 명 앞에서 발표하기가 있다. 그 뒤 그 경험에서 얻은 통찰력을 다른 분야에 접목시키면 된다. 성과 HAC 계획을 통해서 얻어낸 통찰력은 직접 노트에 기록하는 게 좋다.

압박감 속에서도 성과를 내기 위해 향상시키고 싶은 분야는 무엇인가? 예를 들어 이사진 앞에서 발표를 하거나, 페널티킥을 차거나, 골프에서 짧게 퍼트하거나, 회계 시험을 치르거나, 어떤 상황이든 구체적으로 떠올려보자. 그다음 최근에 이 분야에서 잘하기 위해 쏟아부은 노력이 있다면 100점 만점 중 몇 점을 줄지 스스로 고민해보자. 혹시 점수를 매기는 게 무의미할 정도로 노력을 하지 않았는가.

명심하라. 최고의 성과를 위한 루틴과 기술을 보유할 수 있지만 적절한 연습 없이 잠재력을 발휘할 수 없을 것이다. 이제 다음 7가지 질문을 살펴보고 당신이 얼마나 제대로 준비하고 있는지 <u>스스로</u> 점수를 매겨보자. 보통 압박감 속에서 성과를 내기 위해 어떻게 준비하는지 고민해보고 답을 적어보자.

1. 준비과정에서 연습을 최적화하기 위해서 TE-TAP 학습 틀을 활용하였는가?

점수: _____

2. 성과를 내기 위해 준비하면서 실행 당일까지 며칠 동안 평소 DES 습관을 최적화하기 위해 목적을 갖고 계획을 세웠는가?

점수: _____

3. 성과를 내기 위해 준비하면서 적절한 활성화 수치에 도달할 수 있도록 실행 전 루틴을 활용했는가?

점수: _____

4. 연습하면서 타이밍을 파악했는가? (TE-TAP 학습 틀에서 배운 타이밍 요소)

점수: _____

5. 성과를 최적화하도록 도와주는 탄탄한 실행 중 루틴을 개발했는가?

점수: _____

6. 성과를 내기 위해 실행하면서 재집중을 도와주는 집중 단어와 집중 그림을 활용했는가?

점수: _____

7. 성과를 내기 위한 실행이 끝난 후, 잘된 것과 다음에 발전할 수 있는 부분을 생각하고 정리했는가?

점수: _____

각 질문에 스스로 점수를 매기고 나면 실행 전 루틴과 실행 중 루틴에서 현재 자신의 강점과 약점이 무엇인지 파악할 수 있을 것이다. 이번 챕터에서 강조한 요점들을 간략하게 정리했다.

① 압박감 속에서도 훌륭한 성과를 내는 방법을 배우고 싶다면, 노력할 한 가지 특정 과제나 구체적인 활동을 선택하는 것부터 시작하자. 압박감을 오롯이 느끼고 마주할 수 있는 통찰력을 깨닫게 해줄 것이다.

② TE-TAP 학습을 활용해 압박감 속에서도 성과를 내보자.

③ 압박감과 상관없이 일을 수행하는 신체적 루틴을 파악하자.

④ 집중 단어와 집중 그림 등 신체적 루틴을 보완해줄 정신적 루틴을 만들자.

⑤ 모든 요점을 결합하여 실행 중 루틴에 포함하고 철저하게 연습하자.

⑥ 훌륭한 DES 습관은 압박감 속에서도 일정한 성취를 얻도록 도울 것이다.

⑦ 성과를 내기 위해 실행하는 동안 당신의 활성화 수치를 관리할 수 있도록 실행 전 루틴을 만들어라.

다음 장에서는 창의력을 키우고 수월한 문제해결력을 보장하는 집중력과 생산력 향상 습관을 살펴볼 것이다.

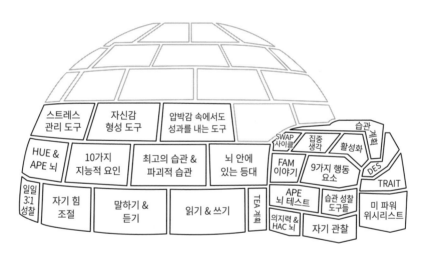

| 해빗 메카닉이 되기 위한 당신의 습관 지능 이글루 |

생산력과 집중력
최대한으로 끌어올리기

아마존프라임 채널에서 제작한 다큐멘터리《체이싱 그레이트(Chasing Great)》는 뉴질랜드 럭비 국가대표팀 올블랙스의 전설적인 선수 리치 맥카우Richie McCaw의 마지막 시즌 경기를 조명한다. 럭비 월드컵에서 뉴질랜드의 연이은 승리를 이끈 맥카우는 현재 은퇴했지만, 스포츠계의 전설이자 국가 영웅으로 남아있다.

다큐멘터리는 운동선수로서의 맥카우에 관한 훌륭한 통찰력을 제공한다. 선수 가족들이 찍은 영상 자료와 뉴질랜드 럭비 국가대표팀 이전 주장들의 솔직한 인터뷰를 활용함으로써《체이싱 그레이트》는 챔피언의 사고방식과 심리적 프로필을 엿볼 수 있게 해준다.

영상에서 드러나는 맥카우 선수의 자기 관찰 과정은 상당히 의미 있어 보인다. 맥카우는 자기 관찰을 익숙하게 실행했다. 일기장을 한 권 가지고 있었는데 매일 하루를 시작하면서 '다시 시작'이라고 적었다. 어떤가? 벌써 심장이 두근거리는 게 느껴지지 않는가?

이번 장에서 우리는 집중력과 생산력을 모두 끌어올리기 위한 통찰력을 검토할 것이다. 하루 24시간을 최적화할 방법을 고려해보고, 짧은 시간 내에 더 많이 완수할 수 있는 대략적인 방법을 세워볼 것이다. 또한 가장 골치 아픈 업무를 수행하는 방안도 제시할 것이다. 언급한 모든 것들은 당신의 창의력 향상과 문제해결능력 상승에 도움이 될 것임에 틀림없다. 물론 맥카우 선수 이야기가 생산력, 집중력과 어떤 관계가 있는지도 설명할 것이다.

생산성 향상이 어려운 이유

정신적으로 힘든 일을 미루는 이유가 뭘까? 많은 이유가 있겠지만 크게 두 가지일 것이다. 첫재, 이런 종류의 일은 엄청난 에너지를 소모한다. 둘째, 정신적으로 힘든 일을 할 때 우리는 즉각적인 보상을 얻지 못한다. 우리의 HUE(끔찍하게 쓸모없는 감정들)는 이에 대해 호의적이지 않다. 그래서 정신적으로 어려운 일은 우리가 포기하도록 부추기고 휴대폰을 만지작거리는 것처럼 에너지가 덜 필요한 일과 즉각적인 보상이 따르는 일을 하도록 유혹한다.

여러 측면에서 인간은 일을 미루도록 설계되었다. 우리는 장기적인 목표 달성보다 즉각적인 희열을 우선시한다. 이는 인류 역사의 DNA에 새겨진 생존을 위한 진화 과정의 결과이므로 쉽게 바꾸기 어려운 것이다.

그렇지만 우리는 더 잘할 수 있다. 더 높은 집중력과 생산력 습관을 개발함으로써 단기간의 희열을 뒤로 미루는 방법을 배울 수 있다. 그러기 위해서는 성공을 향한 모든 습관에서 강조하는 기본 개념 두 가지를 다시 읽어보는 게 도움이 될 것이다.

생각과 행동을 통제하라

우리는 스스로 생각하는 것보다 훨씬 더 생각과 행동을 잘 통제할 수 있다는 사실을 이미 증명했다. 예를 들어 업무 도중 동료가 말을 거는 건 막을 수 없지만, 일에 다시 집중하도록 재빠르게 주의력을 조절할 수는 있다.

미리 계획하라

계획을 세우면 HUE를 관리하고 생산성을 높이는 데 도움이 된다. 예를 들어 목표를 성취할 수 있는 방법을 계획하면, 생산적인 하루 혹은 한 주를 만들기가 훨씬 쉬워질 것이다. 통제할 수 없는 일들은 늘 벌어지지만, 최선을 다하고 미리 계획하는 두 가지 개념이 HUE를 억누르는 데 도움이 된다.

이제 당신이 집중력과 생산력을 끌어올리기 위해 활용할 수 있는 다양한 해빗 메카닉 도구들을 소개할 것이다. 이 도구들은 건강, 행복, 성과를 얻기 위해 가장 유용한 것에 집중하는 24시간을 보낼 수 있도록 도와줄 것이다.

왜 최고가 되려고 하는가

뉴질랜드 럭비 국가대표팀의 주장으로 수차례 월드컵 우승을 이끈 맥카우는 다큐멘터리에 그의 인생을 바꾼 맥도날드 냅킨 한 장의 일화를 들려준다. 소년 맥카우는 1998년, 고향에 있는 맥도날드 매장에 삼촌과 함께 앉아있었다. 조카의 훈련 일지를 살펴본 맥카우의 삼촌은 조카가 국가대표팀에 합류하고 싶은지 물어봤다.

"당연하죠."

맥카우는 발끈하며 답했다. 하지만 속으로는 절대 그 꿈을 이룰 수 없을지도 모른다고 생각하고 있었다. 그러자 삼촌은 어떻게 해야 맥카우가 대표팀에 합류할 수 있을지 한번 적어보라고 말했다. 맥카우는 냅킨 뒷면에 세세하게 적어나가기 시작했다.

- 1999년 뉴질랜드 U19 합류
- 2001년 뉴질랜드 U21 합류
- 2002년 캔터베리 크루세이더스 A 팀 합류
- 2003년 캔터베리 크루세이더스 우승팀 만들기
- 2003년 뉴질랜드 럭비 국가대표팀 합류

이를 꼼꼼히 훑어본 맥카우의 삼촌은 조카에게 단순히 국가대표팀에 들어가길 열망하는 것으로는 부족하다고 말했다. 맥카우는 훌륭한 선수가 되기 위해 열망해야 했다. 그는 자신이 적은 내용을 부끄러워하면서 냅킨 맨 아래에 딱 한 단어를 적었다. GAB(훌륭한 국가대표 선수). 그렇게 역사가 시작되었다.

맥카우 선수처럼 매일매일 최고가 되고 싶다면 그 이유를 알아야 한다. 장기간 목표와 완수해야 하는 즉각적인 과제, 지금 바로 향상해야 하는 습관을 필수적으로 연결해야 한다. 이때 120페이지에 소개한 FAM(야심 차고 의미 있는 미래) 이야기 빙산을 만들었다면 생산성을 더 쉽게 향상시킬 수 있다. 하지만 아무것도 정해진 건 없다는 사실을 명심하라. 주기적으로 목표를 재고하고 업데이트해야 한다.

이렇게 최고가 되어야 하는 '이유'를 파악하면 169페이지에 있는 '개인적 동기부여 요소'를 활성화시킬 수 있다.

24시간 동안 뇌 상태를 최적으로 유지하는 법

이글루와 얼음 덩어리 비유를 활용해서 매일 반복하는 두 가지 주요 업무에 적용해보자. 매일 완수해야 하는 쉬운 과제를 얼음 덩어리 얼리기에, 정신적으로 더욱 복잡한 과제를 얼음 조각품 만들기에 비유하는 것이다.

이때 얼음 덩어리 얼리기는 바쁘게 처리하는 습관적인 일을 의미한다. 머리를 쓸 필요가 없을 정도로 익숙하고 아주 쉬워서 빨리 처리할 수 있다. 간단한 이메일이나 질문에 답하는 업무일 수도 있고, 파일을 보관하는 것처럼 단조로운 일일 수도 있다. 다만 이런 종류의 업무는 100퍼센트 혹은 절반가량 자동화가 되어 점차 인간의 손은 필요

없어질 것이다. 온라인 뱅킹, 회계 소프트웨어, 회의 예약 소프트웨어 등이 이미 우리 일상에 깊이 침투해있다.

얼음 조각품 만들기는 집중하는 일을 의미한다. 창의적이며, 혁신적이고, 정신적으로 힘든 일이다. 새로운 제품을 제작하거나 장문의 보고서를 작성하는 일이 포함할 수 있다. 이런 종류의 일은 보통 앉은 자리에서 완성해낼 수 없는 것들이다. 쉽사리 자동화될 수 없기 때문에 이런 일을 해내는 사람은 점차 능력을 인정받을 수밖에 없다.

생산력을 끌어올리기 위해 뇌를 충전한다

당신의 뇌를 3가지 특정한 운영 상태 혹은 방식이 있는 배터리라고 상상해보자. 나는 이를 '뇌 상태(Brain States)'라고 부른다. 이 개념은 168페이지에 소개한 9가지 행동 요소 가운데 뇌 상태 최적화 요소와 연결된다.

뇌 상태 1: 충전 중

24시간 이내에 인간은 충전이 필요하다. 수면, 휴식, 섭취, 누군가에게는 가벼운 운동을 의미한다. 효과적인 재충전 활동은 개인마다 다르다. 뇌를 충전하기 위해 어떤 것이 효과가 있는지 개인적으로 알아볼 필요가 있다.

뇌 상태 2: 중충전

간단하고, 익숙하며, 요구가 많지 않은 업무(얼음 덩어리 얼리기)를 수행하기 위해 중충전 뇌 상태를 활용한다. 이 일을 하기 위해서는 최소한의 의식적인 노력이 필요할 뿐이다. 사람들은 이를 종종 '바쁜 일'이라고 부른다.

뇌 상태 3: 고충전

가장 귀중한 뇌 상태이다. 기발하고, 집중적이고, 창의적이며, 문제 해결이 필요한 업무(얼음 조각품 만들기)에 활용해야 한다. 그렇지만 고충전은 제한된 인식 자원이다. 급속하게 바닥을 드러낸다.

3가지 뇌 상태는 상호의존한다. 예를 들어, 24시간 이내에 충분히 충전되지 않으면 나머지 두 가지 뇌 상태를 적절하게 활용하는 데도 어려움을 겪게 된다. 충전 중이나 중충전 상태의 뇌도 여전히 잠재의식 속에서 고충전 업무를 수행할 것이다. 예를 들어, 한동안 발목 잡힌 어려운 일이 때론 질 좋은 수면이나 따뜻한 목욕 이후에 해결되기도 한다. 마치 아르키메데스가 유레카를 외쳤던 순간처럼 말이다! 잠시 스위치를 꺼두면 혜안이 떠오르기도 한다.

24시간 동안 우리는 세 가지 뇌 상태 중 에너지를 가장 적게 소모하는 충전 중 상태의 뇌를 가장 많이 사용한다. 그다음이 중충전 상태이고, 마지막이 고충전 상태이다. 세 가지 뇌 상태 사이의 관계를 피라미드라고 생각해보면 이해가 더 쉽다. 가장 밑단이 충전 중, 중간 부분이 중충전, 꼭대기가 고충전이다.

내가 평일 근무시간을 어떻게 활용하는지 참고삼아 적어봤다. 나

같은 경우에는 24시간을 최적으로 활용하기 위해서 다음과 같이 움직인다. 11~12시간 동안 수면, 휴식, 운동, 식사 등을 포함한 충전 중 뇌 상태로 보낸다. 대략 7~8시간 동안 중충전 상태로 집에서 개인적인 시간을 보내거나 생각 없이 진행하는 쉬운 업무를 하며 보낸다. 대략 4~5시간 동안 고충전 상태로 힘들고, 요구가 많거나, 기발한 문제해결이 필요한 업무를 하기 위해 가장 짧은 시간을 보낸다.

시간을 이렇게 활용하면 일주일 중 5~6일은 고충전 업무를 수행하는 귀중한 시간으로 활용할 수 있다. 그리고 적어도 일주일에 하루는 고충전 업무도 없이, 오로지 뇌를 충전하는 데 집중하며 시간을 보낼 수 있도록 목표를 세운다. 타이밍은 사람마다 다르지만 나와 함께 일했던 대부분은 상당히 비슷한 양상을 보였다. 물론 저마다 다른 삶을 살고 있으며 당신 또한 스스로 연구를 통해 자신만의 타이밍을 알아내야 한다.

롤오버는 없다

오늘 4~5시간의 고충전 목표를 달성하지 못하더라도, 내일 나머지를 달성할 수는 없다. 한마디로 하루에 8~10시간 동안 고충전 업무를 하는 건 불가능하다는 얘기다. 누구도 그렇게까지는 못한다. 우리의 뇌가 그렇게 작동하지 않는다. 그렇기에 매일 고충전 상태를 달성하는 것이 중요하며, 그래야만 장기간에 걸쳐 효과적이고 생산적인 시간을 확보할 수 있다.

유명인들의 휴식시간과 일하는 습관에 관한 흥미로운 얘기가 있다. 영국 최초의 여성 수상이었던 마거릿 대처^{Margaret Thatcher}는 하루 수면 시간이 4시간밖에 안 된다고 언급했다. 만약 사실이라면 우리는 짧은 수면 시간이 수상의 일상 업무 수행과 장기간 건강에 얼마나 도움을 주었는지 반드시 의문을 가져야 한다.

윈스턴 처칠^{Winston Churchill}의 수면 습관 역시 기록에 남아있다. 그의 하루 수면 시간은 5~6시간이었다고 한다. 다만 처칠 수상이 낮 동안 기력을 회복하기 위해 몇 차례 낮잠을 잤다는 사실은 덜 알려져 있다. 『처칠이 말한 처칠(Churchill by Himself)』이라는 책에서 그는 이렇게 말했다.

"점심과 저녁 사이에 낮잠을 자야 하는데 어중간한 건 안 된다. 옷을 벗어 던지고 침대에 들어가라. 난 늘 그렇게 한다."

당신의 HUE는 우리가 충분한 수면이나 휴식시간 없이 잘 지낼 수 있다고 말해주는 일화에 이끌리기 쉽다. 그렇지만 과학적 측면에서 봤을 때, 충분한 휴식과 회복이 건강과 행복 그리고 성과에서 아주 중요하다는 사실은 명백하다. 휴식이나 회복 없이 당신의 뇌는 단기간이든 장기간이든 제대로 작동하지 않는다.

각자 테스트를 해보며 24시간 동안 고충전, 중충전, 충전 중 뇌 상태를 유지할 수 있는 최적의 시간을 알아내자. 물론 근무일과 휴일은 달라야 한다. 예를 들어 내가 하루에 12시간 이상 고충전과 중충전 활동이 섞인 일을 한다면, 다음 날 부정적인 연쇄 효과가 발생할 것이다. 이런 상황이 일주일 동안 계속되면, 평일의 마지막 금요일에는 아마 아무 일도 할 수 없을 것이다. 나는 그런 날을 인지적 손실의 날로 간주한다.

제5장 자신감을 키우고 생산력 끌어올리기

절대로 뇌 상태를 섞지 말아라

우리는 짧은 시간 안에 더 많이 완성하기 위한 다중작업을 할 수 있다는 믿음에 사로잡히기도 한다. 과연 사실일까?

미국의료통계에 따르면 병원에 입원한 환자들이 사망하는 가장 큰 원인은 잘못된 처방이다. 간호사들이 의료 회진을 도는 동안 종종 동료들에게 방해를 받는다는 내용이 보고서에 실려있다. 간호사들이 처방을 들을 때는 고충전 상태이지만, 본의 아니게 동료들의 일상적인 질문에 대답해야 할 때는 중충전 상태로 내려오게 된다. 다시 처방하는 업무로 돌아올 때 실수가 발생하고 환자는 죽어간다.

미국의료체계에서 이런 현상이 적발되면서 절차가 변경되었다. 이제 간호사들이 빨간 번호판을 가슴에 달고 있으면 아무도 방해가 될 만한 말을 건네지 않는다. 고충전 의료 회진 상태이므로 방해해서는 안 된다는 뜻이기 때문이다.

나는 고충전 업무 중 방해받는 게 도움이 된다는 어떠한 과학적 데이터도 보지 못했다. 방해는 더 많은 실수, 높은 압박, 심한 스트레스, 시간 부족을 초래한다. 어느 연구에 따르면 단 한 번의 방해로 당신의 시간에서 23분 15초가 깎여나갈 수 있다. 게다가 주의가 산만해질 때마다 다시 집중하기까지 조금 더 시간이 필요해진다. 다시 말해, 방해가 누적될수록 버려지는 시간이 기하급수적으로 늘어나는 것이다.

'단일 작업'은 내가 정말 좋아하는 단어다. 생산성을 향상시키고 짧은 시간에 더 많은 일을 끝맺도록 돕는다. 뇌 상태를 섞어선 안 된다. 충전하기 위해 휴식을 취하고 싶다면 아무것도 하지 말고 푹 쉬어라.

중충전이나 고충전도 같은 방식으로 활용해야 한다.

집중력은 오직 100퍼센트뿐이다. 어떤 뇌 상태로 작업 중이든, 반드시 100퍼센트의 집중력을 쏟아부어라. 당신의 가동 시간, 정지 시간, 워라밸을 최적화하도록 도와줄 것이다. 내 조언을 들은 이들은 하루에 최소 1시간을 절약했다고 귀띔해왔다. 나 역시 마찬가지다.

당신의 뇌 상태를 더 잘 통제하는 방법

세 가지 뇌 상태와 앞서 소개했던 활성화 개념을 연결해보자. 각 상태는 활성화 규모에 있어서 각기 다른 최적화 수준을 요구할 것이다. 자세하게 묘사할 필요가 있으니 개인적인 방법을 보여주려 한다. 먼저 나는 충전을 위해서 활성화 수치 10~20 사이의 비수면 재충전을 하고, 1~5 사이의 수면 충전을 한다. 중충전 상태는 30~50을 유지하고, 고충전 상태는 55~60 정도다.

이제 각 뇌 상태에 적합한 당신의 이상적인 활성화 수치를 적어보자. 원한다면 나중에 수정할 수 있다.

수면 충전에 필요한 활성화 수치: _____

비수면 충전에 필요한 활성화 수치: _____

중충전 수준에 필요한 활성화 수치: _____

고충전 수준에 필요한 활성화 수치: _____

우리는 살면서 맞닥뜨리는 업무, 활동 및 도전과 적절한 활성화 수치가 일치하도록 노력해야 한다. 예를 들어, 아침 일찍 사무실에 도착해서 복잡한 문제, 도전적인 업무와 씨름해야 할 때 극도로 피곤해서 활성화 수치가 낮다면 적절하게 대처하기 어려울 것이다. 비슷한 예로, 일찍 잠자리에 들어 잠을 푹 자야 하는데 직전에 곤란한 업무 메일을 확인했다면 활성화 수치가 높아져서 제대로 잠들 수 없을 것이다.

집중 단어와 집중 그림 활용하기

집중 단어와 그림은 강력한 뇌 상태 관리 도구다. 이 도구를 활용해 당신의 뇌 상태를 감소시켰다가 증가시키는 방법을 소개하려 한다. 그 전에 세계적인 수준의 운동선수가 장거리 사이클 대회에서 1시간 만에 세계 신기록을 경신하기 위해 집중 단어와 집중 그림을 어떻게 활용했는지 보여주고 싶다.

무려 5개의 금메달을 딴 영국의 올림픽 사이클 영웅이자 투르드프랑스(Tour de France) 우승자인 브래들리 위긴스Bradley Wiggins는 BBC 방송국의 아침 프로그램 인터뷰에 등장해 세계 신기록을 수립하는 데 집중 단어와 집중 그림을 어떻게 활용했는지 설명했다.

전문적인 사이클링은 녹초가 될 정도로 힘든 운동이다. 선수에게 신체적으로나 정신적으로 극한을 경험하게 한다. 하지만 위긴스는 생각을 의도적으로 조절함으로써 허들을 극복할 수 있었다. 그가 스스로 속삭였던 것들은 전부 마음의 눈으로 본 것이었다. 위긴스는 이렇게 말했다.

"어떤 것이 아무리 어렵고 힘들지라도 늘 종점이 있는 법이죠. 끝내 완수하고 기록을 깨부순다면 기분이 어떨 것 같습니까?"

그러니까 그의 집중 단어는 '끊임없이 종점만 생각하자' 같은 것이었고, 집중 그림은 결승선을 통과해서 기록을 세우는 것이었다. 생각을 관리함으로써 위긴스는 도전적인 순간 내내 의지력이 HUE를 컨트롤하게 했다. 그 의지력 덕분에 HUE는 어려움과 잠재적 위험을 곱씹을 수 없었다.

성공한 사람들은 대부분 역경과 도전을 극복하고 성공하기 위해 이런 정신적인 기술을 활용한다. 누구나 똑같은 기술을 활용해 이득을 볼 수 있으며, 이 기술은 해빗 메카닉으로 거듭나기 위한 필수요소다.

당신의 뇌를 충전 중 상태로 만들어라

DES(식단, 운동, 수면)의 중요성에 대해 앞에서 많이 다루었다. 그런데 안타깝게도 DES에는 지름길이 없다. DES는 꾸준한 실천만으로 그 습관을 만들고 효과를 볼 수 있다. 그리고 DES는 뇌 상태에 가장 큰 영향을 미친다.

수면과 더불어 '비수면 충전' 활동도 생각해보자. 이해를 돕기 위해 우리는 비수면 충전을 달성하기 위한 활성화 수치가 어느 정도나 되는지 알아볼 필요가 있다. 바로 앞에서 당신이 목표로 한다고 적었던 비수면 충전 활성화 수치 말이다. 나는 10에서 20 사이의 수준이었다.

질 좋은 충전 확보가 이전보다 더 어렵게 느껴지는 세상이다. 끈질기게 달라붙는 유혹이 많기 때문이다. 휴대폰은 질 좋은 비수면 충전을 방해하는 가장 대표적인 장애물이다. 이런 유혹을 이겨내고 충전을 잘하려면 활성화 수치 조절에 더 신경 써야 한다. 집중 단어와 집중 그림을 활용하면 가능하다.

나는 이렇게 한다. 마음의 눈으로 현재 활성화 수치를 보여주는 활성화 다이얼을 그린다. 예를 들어, 바늘이 40에 머물러 있다고 치자. 집중 단어를 활용해서 천천히 호흡을 조절한다. 숨을 내쉴 때 활성화 다이얼 바늘이 비수면 충전에 적절한 수준인 20으로 줄어드는 장면을 그려본다. 30초에서 5분 정도 이 작업을 진행한다. 낮 동안 주기적으로 반복하는 이 작업을 나는 '작은 충전'이라고 부른다.

내가 처음으로 최적 활성화 검토 테이블(229페이지)을 활용하기 시작했을 때, 오후가 지나면 일시적인 하락 현상을 경험한다는 걸 알았다. 그래서 점심을 먹은 뒤 의도적으로 작은 충전 기술을 사용해 활성화 수치를 낮추고 충전 중 뇌 상태에 도달하도록 했다. 물론 식이요법과 가벼운 운동도 도움이 되었다. 그렇게 뇌가 충분한 휴식을 취하면 오후에도 일에 대한 집중도를 꾸준히 유지할 수 있다.

고충전 뇌 상태에서 제대로 일하는 법

고충전 뇌 상태는 VUCA(변동적이고, 불확실하며, 복잡하고, 모호한) 세계에서 우리가 지닌 가장 귀중한 자원이다. 고충전은 지능적이고 집중적인 작업을 수행하는 데 도움이 되기 때문에 문제를 해결하고, 창의성을 발휘하고, 혁신할 수 있다. 이러한 자원을 효율적이고 효과적으로 사용하는 것은 필요한 성과를 올리는 데 반드시 필요하다. 이런 측면에서 보면 고충전은 얼음 조각품을 만드는 것과 같다.

고충전 상태에서 제대로 일하는 첫 번째 방법은 '할 일 목록'을 적는 것이다. 사실 우리는 이미 수많은 할 일 목록을 가지고 있다. 그런데 여기에 내용을 덧붙이거나 목록을 추가해서 더욱 큰 영향력을 지니도록 할 수 있다. 우선 할 일 목록에 있는 다양한 업무를 얼음 조각품 혹은 얼음 덩어리로 구별해서 라벨을 붙이자. 그다음으로 할 일 목록에 있는 업무마다 필요한 작업 시간을 정해보자. 그리고 마지막으로 해빗 메카닉 활동들을 추가하자. 예를 들면 산책하며 휴식하기, 비수면 충전 활동, 일일 3:1 성찰, 일일 TEA 계획 등이다.

한층 업그레이드된 할 일 목록은 우리가 성과를 올릴 수 있도록 도와주는 한 가지 방법에 불과하지만, 우리는 그 목록을 발판 삼아 더 먼 곳으로 나아갈 수 있다.

고충전 상태에서 제대로 일하는 두 번째 방법은 물리적 환경과 관련되어 있다. 직장에서 우리는 자주 다양한 방해 요소에 둘러싸인다. 사무실 공간은 대부분 뚫려있기 때문에 동료들이 쉽사리 당신의 주의를 산만하게 만들 수 있다. 그렇지만 사무실에서 일하든 집에서 일하든 우리는 휴대폰, 이메일, 잡생각 때문에 금방 정신이 산만해지기도 한다. 이럴 땐 과연 어떤 것을 할 수 있는지 맥카우의 이야기를 다시 들어보자.

다큐멘터리 《체이싱 그레이트》에서 맥카우는 본인의 경기 전 루틴을 설명하는데, 정말 놀라지 않을 수 없었다. 메모에 자신이 해야 할 일을 반복적으로 적는 것이었기 때문이다. 경기가 있는 날이면 그는 아침 일찍 일어나 노트를 펼치고 그날 경기에서 해야 할 일을 적었다. '일찌감치 끼어들기', '더 많이 달리기', '빠르게 일어나서 달리기' 등 몸을 움직이는 것들도 있었고 '침착하게 대응하기', '명확하게 지시하기', '결단력 있게 결정하기', '당당하게 말하기' 등 정신을 활용하는 것들도 있었다. 팀의 선수로서, 주장으로서 자신이 해야 할 역할이 무엇인지 그는 정확히 알고 되뇌었던 것이다. 맥카우는 실제로 그렇게 사고하고 행동했다.

이런 과정을 거치면서 맥카우는 의지력이 쉽게 HUE의 주의력을 럭비 경기장 안으로 돌리게 했다. 그가 이렇게 하지 않았더라면 HUE는 실수와 자책을 유도했을 것이다. 그리고 이 이야기의 교훈은 바로 우리도 그렇게 할 수 있다는 것이다. 당신도 미리 반복적으로 계획함으로써 HUE가 주어진 환경에 보이는 반응을 쉽게 통제할 수 있다. 직장 동료가 말을 걸든, 창밖에 우주선이 나타나든 오직 목표한 바를 성취하는 데 고충전 뇌를 사용할 수 있을 것이다.

집중력 극도로 끌어올리기

의도치 않게 집중력이 흐트러질 때마다 우리는 고충전 뇌라는 소량의 귀중한 자원을 낭비하게 된다. 명심하라. 우리는 하루에 오직 제한된 양의 고충전 뇌를 쓸 수 있다. 그렇다면 집중력이 흐려졌을 때 어떻게 하면 다시 빠르게 회복할 수 있을까?

집중력에 대해 얘기하는데 테니스 여제 세레나 윌리엄스^{Serena}
^{Williams} 이야기를 빼놓을 수 없다. 윌리엄스는 모든 주요 그랜드 슬램
토너먼트에서 수차례 우승을 거머쥔 전설 같은 존재다. BBC가 제작
한 다큐멘터리의 한 꼭지에서는 윌리엄스가 중요한 경기에서 상대방
에게 지고 있는 상황을 보여준다. 그녀가 1점을 내준 뒤 코트에서 논
쟁을 벌이고 있다. 이어지는 장면에는 윌리엄스가 상대방을 압도하고
결국 경기에서 승리하는 모습이 나온다.

영상 속에서 윌리엄스는 코트 위의 논쟁이 자신의 집중력을 얼마
나 강화시켰는지 이야기한다. 바로 여기에 해답이 있다.

신경생물학의 입장에서 집중력을 높이는 방법은 세 단계로 구분할
수 있다.

1단계: 손전등 스위치를 켜듯 뇌의 스위치를 켠다

적절한 활성화 수치에 도달하는 과정이며 뇌에서 집중과 습득에
도움이 되는 노르아드레날린과 도파민같이 가장 쓸모있는 신경전달
물질을 얻기 위해서다. 세레나 윌리엄스가 이 부분에서 우리의 이해를
돕는다. 윌리엄스는 상대 선수가 그녀를 화나게 할 때 더 좋은 경기와
굿샷이 나온다고 말했다. 윌리엄스가 최적의 활성화 수치에 도달하는
데 상대 선수의 자극이 기여했다는 것이다.

2단계: HAC 뇌(주의력 통제 뇌 영역 가운데 특히 배외측 전전두피
질)를 활성화하고 달성하고자 하는 목표에 주의를 집중한다

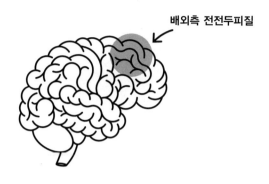

배외측 전전두피질

이를 실천하기 위해 윌리엄스는 구체적으로 '스스로 계속 떠들고', 앞으로 취할 '움직임에 집중'함으로써 분노한 감정을 끝까지 유지했다고 말했다. 윌리엄스는 베이스 라인을 벗어나고 공을 치는 순간까지도 스스로에게 말을 걸고 있었던 것이다.

업무상 주의를 집중하기 위해서 당신도 목표를 작성할 수 있다. 지금부터 나는 이렇게 할 예정이다. 예를 들면 이런 식이다.

① 휴대폰 전원을 끈다.

② 작업 중인 보고서를 끝낸다.

③ 고객에게 보낼 보고서에 관한 이메일 초안을 작성한다. 인터넷이 아닌 메모장이나 워드프로그램을 이용하자.

3단계: 주의력을 유지하고 다시 집중한다

안와전두피질이라고 불리는 HAC 뇌의 특정 부분을 활성화할 필요가 있다. 이때 '재집중 계획'을 세우면 뇌의 특정 부분을 활성화하는 데 도움이 된다.

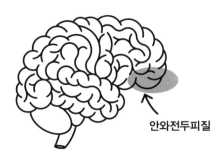

안와전두피질

나는 다시 집중하기 위해 구체적인 집중 단어와 집중 그림을 활용한다. 먼저 마음의 눈으로 당면한 과제에 다시 초점을 맞추는 그림(집중 그림)을 그린다. 그리고 머릿속으로 '제발, 어서 끝내자'라는 말(집중 단어)을 되뇐다. 주의력이 흐트러질 때마다 반복한다. 몇 분까지 갈 것도 없다. 대부분은 30초 정도만 재집중 상태를 유지할 뿐이다. 그래도 이 기술을 계속 반복 사용하면 하루가 끝날 때쯤에는 15~20분 정도를 아낄 수 있다. 일주일이 끝날 무렵에는 몇 시간이 될 것이다.

참고로 윌리엄스도 재집중 상태를 유지하기 위해 '움직여', '공을 쳐' 같은 집중 단어를 활용했다고 한다.

집중력과 생산성 향상을 위한 습관 개발

대개 중충전 뇌 상태가 VUCA 세계에서 성공하기 위한 가장 쉬운 상태라는 사실은 틀림없다. 그렇지만 이는 우리가 도움이 되는 양보다 훨씬 더 많은 시간을 소비한다는 의미이기도 하다. 따라서 중충전 뇌 상태의 하루 용량을 집이나 직장에서 얼음 덩어리급(다소 쉬운) 일일 업무를 완수하기 위해 효율적으로 활용할 필요가 있다.

나는 이메일 회신이나 간단한 전화 업무 등은 보통 오후에 처리하는데, 오후의 뇌 상태가 이런 업무를 처리하기에 더 적합하기 때문이다. 게다가 이런 업무를 줄곧 오후에 계획하고 수행해왔기 때문에, 언젠가부터 굉장히 능숙하게 집중할 수 있었다.

하루 중 가장 큰 도전 과제를 찾아보자

하루 중 가장 어려운 시기, 즉 해야 할 일을 하기가 가장 어려운 때는 늘 다르다. 그런데 조사를 해보면 어느 정도 의견이 모이는 시간이 있다.

- 아침에 적절한 활성화 수치에 도달해 효율적으로 업무를 보는 것
- 점심을 먹은 뒤 적절한 활성화 수치에 도달해 효율적으로 업무를 보는 것
- 잠자리에서 푹 자기 위한 적절한 활성화 수치에 도달하는 것

개인적으로 최적 활성화 검토 테이블을 작성했을 때 가장 큰 위기는 점심 식사 직후에 찾아왔다(230페이지). 나는 식사 후에 졸음이 쏟아진다. 오후에 중충전 업무를 효율적으로 해결해야 하는데, 자꾸 집중력이 흐트러져서 생산성을 높이기가 쉽지 않았다. 그에 대한 내 답은 식습관 조절이었다.

우선 점심에 고칼로리, 고탄수화물 음식을 먹지 않기로 했다. 때로는 점심을 지나치는 것도 괜찮았다. 간단한 간식을 먹는 것만으로도 충분히 허기를 면할 수 있었다. 오히려 그만큼 일을 잘한다는 게 더 큰 보상으로 다가왔다. 하지만 늘 점심을 가볍게 지나칠 수는 없었다. 동료와 함께 식사하거나 고객과 점심 미팅을 하는 경우도 있었다. 다른 사람과 함께하는 자리에서 물만 마실 수는 없었다.

나는 이 상황을 성공적으로 조절할 수 있도록 계획을 세웠다. SWAP(자기 관찰→목표→계획) 사이클을 활용하기로 했다. 자기 관찰은 '점심을 과하게 먹으면 졸음이 쏟아진다', 목표는 '점심을 최대한 가볍게 지나친다'였다. 그리고 내가 세운 구체적인 계획은 아래와 같다.

우선 점심 약속이 있는 날에는 오전 중에 최대한 많은 업무를 마친다. 그리고 식당에 너무 배가 고픈 상태로 도착하지 않기 위해 아침에 간단한 샐러드나 간식을 먹는다. 인터넷으로 식당 메뉴를 살펴보고 최대한 간단한 음식을 주문하기로 결정한 다음, 약속 장소까지 걸어가면서 호흡 운동을 한다. 마지막으로 사무실을 나서기 전에는 오후에 실행해야 할 명확한 업무 목록을 작성해서, 복귀하자마자 바로 수행한다.

다행히 아직까지 나는 이 SWAP 사이클을 지키고 있고, 업무적으로 공백이 발생하는 일은 거의 없었다.

9가지 행동 요소를 활용한 생산력 향상 습관 다지기

매일매일 정신을 각성시켜주는 아주 작은 습관을 가지는 것도 집중력과 생산성 향상에 도움이 된다. 그 습관은 DES에 관련된 것일 수도 있고, 집중 단어와 집중 그림을 활용한 것일 수도 있다. 그리고 그 습관 개발을 목표로 164페이지에 있는 9가지 행동 요소를 활용해보자.

예를 들어 내가 개발하고 싶은 습관은 '점심시간에 식사하러 걸어 가는 동안 딱 5분만 호흡에 집중하는 것'이다. 이렇게 짧은 충전 시간 을 가지는 것만으로도 오후 업무 생산력이 높아지기 때문이다. 당신의 성공적인 습관 개발을 위해 아래의 표를 활용해보자. 모호했던 목표와 계획이 또렷해지는 걸 느낄 수 있을 것이다.

◉ 당신의 목표 습관은 무엇인지 적어보자.

_____

_____

_____

_____

_____

_____

_____

◉ 목표를 정했다면 이제 다음 장의 질문에 성의껏 답해보자.

1. 당신이 형성하고 싶은 사소하지만, 구체적이며 쓸모있는 새로운 습
   관을 설명해보자.

_____

_____

_____

_____

_____

(예: 점심시간마다 식사하러 걸어가는 동안 딱 5분만 호흡에 집중하자. 짧지만 에너지 충전
시간을 더 확보할 수 있도록 도와줄 것이다.)

2. 당신이 가지고 있는 쓸모없는 습관이 있는지 찾아보자.

_____

_____

_____

_____

(예: 휴대폰을 키보드 옆에 두고 수시로 메시지가 오지 않았는지 확인한다.)

3. 위에서 적은 쓸모없는 습관을 일깨우거나 자극하는 요소를 설명해
   보자.

_____

_____

_____

_____

_____

(예: HUE와 깜박이는 휴대폰 불빛)

4. 어떻게 하면 스스로 새로운 습관을 매일 실천하도록 상기할 것인지
   설명해보자.

_____

_____

_____

_____

_____

(예: 점심 먹기 전에 5분 동안 호흡에 집중하기, 호흡에 집중할 땐 휴대폰을 비행기 모드로
바꿔놓기. 손목시계로 5분 확인하기)

5. 새로운 습관을 공고히 하는 데 필요한 새로운 지식과 기술을 설명해
   보자.

_____

_____

_____

_____

_____

_____

6. 도움이 된다면, 당신에게 필요한 새로운 지식과 기술을 언제, 어떻
   게 습득할지 설명해보자.

_____

_____

_____

_____

_____

_____

제5장 자신감을 키우고 생산력 끌어올리기

7. 새로운 습관을 형성하고 싶은 이유를 자세하게 설명해보자.

_____

_____

_____

_____

_____

(예: 오후 시간을 효과적으로 활용할 수 있게 도와준다. 최고가 될 수 있도록 더 나은 기회를 제공하며, 성과를 내고, 동료들을 도울 수 있게 해준다. 또한 가족들과 더 많은 시간을 보낼 수도 있다.)

8. 새로운 습관을 형성하기 위해 도움을 요청할 수 있는 사람은 누구
   인가?

_____

_____

_____

_____

(예: 팀원들에게 계획을 공유하고 함께 시도해볼 수 있다.)

9. 새로운 습관을 형성함으로써 얻는 보상은 무엇인가? 보상은 내부적
이거나, 외부적일 수도 있고, 사회적일 수도 있다는 점을 명심하자.

(예: 자신감이 상승하고, 승진의 기회가 찾아오며, 동료들에게 더 많은 도움을 줄 수 있다.
가족과 보내는 시간이 늘어나면 유대감을 형성할 수 있다.)

10. 새로운 습관을 형성하지 않아 발생하는 비용과 불이익은 무엇인가?

(예: 9번에서 언급한 보상과 반대되는 것.)

축하한다! 이제 당신은 생산력을 끌어올릴 수 있는 새로운 습관 형성 계획을 갖게 됐다. 부디 성공에 이르길 응원한다. 다음 챕터에서는 마지막으로 어떻게 하면 일상생활에서 더욱 쉽게 새로운 습관을 형성하기 위한 추진력을 얻을 수 있는지 살펴볼 것이다.

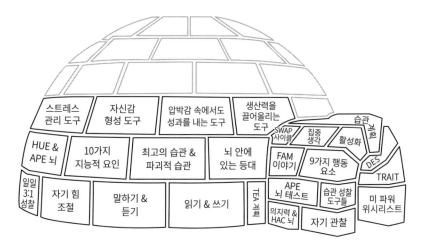

| 해빗 메카닉이 되기 위한 당신의 습관 지능 이글루 |

더 똑똑하게 어떤 습관이든 빨리 형성하기

．

당신은 이제 최고가 되기 위한 새로운 습관을 만드는 데 활용할 수 있는 다양한 해빗 메카닉 도구를 알게 되었다. 이 도구들은 새로 습득한 지식을 새로운 습관으로 전환하는 데 도움을 주는 것들이다. 하지만 새로운 습관을 형성하는 일은 시간과 끈기가 필요하며, 그 결과가 항상 똑같은 건 아니다. 어떤 습관은 다른 것보다 빨리 흡수되고, 어떤 습관은 오랜 시간을 들여도 도무지 손에 익지 않는다.

습성과 지능도 습관을 만드는 데 영향을 끼친다. 보통 지능은 타고나는 것으로 알려져 있지만, 후천적 노력을 통해 성공한 사람을 우리는 주변에서 쉽게 볼 수 있다. 습관 지능도 마찬가지다. 집중력을 가지고 부지런히 연습하는 사람은 습관 지능을 빠르게 높여서 삶에 큰 도움을 줄 수 있다.

마지막 챕터에서는 학습이라는 무기를 어떻게 사용해 습관 지능을 향상시킬 것인지, 또 새로운 습관을 만드는 데 강한 추진력을 더하는 방법이 있는지 살펴볼 것이다.

토머스 에디슨과 마리 퀴리의 교훈

습관 연습의 중요성을 이해하기 위해 위대한 과학자들의 이야기를 살펴보자. 그들은 학습이라는 무기를 활용해 세상을 바꾼 통찰력을 얻은 사람들이다.

토머스 에디슨Thomas Edison은 미국 역사상 가장 위대한 발명가다. 본인의 발명품에 대한 1,000여 개의 특허권을 소유했으며, 최초로 상업적 이용이 가능한 백열전구를 만들었다. 백열전구를 만들 때 그가 수많은 실패를 경험한 이야기는 초등학생도 알 정도로 유명하다. 그러나 그는 이렇게 말했다.

"나는 실패하지 않았습니다. 단지 먹히지 않는 1만 가지 방법을 찾았을 뿐이죠."

열심히 일하고, 그 과정에서 일어나는 실수를 통해 새로운 통찰력을 습득한 에디슨의 불타는 의욕이 잘 드러나는 발언이다. 그리고 우리는 이 말에 집중해야 한다. 집중하고, 실수하고, 수정하고, 다시 집중하는 연습 공식은 비단 에디슨에게만 적용되는 게 아니기 때문이다. 당신이 무슨 일을 하든 개선되고 발전되기를 바란다면, 이 평범한 연습 과정을 눈물 날 정도로 반복해야 한다는 뜻이다.

집중적 연습의 힘을 느낄 수 있게 도와줄 또 다른 유명한 과학자는 마리 퀴리이다. 퀴리는 여성 최초로 노벨 과학상을 수상했으며, 화학과 물리학 두 분야를 동시에 수상한 유일한 인물이다.

공부와 과학을 향한 그녀의 열망과 열정은 어린 시절 아버지의 영향력에서 시작됐다. 4세 때 이미 자신감 넘치는 책벌레였고, 학교든 집이든 어디서나 책을 읽을 수 있는 능력은 훗날 연구에 완벽히 몰두할 수 있는 집중력의 배경이 되었다.

그렇지만 그 시절 고국인 폴란드에서는 여성의 신분으로 대학에 입학할 수 없었다. 퀴리는 중등학교를 졸업한 뒤 낙담해서 잠시 연구를 그만뒀다. 하지만 곧 파리의 소르본대학에 입학하겠다며 언니와 군은 약속을 맺었고, 18세가 되었을 때 폴란드 비밀 연구실에 합류해서 화학 분석을 배우기 시작했다. 폴란드 비밀 연구실은 당시 폴란드를 점령하고 있던 러시아 정부를 피해 끊임없이 장소를 옮겨 다니는 지하 학술 단체인 '이동 대학'이었다. 퀴리는 본인의 초기 물리학 연구를 이렇게 설명한다.

"때때로 희망 없는 작은 성공이 나를 격려했고, 어떨 때는 절망에 빠뜨렸다. 그렇지만 대체로 이러한 시도를 통해 나만의 연구 방법을 발견해냈다."

그녀는 연구할 때 적당히 끝내는 정도를 넘어 스스로 밀어붙이고 때론 실수도 했다고 설명했다. 퀴리를 세계적인 과학자로 거듭나게 하는 힘은 바로 여기에 있었다.

동료 과학자 피에르 퀴리와 결혼하고 첫째 아이를 임신한 뒤에도 퀴리의 열정은 식지 않았다. 임신 기간 내내 연구실로 출근했고, 아이를 출산한 뒤에는 이틀 만에 복귀했다. 그리고 몇 주 뒤, 퀴리의 첫 논문이 세상의 찬사를 받으며 공개되었다.

퀴리의 연구 습관 가운데 가장 큰 특징은 모든 것을 일기장이나 노트에 기록했다는 것이다. 굳이 기록하지 않아도 될 것들마저 적어서 보관했는데, 이는 훗날 눈에 보이지 않는 방사성 물질에 대한 분석 자료로서 큰 역할을 수행했을 것이다. 물론 엑스선도 이런 과정을 거쳐서 개발되었다. 실제로 기록 습관은 학습하는 데 있어 가장 강력한 무기 중 하나다. 명심하라. 단기 기억력은 오직 30초만 지속될 뿐이다.

사람들은 에디슨과 퀴리의 성공 비결을 타고난 재능 덕분이라고 말할지도 모르겠다. 하지만 퀴리는 이에 동의하지 않았다. 그녀는 자신의 성공에 대해 "나는 발전의 방법이 빠르지도, 쉽지도 않다고 배웠다"라고 말했다. 에디슨도 이렇게 말하지 않았던가.

"천재는 1퍼센트의 영감과 99퍼센트의 땀으로 탄생한다."

나이를 먹으면 먹을수록 우리는 삶에 있어 유전적으로 타고난 지능보다 꾸준한 학습과 집중적 연습이 중요하다는 사실을 깨닫는다. 타고난 지능은 학습할 때 잠깐 빛을 발할 수는 있어도 건강하고 행복해지는 데는 큰 영향을 미치지 못한다. 우리를 결국 성과로 이끄는 건 노력과 지식-기술-습관으로 이어지는 해빗 메카닉 메커니즘이다.

문제는 HUE(끔찍하게 쓸모없는 감정들)가 집중적 연습과 성공적 학습을 방해한다는 사실이다. 이 문제를 해결하기 위해 지금부터 어떻게 배우고 어떻게 학습할지 얘기해보도록 하겠다.

학습은 생물학적인 과정이다

학습은 마법처럼 이뤄지지 않는다. 생물학적 과정이다. 정보에 집중하고, 훈련하고, 연습하고, 연구하고, 복습하고, 관찰하고, 경청함으로써 당신의 뇌는 해당 정보를 기억하고 습득하기 위한 새로운 신경학적 연결을 형성한다.

새로운 정보 학습의 첫 번째 단계는 배우고 싶은 것을 살펴보는 것이다. 이럴 땐 고충전 뇌 상태를 활용해 집중력을 높이는데, 손전등의 배터리가 한정된 것처럼 집중하는 능력도 제한되어 있다.

신경생물학적인 관점에서 우리는 집중력을 세 가지 단계로 나누어 생각할 수 있다.

1단계: 뇌 전원을 켠다(손전등을 켠다)

2단계: 주의를 집중한다(배우고자 하는 것에 손전등을 비춘다)

3단계: 재차 주의를 기울이고 집중력을 유지한다(손전등이 목표물에서 벗어나면 다시 목표물을 비추도록 주의를 기울인다)

집중력처럼 학습도 몇몇 간단한 단계로 쪼갤 수 있다. 먼저, 새로운 정보에 주의를 집중한다. 이 정보는 단기 기억 장치에 저장되지만 30초 이내에 반복 학습하지 않으면 흔적도 없이 사라진다. 해당 정보를 스스로 중얼거리거나 반복해서 적으면 그 정보는 장기 기억 장치로 간다. 당신의 뇌가 습득한 새로운 정보를 대표할 신경학 연결들을 형성하기 시작하는 것이다. 곧 거미줄 같은 연결은 케이블로 변하고, 반복할수록 점점 더 두꺼워진다. 이 과정은 앞에서 이미 언급했지만, 당신의 학습을 강화하기 위해(케이블을 두껍게 만들기 위해) 다시 반복해서 적는다.

케이블을 두껍게 만들기 위해 해빗 메카닉 도구를 사용할 수도 있다.

① 습득한 지식을 활용한 일일 TEA 계획을 짜서 실질적으로 무언가를 만들어낸다. '지식'에서 '기술'로 변환시키는 과정이다.
② 이 과정을 주기적으로 반복해서 습관으로 만든다. '기술'에서 다시 '습관'으로 변환시키는 과정이다.

학습에서 가장 중요한 부분은 반복이다. 그리고 정보를 반복적으로 학습하는 방법에는 여러 가지가 있다. 노트를 펴고 손으로 적을 수도 있고, 다른 사람에게 정보를 설명할 수도 있다. 여러 번 읊조릴 수도 있고, 실제 행동으로 옮겨볼 수도 있다. 이 중요한 반복 과정을 나는 'R2R'이라고 부른다. 반복(Repeat)에서 기억(Remember), 그리고 다시 반복이라는 뜻이다.

그러나 반복은 지겹고 느리다. 어떻게 하면 조금 더 빨리 배울 수 있을까, 우리는 늘 고민한다. 학습에 강력한 추진력을 달아서 해빗 메카닉 지능을 발전시키고, 새로운 습관을 빠르게 형성하는 방법은 없을까? 물론 있다. 네 가지 체계와 도구를 소개하겠다.

E3 학습 체계

과학은 명확하다. 연습이 당신의 뇌를 변화시키기 때문에 당신은 연습을 통해 더 발전하는 방법을 배울 수 있다. 수면, 스트레스 관리, 자신감, 생산성, 압박 속에서 성과 내기, 리더십 등 어느 영역이든 한 번에 아주 조금씩 향상시킬 수 있는 방법을 배울 수 있다.

최신 과학에서 도출된 통찰력은 가장 영향력이 강한 유형의 연습에 세 가지 핵심 요소가 포함되어 있다는 걸 보여준다. 바로 노력(Effort), 효율(Efficiency), 효과(Effectiveness)다. 나는 이 세 가지 핵심 요소를 최적화된 학습, 'E3 학습(E3 Learning)'이라고 부른다.

E3 학습을 잘 실행하도록 도와주는 간단한 도구들을 소개한다.

노력

새로운 것을 배우기 위해 노력과 집중적 연습은 필수다. 집중적 노력을 적용하기 위해서 당신은 활성화될 필요가 있고, 정확히 무엇을 연습할지 명확한 목표를 지녀야 하며, 배우고 싶거나 배울 필요가 있는 것에 지속해서 집중할 전략을 갖고 있어야 한다.

효율

시간도 효율적으로 관리해야 한다. 즉, 무엇을 연습해야 하는지 정확하게 계획하고, 언제 어디서 할지 정하고, 어떻게 나아가고 있는지 성찰해야 한다. 다양한 방법을 시도해서 내게 맞는 연습 방법을 찾고, 그 효율이 극대화되는 공간을 정하면 더욱 좋다.

효과

연습이 효과가 있는지 확실히 알 필요가 있다. 효과적인 연습은 지금 당신이 배우고 있는 것이 실제 상황에서도 실현된다는 의미다. 예를 들어 골프 연습장에서 공을 치는 연습은 라운드를 도는 것과 같아야 하고, 자리에 앉아 발표 연습을 하는 것과 청중 앞에서 발표하는 게 같아야 한다. 리더십 관련 책을 읽으면 리더십을 발휘할 수 있어야 하고, 오답 노트를 적으면 실제 시험에서 그 문제를 틀리지 않아야 한다.

이렇게 E3 영역에서 노력을 기울이면 당신은 학습에 투자하는 시간은 최소화하고, 효과는 최대로 얻을 수 있다. 육상 선수 로저 배니스터를 떠올려보자. 그의 연구는 경쟁자들보다 고품질의 E3 학습이 가능하게 만들었다. 3명의 운동선수 모두 의심할 여지 없이 많은 노력을 쏟아부어 훈련에 매진했지만, 달리기에 산소 비축이 중요하다는 사실을 깨달은 사람은 배니스터가 유일했다. 덕분에 그는 다른 선수들보다 효율적이고 효과적으로 연습할 수 있었고, 세계 신기록을 세웠다.

10가지 지능적 요인

앞서 설명한 습관의 10가지 지능적 요인을 활용해서 E3 학습에 강력한 추진력을 더할 수 있다. 10가지 지능적 요인은 아래와 같다.

① ('나는 배울 수 있다'라는 믿음을 포함한) **학습 동기**
② **DES**(식단, 운동, 수면) **습관**

③ 학습 중 감정 상태

④ 학습 중 활성화 수치

⑤ 주의력 스타일

⑥ 작업 기억과 기억 회상

⑦ 뇌 친화력과 학습 자료의 질(또는 정보 암호화 방식)

⑧ 교사(들)의 기술

⑨ 이전 학습의 양과 질(이미 배운 내용은 어떤 것들이 있는가?)

⑩ 현재 학습의 양과 질(집중 연습을 많이 하고 있는가?)

이제부터 아주 세세하게 각 요소를 뜯어보며 어떻게 당신의 학습을 강화하거나 방해할 수 있는지 살펴보자. 모든 요소는 상호작용하기 때문에 할 수 있는 한 당신에게 적용되는 모든 요소를 흡수하라. 학습은 당신의 초능력이라는 사실을 명심하자.

① ('나는 배울 수 있다'라는 믿음을 포함한) 학습 동기

학습을 방해하기도 하고 향상시키기도 하는 첫 번째 요소는 당신의 동기이다. 122페이지에서 우리는 동기를 '노력의 방향과 강도'라고 정의했다. 배우려는 의욕이 없다면 모든 게 어려워진다. 배워야 하는 것들을 FAM(야심 차고 의미 있는 미래) 이야기에 포함하면 배우고자 하는 동기가 올라갈 것이다.

학습 능력에 대한 당신의 믿음은 어떠한가? 해빗 메카닉 사고방식을 갖고 있는 사람들은 연습하면 무엇이든 발전시킬 수 있다고 믿으며 최고가 되기 위해 투자한다. 이 책에서 읽고 연습한 것들이 당신의 해빗 메카닉 사고방식을 발전시키는 데 도움이 되었기를 바란다.

② DES 습관

학습을 방해하기도 하고 향상하기도 하는 두 번째 요소는 DES이다. 식단, 운동, 수면 이렇게 세 가지 영역에서 최적화된 상태를 유지하면 훨씬 쉽게 집중할 수 있을 뿐만 아니라 뇌의 신경학적 연결을 촉진시킬 수 있다.

③ 학습 중 감정 상태

세 번째 요소는 감정 상태이다. 감정이 주의를 이끌고 주의는 학습을 이끈다. 예를 들어, 두려움, 분노, 죄책감에 휩싸여있다면 학습에 주의를 기울이기 어렵다. 아니, 학습 뿐만 아니라 일을 하거나 휴식을 취하는 데도 방해를 받는다.

④ 학습 중 활성화 수치

네 번째 요소는 활성화 수치이다. 적절한 활성화 수치에 도달하는 것은 새로운 정보를 배울 수 있도록 당신의 뇌가 충분히 깨어있으며, 올바른 유형의 화학적 메신저를 보유하고 있다는 의미이다. 사람들은 각기 다른 것들을 배우기 위해 저마다 다른 최적화된 활성화 수치를 갖고 있다.

⑤ 주의력 스타일

다섯 번째 요소는 주의력 스타일이다. 다양한 학습 유형은 다양한 주의력 스타일을 요구한다. 예를 들어 사무실이나 교육 업계에서 일하는 사람에게는 정보 대부분이 책이나 화면을 통해 제공된다. 기록된 내용을 읽고 핵심을 파악해 실제 업무에 적용할 필요가 있다는 뜻이다. 이런 경우엔 '좁은 주의력 스타일'이라 불리는 학습 유형이 필요하다.

축구 같은 스포츠에서는 좀 더 다양한 주의력 스타일이 요구된다. 때로는 넓은 시야로 동료에게 공을 전달해야 하고, 때로는 바로 앞의 수비수를 돌파하기 위해 빠르고 강하게 움직일 필요가 있기 때문이다. '넓은 주의력 스타일'과 '좁은 주의력 스타일'을 빠르게 오가며 움직이는 선수를 우리는 월드클래스라고 부른다.

두 가지 다른 학습 예시를 설명하는 이유는 다양한 주의력 스타일이 상황별로 어떻게 도움이 되는지 알리기 위함이다. 당신은 좁은 주의력 스타일을 가지고 있어서 운동에 적합하지 않다고? 넓은 주의력 스타일이라서 공부에 소질이 없다고? 걱정하지 않아도 된다. 우리는 타고난 스타일이 무엇이든 학습과 연습을 통해 주의력 스타일을 조정할 수 있다. 때로는 반대의 성향을 타고난 것이 특정 분야에서 성공하는 데 도움을 주기도 한다.

⑥ 작업 기억과 기억 회상

여섯 번째 요소는 작업 기억과 기억 회상이다. 작업 기억이 무엇인지 의아해하는 당신을 위해 다음 숫자들을 준비했다. 숫자들을 읽은 뒤, 책을 덮고 기억나는 대로 숫자를 적어보자.

2 - 0 - 3 - 5 - 3 - 7 - 1 - 8 - 4 - 7 - 8 - 9 - 3 - 0
- 8 - 2 - 9 - 5 - 8 - 3 - 7 - 2 - 9 - 3 - 5

얼마나 적었는가?

당신의 작업 기억은 아마 과부화에 걸렸을 확률이 높다. 당신은 공부하거나 일할 때, 또는 동시에 무언가를 할 때 작업 기억에 임시로 정보를 맡겨놓는다. 이런 작업 기억을 때로는 '마음의 작업 공간'이라고 부르기도 한다.

사람들은 보통 5~7개의 정보 덩어리를 작업 기억에 잠시 넣어놓을 수 있다. 이번 연습에서, 나는 당신에게 25개 조각의 정보를 기억해 달라고 요청했다. 하지만 당신은 아마도 5~7번째 숫자까지는 기억을 하지만, 그 뒤에 있는 정보는 잘 기억나지 않을 것이다. 뒤에 있는 정보를 기억하려면 앞에 있는 정보를 버려야 하는데, 앞에 있는 정보는 반복 학습이 되어 이미 당신의 기억 용량을 차지한 상태이기 때문이다. 이렇게 작업 기억은 물이 새는 양동이와 비슷해서 어떤 이들은 다른 사람들보다 구멍이 더 많이 뚫린 양동이를 갖고 있다.

작업 기억과 마찬가지로 기억 회상도 학습에 영향을 미친다. 기억 회상은 이전에 주의를 기울였거나 경험했던 것들을 회상하는 능력이다. 예를 들어, 책을 읽다보면 종종 지금 읽고 있는 부분을 이해하기 위해 앞에서 이해했던 부분을 떠올려야 할 필요가 있다. 혹은 회의 시간에 이전 회의에서 나눴던 대화 내용을 떠올려서 질문에 답해야 할 때도 있다.

작업 기억과 기억 회상은 때론 함께 활용된다. 이해하기 쉽도록 내가 제시하는 과제를 해결해보자.

종이에 아무것도 받아 적지 말고, 계산기도 활용하지 말고 숫자 160을 20으로 나눠보자.

정답을 계산하기 위해 당신은 작업 기억에 숫자 160과 20을 넣어 놓는다. 그리고 이전에 배웠던 다른 정보를 회상한다. 숫자 20이 5개 있으면 100이고, 숫자 20이 3개 있으면 60이 된다는 정보 말이다. 다음으로 숫자 5와 3을 더하면서 덧셈을 하기 위한 정보를 회상한다. 아마 숫자 8이라는 정확한 정답이 나왔을 것이다.

작업 기억과 회상 기억의 결합으로 당신은 암산을 해결할 수 있었다. 어떤 사람에게 이 과정은 어떻게 문제를 해결했는지 눈치조차 못 챌 정도로 잠재의식적으로 진행되는데, 그만큼 머릿속으로 수학 문제 해결 과정을 잘 학습한 덕분이다. 반대로 계산기를 사용하면서 공부한 사람은 이 문제가 곤란하게 느껴졌을 수도 있다.

사람마다 작업 기억 용량은 다르다. 어떤 사람은 다른 사람보다 더 큰 용량의 작업 기억을 가지고 있어서 늘 더 좋은 시험 점수를 얻곤 한다. 다행인 점은 작업 기억과 기억 회상이 연습을 통해 습득할 수 있는 기술이라는 사실이다. 주요 학습 용량을 책임지는 뇌 부분은 집중적 연습으로 강화할 수 있다.

우리가 기억력을 훈련할 때 가장 큰 문제는 뇌 대신 휴대폰이나 컴퓨터를 사용한다는 것이다. 우리는 과거 세대에 했던 것처럼 기억력을 훈련하고 있지 않다. 그래서 나는 당신이 작업 기억과 기억 회상 능력을 향상시키기 위해 매일매일 그날의 주요 사건을 간략하게 기록하고 성찰하기를 추천한다.

⑦ 뇌 친화력과 학습 자료의 질(또는 정보 암호화 방식)

일곱 번째 요소는 우리가 학습해야 할 정보를 확인하는 방법이다. 당신이 가장 좋아하는 영화의 줄거리처럼 어떤 정보는 기억하기 쉬울 수도 있고, 기술심사발표의 세부사항이나 주기율표처럼 어려울 수도 있다.

바깥 정보를 뇌로 옮기는 첫 번째 과정을 '부호화'라고 부른다. 뇌 과학자들은 다양한 종류의 부호화를 식별해왔으며, 대개 가장 수월해 보이는 식별 과정을 '자동 처리'라고 부른다. 우리는 가능할 때마다 비교적 적은 노력을 들여 배울 수 있는 형식의 정보를 찾으려 노력해야 한다. 당신의 뇌가 자동으로 정보를 처리하게 만들어야 한다는 의미이다. 예를 들어, 나는 교과서보다 TED 강연에서 더 쉽게 배우기도 한다. 학술서를 1시간 동안 읽어야 얻을 수 있는 정보를 더 재미있게 10분 만에 배울 수 있기 때문이다.

이 밖에도 논픽션 책에서 배운 지식을 최적화하기 위해 나는 종종 오디오북을 따로 구매하기도 한다. 산책하면서 반복적으로 듣고, 그중 기억에 남는 문구는 사무실로 돌아와 메모로 남긴다. 이렇게 정보를 체계적으로 부호화하면서 나는 효율성을 극대화시킨다. 이는 내 개인

적인 경험이니 참고만 하길 바란다. 당신이 정보를 부호화하는 최적의
방법은 다를 수 있다.

⑧ 교사(들)의 기술

여덟 번째 요소는 교사(들)의 기술이다. 운전하는 법을 배우고 싶다
고 가정해보자. 당신이 교사를 직접 고를 수 있다면 이제 막 강습 면허
를 딴 사람을 고르겠는가, 아니면 실전 경험 많은 베테랑을 고르겠는
가. 아마 전자보다는 후자에게 배우는 게 합격 가능성을 높이는 방법
일 것이다.

⑨ 이전 학습의 양과 질(이미 배운 내용은 어떤 것들이 있는가?)

아홉 번째 요소는 이전 학습의 양과 질이다. 새로운 지식-기술-
습관을 배우는 능력은 현재 알고 있는 지식-기술-습관으로 정해진
다. 예를 들어, 알파벳을 모른다면 철자를 맞추기 어려울 것이다. 문장
을 구조화하는 방법을 모른다면 단락을 구조화하기 어려울 것이다. 또
한, 덧셈과 뺄셈을 못하면 긴 사칙연산 문제를 풀기 어려울 것이다.

당신이 새로운 것을 배우는 데 고전하고 있다면, 다른 중요한 정보
를 배우지 않았기 때문일 수도 있다. 그러니 새로운 정보를 배우기 전
에 현재 보유한 지식과 기술을 파악하고 간극을 메꿀 필요가 있다.

당신이 할 수 있는 모든 것이 상호 연결된 학습 체계를 갖고 있다.
나는 이 부분을 강조하기 위해 책에서 줄곧 이글루 개념을 활용해왔
다. 이글루 개념은 학습이 긴 시간에 걸쳐 어떻게 형성되는지 보여준

다. 내가 아직 알려주지 않은 것은 당신이 만약 알파벳 암기 같은 한 가지 학습 단계를 놓친다면, 철자법 같은 다른 학습을 중단할 수도 있다는 사실이다.

이쯤에서 당신의 학창 시절을 떠올려보라. 다양한 이유로 주요 학습 단계를 놓치고, 학업에 대한 흥미를 잃었을 것이다. 그러니까 특정 과목이나 영역이 재미없다고 생각했던 건 그만큼 필요한 공부를 하시 않았기 때문일 가능성이 높다. 그만큼 특정 영역에 속한 어떤 지식과 기술은 다른 지식과 기술을 배우는 데 필수적이다.

⑩ 현재 학습의 양과 질(집중 연습을 많이 하고 있는가?)

학습을 방해하거나 향상하는 마지막 열 번째 요소는 현재 학습의 양과 질이다. 회계 시험 책을 펼친 채 책상에 줄곧 앉아있었다고 해서 공부를 했다고 말할 수는 없다. 펜을 손에 쥐고 다음 주에 휴가 갈 생각에 빠져 있다면 이는 시간 낭비, 에너지 낭비일 뿐이다.

집중적 연습 체계

현재 학습의 양과 질을 향상하기 위해 '집중적 연습 체계(Focused Practice Framework)'를 활용해보자. 이 체계는 학습 과정을 네 가지로 구분해서 고충전 작업을 단계적으로 수월하게 진행할 수 있게 한다. 골프, 스트레스 관리, 리더십, 수학 등 무엇을 배우든 상관없이 이 네 가지 과정은 늘 똑같다.

① 과제 선택

먼저 이 특정 학습 세션에서 배우고 싶은 것을 이해하는 시간을 보내야 한다. 예를 들어 부가가치세법, 부가가치세 처리, 부가가치세 신고에 대해 배우는 30분짜리 영상을 봐야 한다면, 그다음 이 분야에 대해 모의시험 치르듯 질문하고 답해야 한다. 1시간 안에 모두 풀어야 한다.

② 계획하기

최대한 능력을 발휘해 학습할 방법을 계획한다. 먼저 학습에 필요한 활성화 수치가 적절한지 확인하자. 그리고 노트를 펼쳐 1장을 '부가가치세법', '부가가치세 처리', '부가가치세 신고' 이렇게 세 가지 부분으로 나누자. 영역을 나누면 메모를 체계적으로 할 수 있고, 시험을 치르기 전에 메모한 내용을 논리정연하게 공부할 수 있다. 마지막으로 노트 오른쪽 상단 귀퉁이에 집중에 도움이 된 한두 가지 집중 전략을 적자.

③ 집중하기

이제 과제를 실행하자. 훈련 혹은 연습, 연구 또는 복습이라고 부를 것이다. 예를 들어, 영상을 보고 세 가지 부분에 대해 메모를 남기고 다시 복습한다. 그다음에 노트를 덮고 질문에 답하는 시험을 치른다. 집중력을 유지하기 위해 306페이지의 집중력 향상 전략을 활용한다.

④ 피드백

시험을 치르고 답을 표시해서 지금까지 무엇을 배웠는지 평가한다. 피드백 단계는 네 가지 과정에서 가장 중요한 단계이다. 영상에서 배웠던 것, 배우지 않은 것에 대한 통찰력을 평가할 수 있는 구간이다. 최종 결과를 확인하고 ①~③단계 과정을 복기하면서 장래의 학습을 준비한다.

모든 연습이 똑같은 학습량과 질로 이어지진 않을 것이다. 위에서 간략하게 정리한 4단계 연습으로 당신은 기대 이상의 학습 결과를 얻을 수도 있고, 아무것도 배우지 못한 채로 마무리할 수도 있다. 모두 집중력의 차이다.

4단계 이후의 '학습 과학'을 더 자세히 배우고자 하는 사람은 마크 구아다뇰리Mark Guadagnoli 교수의 과제 포인트 체계(Challenge Point Framework)를 살펴보길 바란다. 구아다뇰리 교수는 학습 과정을 최적화하는 방법에 대한 100건이 넘는 글과 초록을 발표한 신경과학과 신경학 교수이다. 나는 지난 몇 년 동안 교수의 연구에서 많이 배웠다.

학습 강점 계획

크리켓 전설 알래스테어 쿡Alastair Cook은 테스트 크리켓에서 1만 점을 기록한 두 번째 오프닝 타자였다. 신기록을 수립한 영국 크리켓 대표팀의 전 주장은 이렇게 말했다.

"모든 위대한 인물은 전부 다 열심히 노력하는 사람들이죠. 제겐 다른 사람보다 돋보이는 타고난 재능이 없었습니다. 뼈를 깎는 노력을 쏟아부어 차이를 벌렸죠."

최고의 학습은 신중하게 집중하는 태도를 통해 이루어진다. '신중하게 집중하는 태도'란 무엇일까? 정확한 방향을 모르는 상태에서 신중하게, 실패를 거듭하며, 그리고 그 실패에서 중요한 피드백을 집중적으로 흡수하며 발전하는 태도다. 우리는 누구나 실수를 하고, 실수 없는 발전은 없다.

더 많은 집중적 연습과 연구를 돕기 위해 '학습 강점 계획(The Learning Strengths Plan)'을 설계했다. 현재의 학습 습관을 똑똑하게 자기 관찰하고 더 나은 습관을 형성할 수 있도록 활용해보자. 먼저 당신이 발전하고 싶은 한 가지 분야를 정하라. 그다음 당신이 얼마나 잘 연습했는지 아래의 질문을 통해 확인해보라. 1점은 '절대 하지 않는다'는 뜻이고, 10점은 '늘 실천한다'는 뜻이다.

◉ 당신이 발전하고 싶은 분야는 무엇인지 적어보자.

_____

_____

◉ 발전하고 싶은 분야를 적었다면 이제 다음 장의 질문에 성의껏 답해보자. 질문별로 만점은 10점이며, 1점은 '절대 하지 않는다', 10점은 '늘 실천한다'이다.

제5장 자신감을 키우고 생산력 끌어올리기

1. 나는 해당 분야나 주제에 대해 어떻게 학습적으로 접근할지 명확한 계획을 세웠다.

점수: _____ /10

2. 나는 해당 분야에서 학습을 시작하기 전에 언제나 적절한 활성화 수치에 도달한디.

점수: _____ /10

3. 학습할 때 나는 집중하기 위한 목표를 설정한다.

점수: _____ /10

4. 배우고 싶은데 이해가 안 갈 때, 앞으로 돌아가 다시 학습한다.

점수: _____ /10

5. 이해가 안 가는 부분을 메모해서 나중에 더 알아볼 수 있도록 한다.

점수: _____ /10

6. 나는 이해하고 익숙해질 때까지 반복해서 연습한다.

점수: _____ /10

7. 해당 영역에서 학습을 마무리할 때, 내가 얼마나 잘했는지 되짚어본다.

점수: _____ /10

8. 학습 마무리 단계에서 나중에 실제로 시험을 치르거나 활용할 방식
대로 테스트해본다.

점수: ＿＿＿＿＿＿＿＿＿ /10

9. 시험공부를 하고 있다면 모든 모의시험에서 만점이 나올 때까지 반
복해서 진행한다. 또는 실제 상황에서 활용하게 될 방법으로 새로운
기술을 테스트해보고 해당된다면 타인에게 피드백을 받는다.

점수: ＿＿＿＿＿＿＿＿＿ /10

10. 학습하는 중에 온전히 집중할 수 있으며, 방해받으면 다시 집중할
수 있도록 집중 단어와 집중 그림을 활용한다.

점수: ＿＿＿＿＿＿＿＿＿ /10

위 질문지에 점수를 매기고 나면 본인의 학습 강점과 약점을 더 잘
이해할 수 있을 것이다. 그리고 개선이 필요한 사소한 부분을 목표로
삼아 더 나은 학습자로 나아갈 수 있다.

축하한다! 당신은 해빗 메카닉 기술 분야를 이수했다. 그러나 당신
이 해빗 메카닉이라는 의미는 아니다. 진정한 해빗 메카닉으로 거듭나
기 위해서는 계속해서 노력해야 한다. 쾌락과 해빗 메카닉 개발 사이
의 균형을 맞추는 데 집중하라. FAM 이야기를 지속해서 업데이트하

고, 습관을 정기적으로 분석하라. 그리고 해빗 메카닉 도구를 지속적으로 활용하라.

인생은 파란만장한 사건의 연속이다. 해빗 메카닉은 성공을 극대화하고 실패를 최소화함으로써 인생의 롤러코스터를 조절하는 도구 그 자체이다. 늘 수월하지는 않겠지만, 인내심을 가지고 나아가기 바란다.

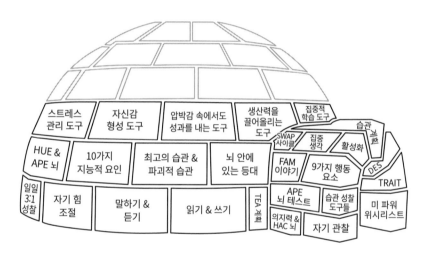

| 해빗 메카닉이 되기 위한 당신의 습관 지능 이글루 |

**"당신의 습관 지능 이글루는 이제 거의 다 완성되었다.
남은 얼음 덩어리는 당신이 직접 습관을 개발하면서 채울 수 있다.
아래에 탄탄하게 기반을 쌓은 만큼 충분히 잘해낼 수 있을 것이다!"**

이 책을 마치며

다른 무엇보다 시간을 내서 이 책을 읽어준 독자들에게 감사하다. 여러분의 가장 소중한 자원인 시간과 주의력 일부를 내 책에 투자했다는 사실에 깊이 감동했다. 책에서 배운 지식으로 성과를 올려 분야에서 최고의 자리에 오르고, 잠재력을 일깨울 수 있기를 바란다.

앞에서 이야기했듯이 이 책에서 언급한 모든 내용이 딱 맞게 정해진 것은 아니다. 당신은 유일무이한 존재이기에 스스로 시도해보고 본인에게 적용되는 것들을 취사선택하면 된다.

해빗 메카닉으로 거듭나는 방법을 배우는 것은 조각 그림 퍼즐을 맞추는 일과 비슷하다. 이제 당신은 모든 조각을 소유하고 있으며 어떻게 배치하고 놓으면 되는지도 이해하고 있다.

하지만 오로지 실행한 것만 능숙해질 수 있다는 사실을 명심하자. 즉, 능숙한 해빗 메카닉이 되고 싶다면 이 책을 가까이에 두고, 자주 펼쳐보고, 가장 도움이 됐던 부분을 다시 읽어보는 습관을 들여라.

현재의 삶이 절정과 나락을 통과하는 여정이라고 생각하자. 인생의 최저 구간을 지난다는 생각이 들 때, 최대한 빨리 헤쳐나올 수 있도록 의도적으로 새로운 습관, 또는 유용했던 기존 습관을 다시 형성하

라. 최고점에 도달했을 때는 당신이 정말로 절정을 찍었는지, 스스로 더 밀어붙여야 하는 상황인지, 혹은 페달에서 발을 떼고 잠시 재충전을 해야 하는지 평가하라.

습관은 실로 놀랍다. 이제 당신은 습관과 정반대에 서는 것이 아니라 함께 나아갈 수 있는 지식과 기술을 지녔다. 학습 전쟁에서 당신이 이길 차례이다!

물론 한 번에 아주 사소한 습관 한 가지씩만 바꿀 수 있다. 그러니 참을성을 길러라. 천천히 발을 내딛어라. 하지만 이러한 사소한 변화들이 모여 아주 위대한 결과를 가져온다는 사실을 기억하라. 지금 만드는 사소한 습관이 당신의 잠재력을 일깨우고 인생을 바꿔줄 슈퍼 습관이 될 수도 있다.

부디 버텨라. 이제 단지 하나의 습관을 시작했을 뿐이다!

존 핀 박사로부터

부록

해빗 메카닉 도구
활용 가이드

지금까지 우리는 다양한 인생을 최고 수준으로 이끌어줄 해빗 메카닉 도구를 살펴보았다. 이 책이 전하는 메시지는 간단하다. **우리는 하루하루 빠르게 변화하는 도전적인 세계에 살고 있으며, 이에 맞춰 진화하고 살아남는 방법은 해빗 메카닉이 되는 것이다. 그리고 당신의 인생을 빛내줄 슈퍼 습관은 오직 뇌 과학과 행동과학, 심리학이라는 체계적인 과학 연구를 바탕으로 개발할 수 있으며, 당신의 꾸준한 자기성찰과 연습만이 성공을 보장한다는 것이다.**

그래서 무엇을 얻을 수 있느냐고? 답은 모든 것이다. 당신이 원하는 모든 것을 지식 - 기술 - 습관으로 발전시켜 마침내 쟁취할 수 있다. **해빗 메카닉은 이렇게 목표를 위해 능동적으로 습관을 관리하고 정비하는 사람이다.** 건강, 행복, 성과 등 모든 것을 해빗 메카닉이 되면 조금 더 수월하게 얻을 수 있다.

이 책은 해빗 메카닉이 되어 최고의 습관을 얻고 싶은 당신에게 유용한 도구를 제공한다. 이 도구들을 주기적으로, 그리고 체계적으로 사용하면 생각했던 것 이상의 효과를 얻을 수 있다. 그럼 매일, 매주, 매월 어떤 해빗 메카닉 도구를 활용해 습관을 개발하고 정비해나갈 수 있는지 살펴보자.

부록

매달 또는 격월로 활용 가능한 해빗 메카닉 도구

● **FAM**(야심 차고 의미 있는 미래) **이야기 복습하고 업데이트하기**(130페이지)

동기부여, 생산력 향상, 자신감 향상에 도움이 되는 도구로서 월별, 주별 최고의 습관을 활성화하는 데 도움이 된다.

● **리더십 자기 평가하기**(157페이지)

팀 또는 조직을 이끄는 해빗 메카닉 지능을 향상하고, 개인과 팀의 성과를 동시에 끌어올릴 수 있다. 일별, 주별 최고의 습관 활성화를 돕는다.

매주 활용 가능한 해빗 메카닉 도구

● **주별 성찰 및 향후 주간 계획 세우기**(156페이지)

동기, 생산성, 자신감을 향상하고 일별 최고의 습관 활성화를 돕는다.

매일 활용 가능한 해빗 메카닉 도구

● **아침 달리기**(76페이지)

쉽게 집중하고 생산력을 높이기 위해서는 뇌가 적절한 활성화 수치에 도달할 필요가 있다. 아침 달리기는 낮은 활성화 수치를 끌어올리고, 건강한 식습관을 자극하고, 체중을 조절하도록 돕는다. 수면 습관 개선에도 효과가 있다.

● 일일 TEA 계획 완성하기(21페이지)

하루 24시간을 최대한 활용할 수 있도록 만들어준다. 다수의 생산적인 습관을 실천할 수 있도록 유도하며, 워라밸을 조절하는 데 도움이 된다.

● 의도적으로 호흡에 집중하는 점심시간 5분 산책(156페이지)

스트레스 관리에 도움이 된다. 오후 시간을 생산적으로 보낼 수 있으며, 정해진 시간 내에 업무를 마무리할 수 있게 돕는다. 워라밸 관리와 숙면에도 도움을 준다.

● 하루를 마무리하며 일일 3:1 성찰을 적고, 내일 계획 세우기(52페이지)

진행 상황을 관찰하고, 긍정적인 면을 발견하도록 해서 스트레스 관리에 도움을 준다. 저녁 루틴을 만들어서 숙면을 취할 수 있게 유도하며, 무조건 오늘보다 더 나은 내일을 만들어준다.

편의상 주기별로 도구들을 정리해놓았지만, 언제든 필요하면 꺼내 쓸 수 있는 게 해빗 메카닉 도구이다. FAM 이야기 빙산을 만들고 나면 계속해서 다듬어주는 게 좋고, 지능적 자기 관찰 역시 수시로 하는 게 좋다. 스스로를 객관적으로 바라본다는 건 그만큼 문제점을 발견하고 개선할 가능성이 높아진다는 뜻이다. 자기 관찰에 유용한 도구들은 다음과 같다.

자기 관찰에 유용한 도구

● **지능적 자기 관찰**(22페이지)

"나는 어제 최고의 내가 되기 위해, 그리고 목표를 이루기 위해 얼마나 최선을 다했는가?" 각자 평가 기준을 세우고 스스로 질문을 던진다. 자기 객관화에 도움이 된다.

● **APE(생존 지각 에너지) 뇌 테스트**(97페이지)

우리 뇌는 생존에 첫 번재 목표를 두고 단기 쾌락을 우선하도록 설계되어 있다. 이 테스트는 당신이 단기 쾌락보다 장기적인 성취를 추구하고 있는지 되돌아보게 만드는 거울 역할을 할 것이다.

● **성과 HAC(주의력 통제) 계획**(101페이지)

압박감 속에서 성과를 내도록 연습이 얼마나 잘되었는지 성찰하는 것을 도와주는 연습이다. 더 나은 실행 전 루틴과 실행 중 루틴을 세우는 데 도움이 된다.

● **학습 강점 계획**(335페이지)

현재의 학습 습관을 똑똑하게 자기 관찰하고 더 나은 습관을 형성할 수 있도록 돕는다.

자신의 현재 위치와 개선해야 할 문제점을 발견했다면, 이제 체계적이고 과학적인 계획으로 습관을 바로잡는 단계에 들어가야 한다. 계획 수립에 유용한 도구들은 아래와 같다.

계획 수립에 유용한 도구

- **SWAP(자기 관찰 → 목표 → 계획) 사이클**(195페이지)

모든 새로운 습관 형성 시작에 도움이 되는 간단한 도구. 1단계 자기 관찰, 2단계 목표 설정, 3단계 계획 세우기의 과정을 보여준다.

- **습관 개발 계획**(201페이지)

새로운 습관을 개발하면서 9가지 행동 요소를 모두 활성화하도록 도와주는 도구이다. 9가지 행동 요소는 서로 유기적인 영향을 끼치므로 반드시 모두 활성화할 필요가 있다.

- **HUE(끔찍하게 쓸모없는 감정들)가 변화를 방해하는 방법**(205페이지)

바꿀 습관을 이미 선택한 경우에 사용하면 좋다. HUE가 새로운 습관 형성을 어렵게 만들지도 모를 모든 방법을 성찰하고 계획에 반영하도록 도와주는 도구이다.

- **최적 활성화 검토 테이블**(229페이지)

보통 활성화 수치와 최적 활성화 수치를 기록하고 추적할 수 있는 도구.

대개 평일의 활성화 수치를 기록하며, 사무실에서 일하는 날과 집에서 일하는 날의 경우도 별도로 작성해서 분석할 수 있다. 자신에게 필요한 활성화 수치로 맞추는 데 도움을 준다.

● 자신감 프로필(258페이지)

삶의 다양한 영역에서 스스로를 성찰하고 자신감을 형성하도록 도와주는 간단한 도구. 현재 성과와 습관, 장점, 할 수 있는 일 등을 알 수 있다.

● KOSY(지식, 타인, 기술, 나) 자신감 향상법(260페이지)

자신감 향상을 위해 해야만 하는 일을 정하고, 작업에 도움이 되는 개인적인 강점과 이미 맺고 있는 관계들을 깊이 생각해보도록 이끌어주는 도구.

이 밖에도 이 책에는 당신의 삶을 더 나은 곳으로 이끌어줄 수 있는 다양한 해빗 메카닉 도구들이 실려 있다. 이 도구들은 당신에게 더 큰 비전과 자기 관리 요령을 제공한다.

자기 관리에 유용한 도구

● 미 파워 위시리스트(Me Power Wish List)(99페이지)

이루고자 하는 습관을 적어두는 리스트. 현실적으로 실현할 수 있는 작은 습관 위주로 적는다. 일일, 주간, 월간 리스트를 만들어서 가까운 곳에 두고 매일 체크하면 습관을 기르는 데 도움이 된다.

● 미 파워 위클리 월 차트(Me Power Weekly Wall Chart)(176페이지)

한 주의 계획을 세우는 데 도움이 되는 계획표이다. 이번 주의 목표는 무엇인가? 이 목표를 왜 성취하려고 하는가? 목표를 이루려면 무엇을 해야 할까? 등 직접적인 질문으로 해빗 메카닉의 의지를 자극한다.

● 윌 파워 멘토링(Will Power Mentoring)(242페이지)

뇌가 제대로 작동하고 있을 때는 의지력을 이용해 혼란스러운 감정을 다스리는 법이다. 우리는 윌 파워 멘토링을 통해 스트레스가 일을 망치지 않게 관리할 수 있다.

● FAB(운, 조정, 이점) 사고(248페이지)

스트레스를 관리하기 위한 또 다른 기술이다. 사건의 의미를 재구성하고 변화시키는 과정을 통해 도움이 되는 쪽으로 우리의 주의를 능동적으로 옮기는 행위다.

일과 인생의 톱니바퀴를 돌리는
작지만 강한 '슈퍼 습관'의 힘

해빗 메카닉

초판 1쇄 발행 2022년 12월 26일

지은이 존 핀
옮긴이 김미란, 원희래
펴낸이 민혜영

펴낸곳 (주)카시오페아
주소 서울시 마포구 월드컵로14길 56, 2층
전화 02-303-5580 | **팩스** 02-2179-8768
홈페이지 www.cassiopeiabook.com | **전자우편** editor@cassiopeiabook.com
출판등록 2012년 12월 27일 제2014-000277호
편집1 최유진, 오희라 | **편집2** 이수민, 양다은 | **디자인** 이성희, 최예슬
마케팅 허경아, 홍수연, 이서우, 이애주, 신혜진
외주디자인 디자인잔

ⓒ 존 핀, 2022
ISBN 979-11-6827-087-9 (03190)